यारों के यार
दुष्यन्त कुमार

यारों के यार
दुष्यन्त कुमार

सम्पादक

विजय बहादुर सिंह

वाणी प्रकाशन

प्रकाशन के उत्कृष्टतम 62 वर्ष

सजिल्द पहला संस्करण : 2025

vaniprakashan.com

वाणी प्रकाशन

4695, 21-ए, दरियागंज, नयी दिल्ली-110 002

फ़ोन : + 91 11 23273167, 23275710

शाखाएँ

अशोक राजपथ, पटना-800 004, बिहार

कॉफ़ी हाउस कैम्पस, महात्मा गांधी मार्ग, प्रयागराज-211 001, उत्तर प्रदेश

महात्मा गांधी अन्तरराष्ट्रीय हिन्दी विश्वविद्यालय, वर्धा-442 001, महाराष्ट्र

sales@vaniprakashan.in

vaniprakashan@gmail.com

Yaron ke Yar Dushyant Kumar

Edited by Vijay Bahadur Singh

ISBN : 978-93-6287-750-5

Memoirs/Criticism

मूल्य : ₹ 495

जी.एस. ऑफ़सेट, दिल्ली-110 095 में मुद्रित

वाणी प्रकाशन का लोगो मक़बूल फ़िदा हुसैन की कूची से

जिसके बगैर दुष्यन्त की कोई भी चर्चा अधूरी होगी,
दुष्यन्त के उस अनोखे यार कमलेश्वर को

बयान

साहित्य के रसिकों और राष्ट्रीय जीवन से कुछ बौद्धिक स्तर पर जुड़े लोगों के लिए दुष्यन्त कुमार का नाम कोई नया नहीं है। सत्तर और अस्सी (20वीं सदी) के दशक में जो नाम बार-बार हिन्दी कविता और लेखन में लोगों के आकर्षण, मनन और चिन्तन के कारण बने उनमें से एक नाम इन्हीं दुष्यन्त कुमार का था।

कुछ तो अपनी जिन्दादिली, हर बार कुछ और नया और भरोसेमंद कर गुज़रने की तबीयत, कुछ साहित्य और जीवन में व्यापती जाती एकरसता, उदासी और चुप्पी के बरख़िलाफ़ खड़े होने के अपने दुस्साहसी मन के चलते दुष्यन्त कुमार कभी भी वह औसत औपचारिक जीवन नहीं ही जी पाये जिसे सफल और निर्विवाद जीवन कहा जाता है। अपनी इसी साहसिक सृजनशीलता के चलते उन्होंने जो रचा आज वह हिन्दी पाठकों के लिए एक आकर्षक भाव-सामग्री है। सूर्य का स्वागत, एक कंठ विषपायी और साये में धूप–उनकी जानी-पहचानी और ऐतिहासिक कृतियाँ हैं। 'साये में धूप' की ग़ज़लों ने उन्हें ही नहीं, हिन्दी ग़ज़ल को भी अमर कर दिया है।

'यारों के यार : दुष्यन्त कुमार' इन्हीं दुष्यन्त और उनको प्यार करनेवालों का संसार है। इस संसार में उन सबका स्वागत है जो जिन्दगी को समझते और उसे हर बार नये सिरे से रचनेवाले शब्दों में यकीन रखते हैं।

जो यहाँ हैं सिर्फ़ दुष्यन्त के कारण हैं। सिर्फ़ दुष्यन्त के लिए हैं। ख़ासतौर से उस दुष्यन्त के लिए जो सचमुच यारों का यार था।

मैंने तो उन्हें यहाँ एक साथ जुटा देने की गुस्ताखी भर की है। अगर न करता तो ख़ुद को भी माफ़ नहीं कर पाता।

— विजय बहादुर सिंह

2007, भोपाल म.प्र.

भूमिका

आजादी उनकी तबीयत थी और सपना भी

'खुद कलाकार मानने वाले निन्यानबे प्रतिशत लोग अपने जैसे ही हैं, मालूम होने के कारण समाज उदरमना होकर उन्हें माफ ही कर देता है। जो एक प्रतिशत बाकी रहता है, उसे मिलती है बेहिसाब लोकप्रियता बस। दुनिया की करोड़ों-करोड़ों लोक संख्या में से देशकाल के बन्धन भेदने वाला एकाध ही महान कलाकार पैदा होता है। उसकी कला का आकलन करने की क्षमता न हो तो भी जनता के मन में उसके प्रति एक अकथ आदर बसता है।' हिन्दी, मराठी और बांग्ला के धुरंधर लेखक, एकल कथागायक और मेरे घनिष्ठ मित्र बसंत पोतदार ने ये पंक्तियाँ अपनी किताब 'अजब आजाद मर्द : मिर्जा ग़ालिब' की शख्सियत का बयान करने के क्रम में लिखी हैं।

बसंत के दोस्त होने के अपने हक के रूप में मैं इन्हें हिन्दी के लाखों-करोड़ों पाठकों और हिन्दुस्तान के असंख्य जिन्दा लोगों के भरोसे के कवि दुष्यन्त कुमार प्रारम्भिक परिचय के बतौर इस्तेमाल कर रहा हूँ।

मिर्जा ग़ालिब के व्यक्तित्व पर लिखते हुए बसंत पोतदार लिखते हैं– दोहरे व्यक्तित्व के धनी थे ग़ालिब। एक ओर था उनका भोगवादी शरीर तथा दूसरी ओर उनकी तेजस्विनी बुद्धि। शारीरिक तथा दूसरी ओर उनकी तेजस्विनी बुद्धि। शारीरिक स्तर पर ऐहिक चीजों की आसक्ति और बौद्धिक सोपान पर उनकी अनासक्ति इन कँटीले तारों पर हिंडोला बनाकर ग़ालिब आजीवन झूलते रहते। फिर उनका ही यह शेर उद्धृत कर–

यह लाशे बेकफ़न, असदे खस्ताँ जाँ की है
हक मग्फिरत करे, अजब आजाद मर्द था।

बसंत ने लिखा– ग़ालिब सचमुच आजाद मर्द थे। इतने आजाद कि मौत के बाद कफन का बन्धन भी वे सह नहीं सके और खुदा से इशारे से कहा– ये

बिना कफन की लाश थक-माँदे ग़ालिब की है, अर्थात् ईश्वर इस अलब आजाद मर्द की थकी-माँदी बेकफन लाश को भी वहीं न्याय दे जो उसने ढँकी-तुपी कफन वाली लाशों को दिया है।

आदमी की इस आजादी की बात करूँ तो सार्त्र का यह अति प्रसद्धि कथन याद आता है कि आदमी जो आजाद रहने के लिए अभिशप्त है, उसे जीवन की हर साँस में आजाद रहना है और उसकी अन्तिम साँस को भी इसी आजादी की गवाही देनी चाहिए।

कवि, लेखक, कथाकार और शावर दुष्यन्त कुमार को यह आजादी उतनी सम्मोहक और मूल्यवान लगा करती थी कि उन्होंने जीवन भर इसका भरपूर उपयोग एक व्यतित के रूप में भी किया और एक सर्जक के रूप में भी। जब वे पढ़ते थे तब कथा में और कक्षा से बाहर की कक्षाओं में भी। लिखना शुरू किया तो लेखन की सधी-बदी राहों, चौहद्दियों, फैशनों और काव्य-मुहावरों की भीड़ में भी। न तो वे कभी डरे, न सहमे। न झुके, न टूटे। दोस्तों के बीच, कभी-कभी दुश्मनों और दुश्मनों के दोस्तों के साथ भी, यारों के यार की तरह उठते-बैठते उनकी दोस्ती अगर किसी बात से थी तो इसी आजादी से थी और इसके लिए जिस पुरुषार्थ की जरूरत उन्हें थी, वह उनके स्वभाव और संस्कारों में पहले से जन्मना मौजूद था। वे उस साहित्यिक कायरता के कायल कभी नहीं हुए जो बनी बनाई लीकों और चालू फैशनों की नकल को अपने असल में ढालते हुए अक्सर अपनी प्रतिभाहीनता का प्रमाण देती चलती है। वे तो उन साहसिक प्रतिभाओं में से थे जो साहित्य की परम्परा के अदृश्य पारावार और अनुभूत जीवन-यथार्थ के अपरिभाषित कुरुक्षेत्र के बीच पहुँच बेखटके खड़ी हो जाया करती हैं। परम्परा जहाँ सार्थक प्रयोग और आधुनिकता नवोन्मेषी सृजनशीलता में बदल उठती है। कहना तो यह चाहिए कि वे साहसी नहीं, एक दुस्साहसी प्रतिभा थे। जय-पराजय के बोध उनके जीवन के सहज-बोध के अतिरिक्त अन्य कुछ नहीं थे। जीवन को इससे अधिक वे कुछ मानते भी नहीं थे और इस कुरुक्षेत्र में उसी उल्लास के साथ, कमर कस और संकल्पबद्ध हो वे उतर पड़ा करते थे जो गीता के जीवन दर्शन– 'सुख-दुख समे कृत्वा लाभालाभौ जयाजयौ' की बार-बार याद दिलाया करता है।

भारत में जीवन का 'कुरुक्षेत्र' लाभ-अलाभ, जय-पराजय और पाप-पुण्य पर विचार कर सिर धुनते रहने के लिए नहीं है। वह तो कर्म में आनन्द का अनुभव करने वालों का है। रामचन्द्र शुक्ल ठीक ही लिखते हैं– अत्याचार का दमन और

क्लेश का शमन करते हुए चित्त में जो उल्लास और तुष्टि होती है वही कर्मवीर का सच्चा सुख है।' उनके हिसाब से यही तो 'कर्मण्यता' है।

दुष्यन्त अगर कुछ थे तो यही थे। उनमें अपरिमित सर्जनात्मक साहस था। निश्चिन्तता और मस्ती तो ऐसी कि इस जीवन के सिलसिले में ग़ालिब अपने इस अन्दाज़ के साथ फिर फिर याद आते चले जाते हैं–

नाकरदा गुनाहों की भी हसरत की मिले दाद/
या रब, अगर इन करदा गुनाहों की सजा है।

अपने समय, इतिहास, धर्म और राजनीति से बात करते हुए दुष्यन्त इतनी ही बेखौफी बरता करते थे। आत्मविश्वास का तो उनके कहना ही क्या और विश्वास तो उनके आगे जैसे पानी भरे।

यह सब उनके पैदाइशी स्वभाव का हिस्सा अगर नहीं तो और क्या था? कहना पड़ता है कि वे यह सब कुछ लेकर पैदा हुए थे।

इसे भी एक सुखद आश्चर्य मानना और कहना होगा कि प्रेमचन्द, निराला, नागार्जुन और रेणु की तरह वे भी ठेठ गाँव में पैदा हुए थे। इसलिए उनका बुनियादी स्वभाव गाँव के खेतों, खलिहानों, तालाबों और पोखरों की तरह खुला-फैला और एक खास प्रकार की जमीनी गन्ध की खूबसूरती और उसकी नैसर्गिक अनगढ़ता लिए हुए था। उसमें जबर्दस्त जीवन्तता और ताजगी थी। ऐसी ताजगी जिसका सौन्दर्य पक जाने पर भी मुरझाता नहीं। उसमें पकी हुई फसलों का सुनहला रंग उतर आता है जो 'दर्द से चेहरे की ताबाँनी बढ़ी। घर जला तो आसमाँ रौशन हुआ' (ताज भोपाली) की तर्ज पर और भी रौशन होता जाता है।

गाँव, आज जबकि वे भीतर से लगभग क्षत-विक्षत हो चुके हैं, दुष्यन्त के बचपन के दिनों में भरे-पूरे समृद्ध विश्वविद्यालय थे अपनी आत्मीयता और पारस्परिकता में सब सबके अपने थे। एक-दूसरे से अपना सुख-दुख कहते और बाँटते हुए। 'जाने दो हमसे क्या मतलब' वाला शहरी जीवन-अन्दाज वहाँ तब नहीं था। गाँव की एक लड़की की ससुराल पूरे गाँव का समधियाना हुआ करता था। दुष्यन्त इसी संस्कार में पले-बढ़े हुए थे। इसलिए उनकी भावना की बाँहें काफी लम्बी और सहृदयता का सीना काफी चौड़ा था। कम या छोटे और सँकरे में रहने की उनकी आदत ही न थी।

वे व्यापक (उदार) विस्तार में जीने और रहने वाले आदमी थे। इसलिए कभी-कभी वे घेरे टूटते और मर्यादाएँ लड़खड़ाती दिखती थीं जिन्हें एक सफल

और सुस्थिर जीवन के लिए जरूरी माना जाता था। जकड़न से भरी रस्म अदायगी के विपरीत जीवन की शाख पर अँखुवे फेंकते अनुभवों की ताजी फुनगियों पर मुग्ध हो बार-बार नए से हो उठने वाले जीवन के इस अन्दाज़ में डूब जाना, उनकी फितरत थी। एक नई साँस जैसे पिछली साँसों की प्रॉक्सी नहीं होती, दुष्यन्त की जीवन-दृष्टि और कला बोध इन्हीं बार-बार नई होती जाती साँसों का अटूट सिलसिला था।

हाँ! वे एक पढ़े-लिखे इंसान भी थे। घर की रईस और रईसी के सारे ठाटों से वाकिफ़। न केवल वाकिफ, बल्कि उसको जीने के तमाम अन्दाजों से भरपूर। इसलिए उनमें एक प्रकार की अभिजात-भंगिमा भी थी। पर यही उन्हें उन वर्गों और समूहों के बीच उस हीनता बोध से बचाती रहती थी जो स्वयं को अहम्मन्यतावश शहरी और सुसंस्कृत मानने के रोगों से अब तक ग्रस्त रहे आये हैं।

गाँव से कस्बों और अच्छे-भले शहरों में आते-जाते उनके तरह-तरह के अनुभवों से रू-ब-रू होकर उनसे आँखें चार करते, जब वे अपने गाँव नवादा लौटते, उनका आत्म-विश्वास सुखद एहसासों से भर उठा करता। वे पाते कि प्रश्न गाँव और शहर का इतना नहीं जितना उस इंसानी बोध का है, जिस पर कोई लेखक या कवि न्यौछावर हो सकता है। कवि दुष्यन्त की दीवानगी यहाँ सचमुच देखने लायक थी।

यों भी वे जिस परम्परा से अपनी सम्वेदनाओं का रक्त-सम्बन्ध माना करते थे, वह काव्य-परम्परा चकाचौंध वाली राजधानियों के प्रति बेहद तीखी, आलोचनात्मक और आक्रामक रही आयी है। रामायण के पाठक जान से करनी आदि कवि का दृष्टिकोण क्या रहा है। दुष्यन्त का कवि भी सभ्यता के इस ग्लैमर से न केवल दृष्टि वरन् वस्तुगत स्तर पर भी दूर रहा है। उनके देखने में एक असाधारण निगाह की खूबी तो थी ही मामूली किन्तु अनुपेक्षणीय सामाजिक सदस्य की अहमियत से भरी मौजूदगी भी थी। यह दुष्यन्त ही थे जिन्होंने यह पंक्ति लिखी–

मुझमें रहते हैं करोड़ों लोग चुप कैसे रहूँ।
हर गजल अब सल्तनत के नाम एक बयान है।

इस सन्दर्भ में जब हम अन्धायुग के धर्मवीर भारती, 'चाँद का मुँह टेढ़ा है' के मुक्तिबोध, 'संसद से सड़क तक' के धूमिल की कविता पर गौर करते

हैं तो पाते हैं कि दुष्यन्त की बेचैनियों की तासीर और चेहरा कुछ और ही है। वह गहरी ऐतिहासिक वेदना, लाचारी और आत्मधिक्कार या फिर गाली-गलौज और भड़ाँस का चेहरा नहीं है। यह भी सही है कि सामाजिक और राजनीतिक यथार्थ की भूमि की पहचानने और परिभाषित करने का दुष्यन्त का अन्दाज़ इन सबसे अलग है। वे न तो आँख मूँदकर सब कुछ स्वीकार करते हैं, न ही सब कुछ को नकारने में यकीन रखते हैं। इससे भी बड़ी बात यह कि कविता, कवि और जीवन को वे समय के एक ही फ्रेम में एक साथ रचने, जीने और दिखने में यकीन करते हैं। इसलिए उनमें व्याख्या, विश्लेषण और आलोचना तो है, पर किसी एक का भी नकार या तिरस्कार नहीं। अगर है भी तो बेहद कम। इसका सबसे बड़ा कारण कवि का वह आत्मविश्वास और सर्जनात्मक पौरुष जो यह कहने में कामयाब हो सका है–

कैसे आकाश में सूराख नहीं हो सकता।
एक पत्थर तो तबीयत से उछालो यारो॥

हद है, इस शेर को नारा और मंत्र की तरह दुहराने वालों ने आकाश और पत्थर पर तो गौर किया पर उस 'तबीयत' पर नहीं जो आजादी के बाद के दिनों से ही लगभग विस्मृत और बीमार रहने लगी है। इसी की याद दिलाने के लिए अलका सरावगी जैसी कथा लेखिका को 'कलि कथा वाया बाईपास' जैसा उपन्यास और कवि शलभ श्रीरामसिंह को इस तरह की नज़्में लिखनी पड़ीं थी–

'किधर गये वो वायदे सुखों के ख़्वाब क्या हुए।
तुझे था जिनका इन्तज़ार वे जवाब क्या हुए।।

और इनसे पहले शायर दुष्यन्त ने लिखा–

मेरे सीने में नहीं तो तेरे सीने में सही
हो कहीं भी आग, लेकिन आग जलनी चाहिए
सिर्फ हंगामा खड़ा करना मेरा मकसद नहीं
मेरी कोशिश है कि ये सूरत बदलनी चाहिए।

दूष्यंत का समूचा लेखन इसी 'आग' को जगाने और बचाए रखने की साधना है और यह आग इतनी प्रचण्ड है कि कभी-कभी तो पेशेवर आलोचकों और शास्त्र-पण्डितों के होश उड़ जाया करते और चेहरे झुलस उठते हैं।

सर्जक की मौलिकता की एक खूबी यह होती ही है कि स्थायी काव्य-रुचियाँ उसके सामने पड़ते ही अचकचा जाया करती हैं। स्वयं को महारथी मानने वाले 'काव्य-सहृदय' उससे आँखें चुराने लग जाते हैं। दुष्यन्त ही क्यों, नजीर अकबराबादी जैसे शायर भी बरसों इस लापरवाही और उपेक्षा के शिकार रहे हैं।

आज यह कहना बेहद जरूरी लगता है कि अनुभवों का यह धधकता संसार उनकी जिस 'तबीयत' की देन था उसके स्रोत उसी व्यक्तित्व में थे, जो दुष्यन्त का था। उनके सन्दर्भ में कहानीकार और कवि मित्र दामोदर सदन का लिखा यह वाक्यं हठात् याद हो आता है–उसका व्यक्ति एक आग के गोले के मानिंद था, जिसके पास जाने पर हाथ जल जाते हैं। लेकिन एक अजीब बात यह थी कि उसके पास जाने की ललक भी बनी रहती थी। यही लेखक लिखता है 'उसमें बहुत जान थी और उसका यह दमखम मरते वक्त तक कायम रहा।'

दुष्यन्त के इस 'दम-खम' का आलम यह था कि जीवनानुभवों के प्रत्येक मोर्चे सचमुच इसी जी जान से जुटा करते थे।

अपने प्रारम्भिक काल में, एक कविता के नीचे जो उनकी अपनी समझ से पूरी उतर नहीं पाई थी, उन्होंने ने यह नोट लगाया था कि इस कविता को लिखते समय मूड ऐसा बना लेना है जो इसी में खो जाए। इसलिए वे जब गीत में जुटे तब गीत. में जुटे। गीतों की राह छोड़ नई कविता की राह पर आ खड़े हुए तो डट के खड़े रहे। तों काव्य-नाटक लिखा तो फिर जान भिड़ा दी और गजलें लिखने पर आमादा हुए दुनिया जहान को कविता के शब्दों के प्रति पाठकों को भरोसों से भर डाला। ये भरोसें जिस मात्रा में काव्य-अनुभवों और काव्य-वस्तु के थे, उतने ही काव्य-भाषा और काव्य-शैली के भी। उस काव्य-संवाद के भी जिसके एक छोर पर पाठक तो दूसरे पर एक स्रष्टा की तरह स्वयं कवि उपस्थित रहा रहता है।

यह लक्ष्य करने की बात है कि जिस दौर में समूचा नवलेखन निराशा और अनास्था के अनुभवों की अभिव्यक्तियों से भरा हुआ था, कुंठा और संत्रास जिसके चरित्र से हुए बैठे थे, दुष्यन्त 'सूर्य का स्वागत' में आस्था और पौरुष का स्वर लेकर आये थे। इस स्वर में जानी पहचानी आत्मीयता और घर परिवार की बातचीत की सहज मिठास और अनौपचारिकता थी। काव्य-भाषा का यह वह तेवर था जिसकी व्यंजक ध्वनियाँ उस विशाल लोक और जीवन के साथ-साथ निरन्तर चलते रहने वाले अँधेरों और उजालों को परस्पर विरोधी न मान, जीवन

की सहज गति मानता आया है। सूर्य का स्वागत' कविता में जिन अनुभव-बिम्बों की योजना उन्होंने की है, उनमें सूरज का अप्रत्याशित किन्तु सुखद आगमन और स्वागत है। इसी घर में कोई को खेल-खेल में खुरच डालने का उद्यम करने वाला एक बच्चा है जो अभ्यागत सूरज का स्वागत अपने इस 'अभद्र सत्कार' की शैली में कर रहा है।

सच तो यह है कि कथित नवलेखन की कविता में जो अँधेरा व्याप गया था, नागफनी के जंगल जिस कविता के भाव-बोध के पर्याय हो उठे थे, पढ़े लिखे मध्यवर्ग: का कवि, लोक की जिस जुझारू तबीयत को भुला बैठा था, दुष्यन्त उसी संघर्षशील, अपराजेय लोक की जिजीविषा और पौरुष का भाषा-संगीत लेकर आये थे। निश्चय ही यह कविता उस शहरी सुविधाजीवी भद्र लोक के लिए नहीं थी जो जीवन से कहीं अधिक शास्त्र में या फिर प्रत्यक्ष यथार्थ से उपजे विचार से कहीं अधिक विचारधाराओं से प्रवर्तित विचारों या कलाओं को मात्र मनोरंजन का स्रोत या परिवर्तन का माध्यम मानता है। विपरीत इसके, दुष्यन्त की कविता में ऐसे लोगों की तो सचमुच कोई जगह ही नहीं थी, जो प्राय: हर जमाने में रहते आये और हमारे अपने इस जमाने में भी कोई कम नहीं हैं। शायर दुष्यन्त ने ऐसे लोगों के बारे में लिखा–

लहू-लुहान नजारों का ज़िक्र आया जब
शरीफ लोग उठे दूर जाके बैठ गये।

कवि दुष्यन्त का लेखन इसी रूप में आज एक नई सौन्दर्य दृष्टि की माँग करता है। उसमें अनगढ़ता तो है ही, एक ताकतवर और चमत्कृत करने वाला गँवईपन भी है। सम्भव है उसमें नागर या अभिजात कला-बोध नहीं के बराबर हो पर लोककला बोध की कसौटियों पर तो वह उतना ही खरा उतरता है जितना कि प्रेमचन्द, नागार्जुन या रेणु का लेखन। या फिर समकालीन जीवन में मुहावरे के रूप में सीमित कर दिए गये कबीर का लेखन। वह लेखन, जो जड़ हो उठे अभिजात कला-बोध की ठसक को तोड़ता है और लोक में एक नई सरसता का संचार करता है।

कला की खूबसूरती की जगह दुष्यन्त उसके निर्द्वन्द्व पौरुष और आत्म-विश्वास के कवि हैं। यों खूबसूरती का भी कोई स्थायी चेहरा नहीं हुआ करता। कभी वह महाकाव्य में तो कभी उपन्यास से जाहिर होती है। कभी ग़ज़लें, कभी मर्सिया तो कभी नज़्मों में। कभी मुक्तक में तो कभी प्रगीत में। नाटक, उपनाटक

तो कभी निबन्ध में। कभी हिमालय और गंगा में तो कभी बंजर स्याह काले पठार में। दुष्यन्त की प्रतिभा इसी गतिशीलता की हामीकर बनी। उसने उस सबको समेटा, जिसे 'पुराना' कहकर खारिज कर दिया गया था। उस 'मौलिक' की सृष्टि की जिसे नए के नाम पर नकार दिया गया था। एक सर्जक के रूप में उन्होंने अपनी इस 'स्वाधीनता' का भरपूर इस्तेमाल किया।

शुरू-शुरू में ही उनकी आजाद तबीयत की बात की गई है। उनकी इस तबीयत की खूबसूरती, कविता के विविध रूपों और शैलियों में अपनी छाप छोड़तीी हुई चलती चली है। अपने समय के अधिकांश कवियों के विपरीत, इस रचनात्मक आजादी का भरपूर उपयोग करते हुए उन्होंने अपनी प्रतिभा का कदम-दर-कदम इम्तहान लिया। वे तमाम रूप, अभिव्यंजना-पद्धतियाँ और काव्यशैलियाँ ही क्यों, कथा, कहानी, उपन्यास, संस्मरण, साक्षात्कार और फीचर लेख तक उनकी सर्जना चलती फिरती उठती– बैठती और अपनी उपस्थिति रेखांकित करती रही।

उनके अनुभवों की यह 'आग' कभी बुझी नहीं। तब भी, जब वह खुद उन्हीं के शब्दों में थोड़ी-सी बची रह गई थी। उनकी काव्य-साधना इसी आँच और आग की परिभाषा है।

सम्भवत: इसीलिए वे अपने लोगों के बीच, जो किसी भी तरह की गहरी उदासी बावजूद निराश होने पर राजी नहीं थे, उनके सबसे लाड़ले कवि बनकर उभरे। इनमें कौन शामिल नहीं था भला? किसान, कारीगर, शिल्पी, लोक समर्पित कार्यकर्ता और बुद्धिजीवी। वे सब भी जो स्थितियों की जड़ता का खात्मा चाहते थे और वे सब भी जो एक ऐसे जनोन्मुख जनतंत्र के आकांक्षी थे, जो बराएनाम उनका न हो, बल्कि सचमुच उन्हीं का हो जिसमें वे आजादी का न केवल अनुभव कर सकें, बल्कि आजाद रहकर उसे खुलकर बरत भी सकें।

दुष्यन्त की कविता इसी खोती जाती आजादी और बेचैनी से उसकी तलाश में निकल पड़ी खाँटी 'भारतीय' तबीयत की कविता है।

इस तबीयत का एक प्रामाणिक दस्तावेज़ यहाँ दुष्यन्त के साथियों, समकालीनों और दोस्तों की कलम से पेश करने की पहल की गई है। इसमें उनके परिवार के लोग भी निस्सन्देह शामिल हैं। मुझे यकीन है हिन्दी के पाठक इसे अवश्य पढ़ना चाहेंगे।

अनुक्रम

स्मृति व्याख्यान-दिसम्बर 1978

कुछ खास पत्र

अन्तरंग स्मृतियों में दुष्यन्त

संस्मरण

दुष्यन्त : मेरा दोस्त

रवीन्द्रनाथ त्यागी

दुष्यन्त से मेरी मुलाकात 1946 में हुई थी। मैंने भी उसी स्कूल में दाखिला लिया था जिसमें दुष्यन्त ने । तीन साल तक हम लोग साथ रहे। उन दिनों उसका पूरा नाम था–दुष्यन्त नारायण त्यागी और मेरा था रवीन्द्रनाथ। हाई स्कूल का फॉर्म भरते समय मैंने उससे कहा कि अपने नाम में से 'नारायण' निकाल दो, 'दुष्यन्त कुमार' ज्यादा आकर्षक नाम रहेगा। वह मान गया, मगर एक शर्त पर और वह यह कि मैं अपने नाम के साथ 'त्यागी' जोड़ लूँ।" इसके बाद मैं हो गया रवीन्द्रनाथ त्यागी और वह हो गया दुष्यन्त कुमार। प्यार में हम सब लोग उसे 'दुश्शी' कहा करते थे।

दुष्यन्त बड़ा सुन्दर लगता था। एकदम भूरा, छोटी-छोटी आँखें और मोटे-मोटे गाल। खेलने-कूदने का कोई शौक हम दोनों को नहीं था। हाँ, साहित्य से, खासकर देवकीनन्दन खत्री के उपन्यासों से, हम दोनों इश्क रखते थे। वह उन दिनों भी उतना ही हंसमुख, साफ, शरारती और लापरवाह था जितना कि बाद में।

हाई स्कूल के बाद हम लोग दो वर्ष के लिए अलग-अलग हो गये। वह जहाँ गया, वहाँ पढ़ाई के साथ एक छोटी-सी पत्रिका का सम्पादन भी करने लगा। मेरी प्रथम कविता उसने छापी।

इसके बाद हम दोनों प्रयाग विश्वविद्यालय में फिर साथ हो गये। दोनों के पास हिन्दी थी। डॉक्टर रसाल जब 'शिवराज भूषन' पढ़ाते तो वह उनकी ओर देख-देख कर मुँह बनाया करता था और शायद एक बार पकड़ा भी गया था। अब उसमें कुछ आवारगी आ गई थी– कलाकारों वाली स्वाभाविक आवारगी। कुर्ता पायजामा, वास्कट, काली शेरवानी, सभी वस्त्र उसके भरे-पूरे जिस्म पर अच्छे लगते थे। लड़कियाँ उससे काफी प्रभावित रहती थीं और इस बात के

कहने पर दुष्यन्त बिल्ली जैसी–चमकदार आँखें दिखाकर हम लोगों को डराने की कोशिश किया करता था।

प्रयाग में हम लोग कई साल साथ-साथ रहे। सुमित्रानन्दन पंत से मिलने मैं पहली बार दुष्यन्त के साथ ही गया था। परिमल के जूनियर मेंबर भी हम साथ-ही-साथ रहे। इसके बाद फिर बिछुड़ गये।

नौकरी मिलने के बाद मेरी नियुक्ति सबसे पहले मेरठ हुई। दुष्यन्त अचानक वहाँ आ गया; वह शायद दिल्ली में रेडियो में आ गया था। दिल्ली से मेरठ, रोज-रोज का सफर। एक और साथी रामनिवास शर्मा मेरठ में डिप्टी कलेक्टर थे। हम तीनों की फिर छनने लगी। दुष्यन्त ने एक बार मुझे काफी कसते हुए कहा कि अब तुम अफसर हो गये; अब तुम्हारा साहित्य से क्या वास्ता ? कुत्ते पालो और बुडहाउस पढ़ो। मैंने वादा किया कि मैं लिखूँगा और आखिरी दम तक लिखूँगा। मेरी किताबें छपने पर उसे बड़ी खुशी हुई। इसके बाद हम लोग फिर उखड़ गये।

फिर दुष्यन्त मध्य प्रदेश में खो गया। कभी कहीं मुलाकात हो गई तो फिर वही पुरानी मस्ती । उस इंसान में कोई चीज ऐसी थी जो हर एक इंसान में नहीं होती। उसमें काफी कमियाँ थीं, पर वे उसकी एक हँसी से ढंक जाती थीं। उसका दिल भी बड़ा और बाँहें भी...

इस बार दुष्यन्त ऐसा गया कि फिर मुझे कभी नहीं मिलेगा। नहटौर का दुष्यन्त, प्रयाग का दुष्यन्त, कवि दुष्यन्त, दोस्त दुष्यन्त, चालाक दुष्यन्त, भोला दुष्यन्त–न जाने कितने दुष्यन्त एक साथ खो गये। मरना सबको है पर उसका एक वक्त होता है। मगर दुष्यन्त बेवक्त ही चला गया। वक्त की पाबन्दी न उसने जीने में की और न मरने में।

मेरा दुष्यन्त

महावीर सिंह

किसी के विषय में कुछ कहना भले ही आसान हो किन्तु किसी अपने के विषय में कुछ कहना आसान नहीं हो सकता और खास कर उस दशा में जब वह सभी अपनों की ममता को धता बताकर हमेशा के लिए चला गया हो। मैं समझता हूँ किसी के विषय में कुछ कहने के लिए दूरी का होना एक अनिवार्य स्थिति है जो कहने वाले को कहीं भी छू नहीं पाती और इसी लिए स्पर्शों की कल्पना कर सकने में सुविधा रहती है। किन्तु जो निकट है, जिसकी छुअन भीतर तक पैठी हुई है उसे बाहर निकालने में कुछ ज्यादा ही मुश्किलें होती हैं।

दुष्यन्त मेरे लिए इतने निकट का रहा है जितना वह इलाहाबाद में कमलेश्वर और मार्कण्डेय के निकट रहा है किन्तु उससे मेरी निकटता इस माने में अधिक बेहिसाबी है कि उन दिनों हम लोग किशोर थे तथा बहुत ही खुराफातों और बेवकूफियों में बेबाक तरीके से सम्मिलित रहा करते थे। हालाँकि दुष्यन्त में वह सहज तथा बेबाक इन्सान अब तक मौजूद रहा जब तक वह खुद रहा। फिर भी उन दिनों की

कुछ और ही बात थी। तब तो दिन की खुली रोशनी में हमारे लिए वह सब जायज था जिसे अब शिष्टता, सभ्यता, सामाजिकता (या जिसे कमजोरी कही) के तकाज़े के कारण नहीं कर सकते। फिर दुष्यन्त के अभाव में तो वह सब अब संभव भी नहीं। उसकी अनुपस्थिति में बार-बार ग़ालिब का शेर याद आ रहा है:

जू-ए-खूँ आँखों से बहने दो, कि है शाम-ए-फ़िराक
मैं यह समझँगा कि शमएँ दो फरोजाँ हो गईं।

मुझे अब भी अच्छी तरह याद है एस.एम. कॉलेज चन्दौसी के म्यूनिसपल हॉस्टल के छात्रों के बीच शुरू अगस्तं सन् 48 में एक नाम उभरता है 'दुष्यन्त'।

'दुष्यन्त कवि है, उसका तखल्लुस परदेसी है, वह कविता लिखता है, उसकी कविताएँ बड़ी जोरदार होती हैं, वह रात भर जागकर कविताएँ लिखता है और दिन भर सोता है, उसने कमरा नम्बर 19 लिया है जिसमें रोशनदान नहीं, जिसमें सीलन है, जिसमें पाख़ाने की बदबू आती है, वह किसी दूसरे लड़के के साथ नहीं रहना चाहता, उसके कमरे में जाओ तो वह किसी से बैठने को नहीं कहता आदि-आदि। 'दुष्यन्त' नाम के साथ इस प्रकार की चर्चाएँ मैंने सुनीं तो उसे देखने की जिज्ञासा उत्पन्न हुई, और संयोग कुछ ऐसा हुआ कि उसी दिन हिन्दी के पीरियड में उसका परिचय न सिर्फ मुझे ही बल्कि हिन्दी विभागाध्यक्ष प्रोफेसर गंगाशरण शील संहित समूची कक्षा को कुछ ऐसा मिला कि लड़के बाग-बाग हुए, लड़कियाँ सलज्ज होकर मुस्कराईं और अध्यापक महोदय मन मसोस कर रह गये।

हुआ कुछ यूँ कि दुष्यन्त कुछ देर से कॉलेज में आया। अत: क्लास में नई शक्ल का परिचय 'शील' जी ने माँगा। देखा पीछे एक गोरा चिट्टा, छरहरा, खूबसूरत, कुर्ता पजामा और टोपी में खड़ा हुआ लड़का अध्यापक से मुखातिब हो रहा है– "मैं जिला बिजनौर के उस क्षेत्र का निवासी हूँ जहाँ कण्व के आश्रम में दुष्यन्त और शकुन्तला की प्रणय लीला हुई थी और इत्तफ़ाक से मेरा नाम भी दुष्यन्त ही है।" वाक्य के समाप्त होते-होते उसकी दृष्टि अध्यापक से हटकर छात्रों की ओर पहुँच चुकी थी और इससे पहले कि अध्यापक महोदय कुछ बोल पाएँ, उसकी अदा में बाँकपन आया, दृष्टि छात्राओं पर जमी और अगला वाक्य चल पड़ा– "परदेसी उपनाम से कविता लिखता हूँ। आपके लिए अब तक हूँ भी परदेसी ही, किन्तु आगे परदेसी नहीं रहूँगा, 'प्रियतम' बन जाने का इरादा है।" सुनते हुए लड़कियों की आँखें, मेजों पर घूर कर मुस्कराने लगीं, लड़कों के ठहाकों से कमरा गूँज उठा और शील जी के मुख से 'अच्छा-अच्छा' के साथ अध्यापन शुरू हो गया। आगे चल कर तो शील जी ने हम दोनों को 'विद्वान' की उपाधि प्रदान करने के साथ-साथ, उपस्थितियों के झंझट से आश्वस्त करके क्लास से पूरी तरह छुट्टा रहने का आग्रह पूर्ण आदेश दे दिया था, जिसे हम लोगों ने गुरु के अनुग्रह के रूप में सहर्ष शिरोधार्य कर उन्हें अपनी अनुपस्थिति की गुरु दक्षिणा देकर स्थाई प्रसन्नता का अधिकारी बना दिया था। और इस तरह दुष्यन्त को देर तक सोने तथा मेरे लिए उसे जगाकर गालियाँ और लातें खाने लुत्फ में काफी इजाफा हो गया था, जो अब कभी नहीं मिलेगा।

किन्तु दुष्यन्त से मेरे अपने परिचय की 'कथा' भी एक हादसा ही समझिए। चूँकि मैं सिवाय कुर्ता धोती के और कोई पोशाक पहनता नहीं था इसलिए हर कालिजियेट की दृष्टि में मेरा अस्तित्व एक दम हास्यास्पद बना हुआ था। खासकर राष्ट्रीय स्वातंत्र्य के ठीक बाद के उस संक्रमण काल में हॉस्टल का परिवेश मेरा एकान्त तथा एकनिष्ठ विरोधी था। किन्तु छात्रावास की परिचय-संध्या में न जाने कैसे मेरे दायें हाथ की मुट्ठी एल्डर्स के नेता की नाक से कुछ इस प्रकार जा लगी कि वह अनायास कुर्सी सहित पीछे लुढ़कने का अभिनय करने लगा था। इसके साथ ही मेरी उस सम्पूर्ण शिक्षा को व्यावहारिक होने का अवसर भी मिला था जिसे मैंने उस आयु तक 'पशु चारण' की ट्रेनिंग में अर्जित किया था। हॉस्टल में भी देर से आने के कारण दुष्यन्त को मेरे साथ घटी वारदात का ज्ञान नहीं था। इसीलिए तो उसने मुझे उस समय सहज रूप से 'चुग़द' कह दिया था, जब हम दोनों अपने अलग-अलग मेसों के सम्मिलित सहन में पड़ी मेज़ों पर बैठे शाम का भोजन कर रहे थे। बात शायद 'कामायनी' और प्रसाद से शुरू हुई थी और उसने मुझे मेरे 'हास्यास्पद' अस्तित्व के कारण कामायनी को समझने के लिए 'चुग़द' का ख़िताब दे डाला था और मैंने उस लापरवाह कवि की उस अदा पर फिदा होकर, उस सुकुमार से लड़के को अपने 'देहाती' मेस की प्याज़ से बनी आलू मटर की सब्जी की कटोरी मँगा दी थी। फिर तो दुष्यन्त ने मुझे कुछ ऐसे पकड़ लिया कि मैं निरन्तर उसके लिए साधन बनता रहा किन्तु उसके द्वारा इस्तेमाल किए जाने पर भी मुझे हमेशा प्रसन्नता का एहसास हुआ। यों इस्तेमाल तो इस समय भी उसी के लिए हो रहा हूँ, सिर्फ एहसास वदला हुआ है। उसी वर्ष जनवरी-फरवरी के महीने में दुष्यन्त को छात्रावास छोड़ देना पड़ा क्योंकि वह किसी दूसरे को अपने साथ रख नहीं सकता था और छात्रावास की माँग उसे अकेला न रहने के लिए विवश किए हुए थी। इसीलिए वह राजनीति विज्ञान के प्रोफेसर श्री बिसारिया की कोठी के एक बाहरी कमरे में पहुँच गया था जिसके आगे काफी बड़ा सहन था जहाँ उसकी साहित्यिक महफिलें मज़े के साथ जमने लगीं। वह जगह मेरे छात्रावास से ज़्यादा दूर नहीं थी इसलिए दुष्यन्त किसी भी समय साइकिल लिए आ जाता और मुझे पीछे बिठा कर कहाँ कहाँ ले जाता, यह सब अब बताया नहीं जा सकता। किन्तु जब वह बिना साइकिल आता तब मुझे घबराहट होने लगती। मैं जानता था कि तुरन्त उसके साथ जाना

पड़ेगा। रास्ते में वह बताएगा कि आज एक बहुत बढ़िया 'चीज़' देखी है, कहाँ से कहाँ तक उसका पीछा किया है और किस घर में उसे प्रविष्ट कराके लौटा हूँ। बस फिर हमें उस मकान तक पहुँचना पड़ता, वह उस मकान के द्वार पर एक कल्पित नाम लेकर गुहार लगाता, और घर में से जो भी व्यक्ति प्रकट होता उससे बातें होती, अपनी भूल बताई जाती, नामधारी कल्पित व्यक्ति का पता पूछा जाता, उस व्यक्ति का परिचय लिया जाता और चूँकि कवि सम्मेलनों के नाते वह खुद तो अधिकांश के लिए परिचित ही होता था इसलिए अपनी कोठी पर होने वाली गोष्ठी में आने के लिए आमंत्रित करता। बेचारा नव परिचित शिष्टाचार वश अपने घर की शोभा बढ़ाने का आग्रह उससे करने लगता और इसी बीच उसे उस ' चीज़' को नए परिप्रेक्ष्य में देखने का अवसर मिल जाता जिसे वह अपनी काव्य रचना के प्रेरणा स्रोत के रूप में अंगीकार कर लेता। एक दो बार तो हादसे होते-होते रह गये। किन्तु हादसों से पूरी तरह बरतरफ़ होना इंसान की सामर्थ्य से बाहर हैं।

इन्टरमीडिएट करके इलाहाबाद चले जाने के बाद उसकी एक जबर्दस्त 'प्रेरणा' से तो अपना बचाव करने में मैं कामयाब हो गया था किन्तु उसने ऐसा रास्ता दिखा दिया था जिसका चस्का मुझे बहुत मँहगा पड़ा है। क्योंकि वैसी ही एक 'चीज़' स्वयम् अपने लिए और अपने बच्चों के लिए अभी तक मुझे चकरघिन्नी बनाए हुए है।

उस ग़ैर ज़िम्मेदाराना अलमस्त जिन्दगी की सिर्फ एक घटना और जब दुष्यन्त ने मुझे अच्छी तरह छकाया। मुझे कवि सम्मेलनों में कभी रुचि नहीं रही किन्तु जहाँ दुष्यन्त जायेगा तो मुझे क्यों नहीं जाना होगा और मैं न भी जाना चाहूँ तो दुष्यन्त कैसे छोड़ देगा। ऐसे ही एक कवि सम्मेलन में मुरादाबाद चलने के लिए कॉलेज में ही मुझे हुक्म मिला। फाइलें रूम मेट के हवाले कर दी जाती हैं। मैं अपनी सुरक्षा (दुष्यन्त से) के विचार से रूम मेट को भी सीधे स्टेशन आने को कह देता हूँ जो अपनी व्यावहारिक बुद्धि के सहारे जेब में बटुआ और कंधे पर कम्बल डाले आ जाता है। नवम्बर का अन्त है और दुष्यन्त सिर्फ कुर्ता-पाजामे में है। मैंने बंडी भी पहन रखी थी। साथी। टिकट लेता है, मुरादाबाद में हम दोनों को खाना खिलाता है और उसके पास सिर्फ सात रुपए शेष रहते हैं जिसमें से पाँच का नोट दुष्यन्त ले लेता है और मेरी बंडी खुद पहनकर तथा कवि सम्मेलन

से बची हुई रात को मुरादाबाद स्थित अपने मकान में गुजारने का आश्वासन देकर कवियों के दंगल में उतर जाता है। कवि सम्मेलन के बाद वह हम से खो गया और हम ने शेष दो रुपयों की धनराशि के सहारे उसके तब तक अनदेखे मकान को तलाशने में अपनी कुल पूँजी ख़र्च देने की अपेक्षा एक-एक प्याला चाय के सहारे एक कम्बल में शेष रात गुज़ार कर अवशेष राशि से रेलवे टिकट ख़रीद चन्दौसी लौट जाना ही श्रेयकर समझा, जिसके लिए उसने मुझे ऐसी-ऐसी लंतरानियाँ सुनाई जिन्हें इस समय भी महसूस कर रहा हूँ।

चन्दौसी से उन दिनों हम लोगों ने एक मासिक पत्रिका 'पुकार' निकाली थी जिसमें हम में से एक तीसरे रामकुमार राजपूत के प्रयासों का योग सर्वाधिक था। दुष्यन्त ही उसका स्वरूप-निर्धारण करता था। दुष्यन्त की प्रारंभिक कविताएँ जो प्राय: गीत हुआ करती थीं, उसी में छपी थीं। साधनों के अभाव में पत्रिका डेढ़ वर्ष से अधिक नहीं जी सकीं, किन्तु दुष्यन्त का इलाहाबाद चला जाना भी पत्रिका की मौत का एक कारण रहा।

सन् 48 से 58 तक दुष्यन्त से मेरा निकट का सम्पर्क रहा है। सन् 50 में वह चन्दौसी से गया किन्तु ग्रीष्मावकाश में हम लोग मिलते रहते थे। नवादा (दुष्यन्त का मूल निवास स्थान) तो मैं एक बार ही गया किन्तु मऊ, जहाँ दुष्यन्त की ज़मीदारी थी और जो मेरे गाँव से तीन-चार मील की दूरी पर है, दुष्यन्त सपरिवार आकर भी रहा करता था। उस बीच कभी वह मेरे गाँव आ जाता और कभी मैं उसके पास जा पहुँचता था। इसके बाद भी मुरादाबाद में रहकर जब उसने बी. टी. किया तब भी उससे निकट का सम्पर्क रहा। इसके बाद हम लोग एक दूसरे से दूर जा पड़े किन्तु निकटता में कोई अन्तर नहीं पड़ा। हाँ 'एक कण्ठ विषपायी', जो उसने मुझे यहाँ ठाकुरद्वारा आकर ही दिया था, के बाद उसकी कोई कृति देखने को नहीं मिली। यों उसकी रचनाएँ पत्र-पत्रिकाओं तथा रेडियो पर कभी-कभी मिलती रहती थीं। आयुष्मती अर्चना' के पाणिग्रहण का निमंत्रण भी दो-तीन दिन देर से मिला जिसके बहाने उससे मुलाक़ात हो सकती थी। किन्तु अब तो हालातों ने उस मुकाम पर पहुँचा दिया है जहाँ कोई भी प्रयत्न कारगर नहीं हो सकता।

एक बार दुष्यन्त ने मुझे अपने पास बुला लेने का प्रयास भी किया था। सन् 64 में मुझे पी-एच. डी. मिल जाने के बाद उसने लिखा था– "बेटे अब तुम

यहीं आ जाओ, तुम्हारे लिए मैंने जगह बना ली है।" किन्तु वह इतना जानता था कि मेरी परिस्थिति मुझे कहीं भी जाने की इजाज़त नहीं दे सकती। फिर भी उसने लगातार तीन-चार चिट्ठियाँ लिखीं और निरन्तर जोर डालता रहा। आख़िर तंग आकर मैंने अपनी स्वीकृति इस इरादे से भेज दी कि किसी तरह उसकी ज़िद से अपना पीछा तो छुड़ाऊँ। बस अगली बार वह कल्पना लोक से यथार्थ की जमीन पर लौट आया। 'यार वाजपेयी जी (आचार्य नन्द दुलारे) की बहुत एल. टी. मार रहा हूँ आज कल। इतमीनान रख बहुत जल्दी तेरे लिए एक नया कॉलेज खोल रहा हूँ।

दुष्यन्त का व्यक्तित्व परस्पर विरोधी दो भागों में विभक्त था जिसमें एक था सामन्त, निहायत कामकाजी जिसे उसने विरासत में अपने पिता जी से पाया था और जिस से मुक्ति पाने के लिए वह हमेशा से संघर्ष करता चला आ रहा था, किन्तु दुःस्वप्न की भाँति जो उसे छोड़ नहीं सकता था। उसका दूसरा व्यक्ति हद दर्जे का संवेदनशील, अनुभूति सजग, सहृदय एवं सामाजिक चेतना और उदात्त मानवीय करुणा से लबरेज़ था। उसका जीवन, साहित्य और आचरण सभी कुछ इस दोहरे व्यक्तित्व के संघर्ष की गाथा है तथा उसका असामयिक निधन भी उसी द्वन्द्व की परिणति है। वह अपने सामन्त को अपना ऐसा दुश्मन समझता था जिसका अस्तित्व उसके अपने संघर्षशील चरित्र के विकास के लिए आत्यंतिक रूप से अपेक्षित था। उसकी ग़ज़लों में हमें इस संघर्ष के दर्शन व्यापक स्तर पर होते हैं, केवल परिवेश बदला हुआ है। उसका वह आन्तरिक संघर्ष समाज के व्यावहारिक जीवन का संघर्ष बन गया है जिसे व्यक्ति अपने चारों ओर देख भी सकता है तथा अपने भीतर महसूस भी कर सकता है। जब तक पिता जी रहे वह अपनी स्वस्थ प्रगतिवादी दृष्टि को उनके नज़रिये पर सान देता रहा किन्तु उनके स्वर्गवास के बाद उसने अपने भीतर के सामंत को ललकारना आरम्भ कर दिया। मुझे भली प्रकार स्मरण है कि पिता जी द्वारा विवाह का आग्रह करने पर उसने नहटौर (जि. बिजनौर) निवासिनी अपनी पूर्व परिचिता को वरण करने का प्रस्ताव किया था। इस पर पिता जी ने तर्क दिया था 'बेटा मोहब्बत हमने भी की है, इश्क हमने भी लड़ाया है लेकिन हम तुम्हारी तरह दीवाने बन कर हर उस लड़की से शादी नहीं करते फिरे।" तो दुष्यन्त ने उनके सामन्ती दृष्टिकोण को इतनी साफगोई एवं निधड़क ढंग से परास्त किया था कि पिता जी बगलें झाँकने लगे थे।

इसी सन्दर्भ में एक और घटना याद आती है। उन दिनों दुष्यन्त मुरादाबाद अपने मकान में सपरिवार रहकर बी. टी. कर रहा था। कलक्ट्रेट के एक बाबू से कुछ काम निकालना था। मैं उस दिन उसके पास ठहरा हुआ था। शाम को बाबू को सिनेमा के लिए बुला लिया गया। फिल्म देखने के बाद एक होटल में भोजन किया और वहीं दुष्यन्त ने बाबू से कहा– "देखो मिस्टर– मैंने तुम्हारी 'खुशी के लिए न सिर्फ चालीस रुपए का चक्कू खाया है बल्कि तुम जैसे की खुशामद करके काफी जलालत 'भी उठाई है। अगर अब भी मेरा काम न हुआ तो मुझसे बुरा तुम्हारे लिए और कोई नहीं होगा।" दुष्यन्त के इस वाक्य को सुनकर बाबू के उदर में पहुँची हुई मुर्गे की टाँग भी शायद उछलने लगी थी। बेचारा बाबू रोनी सूरत लिए कार्य की सम्पन्नता का वायदा करके भी तुरन्त उठकर नहीं जा सका था और मैं व्यक्तित्व से उत्पन्न सघन वातावरण को कुछ हल्का करने का प्रयास करने लगा था फिर भी

जनून को हमवार करने में काफी वक्त लगा था।

दुष्यन्त

दुष्यन्त

के इस

इस दोहरे

के दुष्यन्त हद दर्जे का जनूनी था और यह जनून उसके संवेदनशील प्रगतिकामी व्यक्तित्व का स्थायी लक्षण था। व्यवस्था का वह आदतन विरोधी था फिर वह व्यवस्था वैचारिक हो या व्यावहारिक, आर्थिक हो या राजनीतिक, सामाजिक हो या वैयक्तिक, व्यावसायिक हो या पारिवारिक वह उसे मूल रूप में कभी स्वीकार नहीं कर सकता था। बँधकर रहना उसके बस की बात नहीं थी। लिखने बैठ जाता तो मिलना जुलना, खाना-पीना, हगना-मूतना सब बन्द । जागता था तो सोना भूल जाता था और सो जाता तो जागने की ज़रूरत नहीं रहती थी। वाक् युद्ध का इतना शौकीन कि साहित्य या राजनीति से गुजरता हुआ हाथापाई पर उतर आता और यार ऐसा कि आपको जान हाज़िर । उसकी यह लत केवल बीबी (माता जी) के स्नेहसिक्त आक्रोश के सामने तो मैंने यदा-कदा टूटते देखी थी किन्तु राजेश्वरी जी को तो उसे तोड़ सकने में कई बार असफल होते देखा था।

वास्तव में दुष्यन्त के लिए एक अदद पिता जी और बीबी के होने की अनिवार्यता नितान्त अपरिहार्य थी। क्योंकि पिता जी के रहते उसे अपने निजी सामांत को धाराशायी करने में सफलता मिलती तथा 'बीबी' की उपस्थिति उसे किसी-न-किसी रूप में व्यवस्था के प्रति सतर्क रखने में सहायक होती। किन्तु परिवेश के बदलाव में वह दुष्यन्त मौत के शिंकजे में एक दम बेबस हो जायेगा– जो कभी एस. एम. कॉलेज में पंजा लड़ाने का चैम्पियन हुआ करता था– इसका इमकान भी नहीं था।

आज दुष्यन्त के अभाव में, यह सब उसी के सम्बन्ध में लिखने के बाद मुझे अपने लेखन की असह्य पीड़ा का जितना एहसास हो रहा हैं उतना तो रेडियो से उसके निधन की सूचना पर भी नहीं हुआ था।

एक तनुमा आलेख

रामावतार त्यागी

समझ में नहीं आता कि मैं दुष्यन्त के बारे में कहाँ से शुरू करूँ? दुष्यन्त शानदार आदमी था, दुष्यन्त बेहतरीन शायर था। दुष्यन्त शराब पीता था। दुष्यन्त पर ख़ूबसूरत लड़कियाँ जान देती थीं। दुष्यन्त प्यारा दोस्त था। दुष्यन्त चुटकुलेबाज था–ये सभी तो वे बातें हैं जो मज़ाज के बारे में कही जा चुकी हैं पर मेरा ख्याल है कि अगर रामायण की कुछ चौपाइयाँ, ग़ालिब की चन्द ग़ज़लें, कामायनी का एक आध सर्ग, उर्वशी के कुछ अंश, मधुशाला की कुछ रुबाइयाँ, उसने कहा था, मन्त्र गदल, मलबे का मालिक और राजा निरवंसिया को एक साथ लेकर हरसिंगार की गंध में भिगोने के बाद विनोबा की साधुता और मेरी बदनामी के संग बेला की ताजा पाँखियों पर लिखा जाए तो उस संकलन का नाम दुष्यन्त के अलावा दूसरा हो ही नहीं सकता।

मेरी सभी से बिनती है कि दुष्यन्त को मुक्तिबोध बनाने की कोशिश न करें क्योंकि वह किसी की सहानुभूति का पात्र नहीं, बल्कि जीवन की अदृश्य आस्था और अविनत संघर्ष का प्रतीक था। वह जब तक जिया शान से जिया और जब प्रपंच और दग़ा की इस महफिल से उसका मन ऊब गया तो वह हमारी ग़ैरत पर थूक कर मन ही मन यह गुनगुनाता हुआ चला गया–

"मुद्दतो रोया करेंगे जामो-पैमाना मुझे।"

मैं आप सभी से और खास तौर पर दुष्यन्त से माफी माँग रहा हूँ कि मैं उस स्वर्गीय के साथ आदर सूचक विशेषण नहीं जोड़ पा रहा हूँ। हालाँकि उसे गये हुए आज दो अगस्त को एक साल सात महीने और चौदह दिन हो चुके हैं। पर वह मेरे सामने उसी तरह मौजूद है। वह मुझे त्यागी कभी नहीं कहता था। उसका तकिया कलाम था रामावतार भाई। आज भी वह उसी तरह कभी ग़ज़लों

के माध्यम से कभी गीतों के माध्यम से, कभी 'सूर्य का स्वागत' के माध्यम से तो कभी अपनी गद्य रचनाओं के माध्यम से मुझे रामावतार भाई कहता हुआ मिलता है। इसीलिए तो मैं कहता हूँ कि वह ज़िन्दा आदमी है... मुक्ति-बोध नहीं है। यह सही है कि हम जो उसकी बातें, कहकहे और लनतरानियाँ सुनने के शौकीन थे, एक बड़ी कमी महसूस होती है। पर उस कमी का अर्थ यह तो नहीं है कि दुष्यन्त नहीं है। वह खामोश है लेकिन ज़िन्दगी में पूरी शिद्दत के साथ मौजूद है

मैं उसे कब से जानता था यह कैसे बताऊँ, हालाँकि वह मुझसे आठ-नौ वर्ष छोटा था पर मुझे हमेशा लगता रहा है कि मैं जब से पैदा हुआ हूँ, तभी से उसे जानता हूँ।

मैं उसकी प्रेम कथाओं का जिक्र नहीं करूँगा क्योंकि वह मेरा हक नहीं है। हाँ, इतना मैं जानता हूँ कि उसका मन किसी की अलकों-पलकों में नहीं सिर्फ कीर्ति के स्वर्ण शिखर पर टिका हुआ था। एक बार की बात है कि मैं दिनेश जी और राही' एक ही ट्रेन से जयपुर जा रहे थे। हमें यह मालूम नहीं था कि दुष्यन्त भी इसी गाड़ी में है। पर यह कैसे हो सकता था कि वह यह पता न लगा ले कि इस गाड़ी में उसका कोई परिचित है या नहीं। लिहाजा रिजर्वेशन चार्ट पढ़कर एक स्टेशन पर डिब्बे में हाज़िर हो गये। पता चला कि राजेश्वरी जी भी उसी गाड़ी से जयपुर चल रही हैं, जब स्टेशन आया तो हम खोजते रहे कि जनाब बहू से मिलाएँगें, पर वह गायब। रात को रेडियो कवि सम्मेलन में भेंट हुई और जब हमने शिकायत की तो पहले तो कुछ इस तरह मुस्कुराये जैसे कह रहे हों कि " देखिये क्या चूना लगाया" फिर हाथ की सिगरेट मुझे देते हुए फरमाया-दरअसल मैं दो लेक्चर एक साथ सुनने के मूड में नहीं था– और एक बेलौस ठहाका ।

एस. एस. एम. कॉलेज चन्दौसी का टीआर. के. होस्टल. सन् 1944 या 452 दिन रविवार, समय दो बजे दोपहर मैं मैस से खाना खाकर लौट रहा हूँ कि बराबर के एक कमरे से एक गीत की गुनगुनाहट मेरे पाँव रोक लेती है, भीतर जाता हूँ तो दुष्यन्त आँखें बन्द किये गीत सुना रहे हैं। मैं भीग गया हूँ। गीत समाप्त होते ही नज़र मुझ पर जाती है और सवाल-भाई जान आप... मतलब कि फूटिये न। मैं चला जाता हूँ। अगले दिन मुलाकात। मैं कहता हूँ– बहुत अच्छा लिखते हो। जवाब– 'भाई साहब! दो साल बाद आपसे लोग पूछा करेंगे कि क्या आप दुष्यन्त को जानते हैं।' और हाँ! वह वक्त आया और खूब आया कि जब

अपरिचितों ने भी यह कहकर वाहवाही लूटी कि वे दुष्यन्त को करीब से जानते थे– उसके लंगोटिया थे।"

उसका कविता संग्रह "सूर्य का स्वागत" प्रकाशित हो चुका है, मैं उसे खरीद कर पढ़ चुका हूँ। घूमते फिरते एक दिन केनिंग लेन में दिनकर जी के पास हूँ, तब लिखी जा रही उर्वशी का ताजा अंश सुनने के लिए। पूछता हूँ–आगे क्या लिखा? जवाब– 'तुमने सूर्य का स्वागत पढ़ा है। मैं सकपकाता हूँ तो गरज भरे शब्द सुनने को मिलते हैं– जो आज कविता लिख रहा है उसे 'सूर्य का स्वागत' पढ़ लेना चाहिए। प्रयोगवादियों की सड़ांध से बचने के लिए इस गुलाब को सूँघना जरूरी है। और उर्वशी का ताजा लिखा अंश तकिये के नीचे खिसका कर 'सूर्य का स्वागत' निकाल लेते हैं। उस शाम दिनकर जी दुष्यन्त के पाठक और मैं श्रोता। फिर पता नहीं कब रात हो गई।

व्यंग कवि गोविन्द व्यास जम्मू रेडियो कवि सम्मेलन से लौटे हैं। मुझे वहाँ का किस्सा सुना रहे हैं। किस तरह एक नामी कवि को दुष्यन्त ने लताड़ा, किस तरह रात भर ग़ज़लें सुनाईं, किस तरह रामावतार त्यागी के बारे में सुसंकोच दो-चार प्रशंसात्मक वाक्य कहे और किस तरह राही की सलाह से एक संपादक कवि को गुलेरी जी की संज्ञा दी, मैं सब सुनता हूँ पर गुलेरी जी वाली बात समझ में नहीं आती। पता चलता है 'कि संपादक-कवि को परामर्श दिया गया कि जिस तरह गुलेरी जी ने तीन कहानियाँ लिखकर अमरता अर्जित की उसी तरह वह भी अगर आगे लेखन पर कृपा कर अपनी मात्र तीन कविताओं को ही दोहराते रहे तो उनके भी गुलेरी जी बनने के पूरे चांस हैं। मैं हँसते-हँसते लोट पोट हो जाता हूँ।

एक दिन साप्ताहिक हिन्दुस्तान से निकलते हुए अचानक भेंट हो गई। तय कि पहले कहीं कॉफी पी जाए। ये वे दिन थे जिन दिनों कभी दिल्ली के कॉलेज में टीचरी कर चुके एक असज्जन आई. ए. एस. होने के बाद भोपाल में अपनी फटीचरी हरकतों से उसे तंग कर रहे थे। उसे दर्द यह नहीं था कि उस जैसे गैर-मामूली को एक मामूली आदमी की मातहती करनी पड़ रही थी। दर्द बल्कि यह था वह अपनी जिम्मेदारियों के कारण एक निखद्द व्यक्ति के प्रति जवाबदेही के लिए मजबूर था। जब काफी देर शाब्दिक विद्रोह प्रकट करने के बाद इस बिन्दु पर पहुँच गये कि वह नौकरी पर लात मार देने को तैयार है तब तक मैं भी ताव खा चुका था। मैंने कुछ आवेश में कहा– लेकिन तुम्हें तो

निखद्द लोगों को सहने की पुरानी आदत है। इलाहाबाद से अब तक जब तुमने अमुक-अमुक निखद्ध व्यक्ति के साथ गलबहियाँ की हैं, तब एक और ऐसे एक बटा दो आदमी से इतने परेशान क्यों हो? सुनते ही दुष्यन्त का हाथ दूसरे तरकश पर जा चुका था। रामावतार भाई! जिसे साँप के दंश की आदत हो, उसे चूहे के दंश में मज़ा नहीं आता। और एक वक्र मुस्कराहट। जैसे कहा गया हो कि चलिए अब आप निरस्त्र हो चुके।

मैंने दुष्यन्त की कविताएँ ही ज्यादा पढ़ी हैं। उसके पूरे लेखक से नहीं सिर्फ उसके कवि से ही मेरा अधिक परिचय रहा है। यकीनन मैं उसके मुकाबले खुद को बहुत छोटा कवि मानता हूँ। लेकिन कविता का पाठक मैं उसके मुकाबले कहीं बेहतर हूँ। उसी नाते काफी पढ़ने लिखने के बाद मैं अपनी पूरी ईमानदारी और पूरे होशो हवास में यह बात कह रहा हूँ कि दिनकर जी के बाद दुष्यन्त का चले जाना हिन्दी काव्य की सबसे बड़ी क्षति है। मैं दुष्यन्त के परिवार, बन्धु बान्धवों, मित्र परिचितों सभी के दुख को पहचान रहा हूँ। लेकिन समय हमारे सबके घाव धीरे-धीरे भर देगा। कभी-कभी उसकी याद में आँखे नम भी होंगी पर काल ने कविता को जो आघात दिया है, उसे समय कभी नहीं भर सकेगा। काव्य के उस सूर्य को अंधकार ने हम से छीन लिया और यह कितनी विडम्बना है कि हम आज रोशनी की तलाश में जुगनुओं के पीछे दौड़ने को मजबूर हैं।

तो प्यारे भाई! आज दुष्यन्त की याद में तीखापन कुछ ज्यादा है। आज जब गीतों के राज कुमारों की साल में डेढ़ सौ कवि सम्मेलन करने के बाद भी दफ्तर में पूरे दिन उपस्थिति लगी पाता हूँ, नैतिकता के अलमबरदारों को जब मैं अपना मकान किराये पर उठाकर सस्ते सरकारी मकान में ईमानदारी पर प्रवचन करते पाता हूँ, तब मुझे दुष्यन्त की बहुत याद आती है। याद इसलिए आती है कि अब इन बहुरूपियों को बेनकाब करने वाले हाथ हमारे बीच नहीं रहे। जब मैं नक्कालों, खुशामदियों और मक्कारों को सरस्वती के आसन पर विराजमान देखकर भड़ैती करते देखता हूँ, तब हाँ, तब यकीनन मुझे एक सकून मिलता है कि अच्छा है यह सब देखने के लिए दुष्यन्त आज नहीं है। जब मैं साहित्य की मंडी में दलालों को पद, प्रतिष्ठा, पदक और पूँजी बटोरते देखकर मुँह से गाली तक नहीं निकालता, तब मुझे लगता है कि दुष्यन्त की मृत्यु या हत्या में कहीं-न-कहीं मेरा हाथ भी जरूर है।

और कुछ लिखने की मनस्थिति नहीं है। मैं नहीं समझता कि मेरा लिखा तुम्हारी पुस्तक के लिए है। इसे पढ़ लेना बस और धीरे से कही रख देना क्यों कि मैं दुष्यन्त के ध्यान में डूबा उसकी ग़ज़ल दोहरा रहा हूँ–

"एक बाजू उखड़ गया जब से
और ज्यादा वजन उठाता
मैं तुझे भूलने की कोशिश
आज कितने करीब पाता हूँ।"

हिन्दी कवि प्रेमशंकर रघुवंशी को यह खतनुमा आलेख बाकायदा सम्बोधित करके 1977 में लिखा गया था। *संपादक*

संस्मरण

मेरे लिए दुष्यन्त कुमार

शानी

रात आधी और कमरे में अँधेरा था। उस ड्राइंगरूम-कम-स्टडी-कम-बेडरूम में बीचो-बीच दो चारपाइयाँ बिछी हुई थीं। और हम दोनों अपनी-अपनी चारपाइयों पर लेटे सोने की कोशिश या उसका नाटक कर रहे थे। थोड़ी देर पहले हम दोनों बाहर से लड़कर आये थे। और रास्ते में हमने एक-दूसरे से बिलकुल बात नहीं की थी।

लड़ाई की शुरुआत एक साहित्यिक बहस से होती हुई एक-दूसरे के व्यक्तित्व पर आ गई थी या बार-बार लौटकर बहस की टेक उसी पर टूटने लगी थी। दरअसल हम दोनों कमीनेपन के स्तर पर आकर बहस के बहाने एक-दूसरे को ज्यादा-से-ज्यादा आहत करने की कोशिश कर रहे थे। जाहिर है कि लौटते हुए हम दोनों के मन में आहत अहं का दर्द, एक-दूसरे को नंगा करने या होने की तकलीफ और वक्ती तौर की जबरदस्त नफ़रत आपस में गड्डमड्ड हो रही थी और मैं अन्दर ही अन्दर फैसला कर रहा था, कि मुझे इस बेमुरव्वत, बेरहम और सख़्तदिल आदमी से आगे कोई सरोकार नहीं रखना चाहिए।

बहुत देर हो गई थी।

कमरे में आते ही उसने बत्ती बुझा दी थी और हम दोनों अपने-अपने बिस्तरों पर छत्तीस का आँकड़ा बनाए लेट गये थे। बड़ी देर तक चुप्पी रही थी। फिर एक-दूसरे की करवटें लेने या अपने-अपने तकियों की जगह बदलने की आवाजें अँधेरे में उभरती रहीं। फिर यह हुआ कि हम दोनों बिलकुल बेआवाज़ हो गये– एकदम निश्चल !

मैं बहुत आहत था। पुंसत्वहीन क्रोध और नफ़रत ने मेरी आँखों को आर्द कर दिया था। अचानक मैंने महसूस किया कि अँधेरे में एक टटोलता हुआ हाथ मुझे छू रहा है। वह मेरा हाथ ढूँढ़ रहा था। एक क्षण बाद बहुत गर्मजोशी से मेरा हाथ दबाकर उसने कहा– तू जानता है कि मेरी तेरी लड़ाइयों की जड़ कहाँ है?

न तो मैं जानता था और न मैंने कुछ कहा।

असल में, यार, उसने भरे हुए कण्ठ से कहा मैं तुझे थोड़ा-सा बुरा बनाना चाहता हूँ और तू मुझे थोड़ा-सा अच्छा, बस मेरी तेरी कॉन्फिलक्ट इतनी ही है ... कह कर उसने मेरा हाथ छोड़ दिया, करवट बदली और सो गया।

यह दुष्यन्त कुमार था। यह लगभग बारह वर्ष पहले की बात है और मैं ग्वालियर से आया हुआ उसका मेहमान था।

किसी ऐसे दोस्त के बारे में, जिससे आत्मीय दोस्ती और आत्मीय दुश्मनी का सिलसिला पन्द्रह-बीस बरस पीछे तक फैला हुआ हो, लिखना खासा जोखिम भरा और मुश्किल काम है– खासकर तब और जब उस लड़ाई के दौरान ही वह दोस्त अचानक गुजर जाए– यकबयक अनसोचे हुए ढंग से बिलकुल आपको चरका देकर!

दुष्यन्त कुमार के बारे में सोचते हुए आज मुझे यही लगता है। लगता है जैसे मेरे उसके सम्बन्धों की महज दर्जी घर की असंख्य कतरनों से भरी हुई एक गठरी हो, जिसे ऐलानियाँ उठाकर मैंने एक दिन एक ओर रख दिया था और जिसे यकबयक खोलते हुए आज मुझे डर लगता है। वह गठरी हैरानी भरी और बौखलानेवाली है। उसमें अनेक रंगों के मखमल हैं, रेशम हैं, खुरदरी-भद्दी कतरनें हैं और है किसी कुरूप कोने पर अटा हुआ कूड़ा भी, जो सामान्यत: अशिष्ट कहा जाता है–एक हद तक अश्लील!

इस बुरे आदमी से मेरी मुलाकात लगभग बीस बरस पहले दिल्ली में हुई थी। तब वह रेडियो में काम करता था और 'सूर्य का स्वागत' का चर्चित कवि था। परोक्ष साहित्यिक परिचय तो था ही, गायबाना आत्मीय परिचय राजेन्द्र यादव ने करा रखा था। वह मुलाकात सरसरी तौर की हड़बड़ी से भरी हुई थी, लेकिन यह सिर्फ संयोग नहीं है, कि उससे पहली बार मिलते ही उसकी यह कविता मेरे भीतर कौंध गई थी–

रात के घने काले समय में
मेरी हथेली पर
तुमने बनाया है जो सूरज
मेहंदी से
कल सुबह तक रचेगा। लाल होगा।

आखिर सुबह हुई, मेहंदी रची और वह लाल भी हुई लेकिन इसमें थोड़ा वक्त लग गया। पहले जब मैं जगदलपुर में रहा करता था तो साल डेढ़ साल में मुलाकात होती थी, लेकिन ग्वालियर आने के बाद दूरी का वक्फा कम होता गया। सन् 1965 में जब मैं भोपाल आया, तो मेरे लिए भोपाल आना दुष्यन्तकुमार के घर आना था– मेरी उसी अनुभूति के तहत कि अकसर शहर एक या दो लोगों के कारण प्रिय या अपना लगता है। आप उन एक या दो लोगों से मिलकर समूचे शहर में रहने का एहसास करते हैं या यह कि एकाध साथ इतना महत्त्वपूर्ण, सन्तोषदायी और पूरा होता है कि बाकी सब गौण हो जाते हैं। भोपाल के आरम्भिक दौर में दुष्यन्त कुमार से मिलते-जुलते हुए मुझे लगा उसकी सूक्ष्म सम्वेदना वाली काव्य-प्रतिभा से मैं प्रभावित तो था ही, नजदीक आने पर मुझे लगा कि उसके व्यक्तित्व में जबरदस्त सम्मोहन है। यह सम्मोहन उसके पुरुषोचित् सौन्दर्य, वाक्चातुर्य, बेलौस मस्ती, लाउबालीपन और अक्खड़ किस्म की फक्कड़ियत का आकर्षक तालमेल था। वह सिर्फ मिलता नहीं था, मिलनेवाले की आँखों को चौंधिया देता था। वह बोलता नहीं था, सुननेवाले के भीतर एक-ब-यक उतरकर जज्ब हो जाता था। यह उस किस्म की जज्बियत थी, जिसका पता व्यक्ति के होते तो नहीं, उसके जाने के बाद तिलमिलाहट की शक्ल में धीरे-धीरे उभरता और आपको देर तक बेचैन करता है।

तब मैं बेहद भीरु, संकोची, आत्मतल्लीन और बहुत सी हीनग्रन्थियों का मारा हुआ एक ऐसा युवा लेखक था जिसकी पूरी की पूरी 'स्टेक्स' साहित्य में हो। मैंने किताबी जीवनियों से एक लेखकीय प्रतिमा उठा रखी थी और उसे आठों पहर हवा में रखकर वही बनना चाहता था। मामूली नौकरी, तंगदस्ती या जिन्दगी के छोटे-मोटे कचोकों से निर्लिप्त मैंने अपने आसपास के उस क्रूर यथार्थ से आँखें मूँद रखी थीं, जो दीमक के खोल की तरह मुझ पर चढ़कर धीरे-धीरे मुझे और मेरे परिवार को खाए जा रहा था। कभी-कभी उस क्षय को मैं पहचानता

भी था लेकिन शायद भीतर कहीं से उसे एक शहीदाना रंग दे रखा था। यह बात इसलिए भी और दिलचस्प है, कि तब मैं ठीक-ठीक यह भी नहीं जानता था कि अपने लेखन से मैं दरअसल क्या चाहता और क्यों ?

कोई भी महत्त्वपूर्ण सम्बन्ध जब सारी औपचारिकताओं को पार कर मैत्री की दहलीज पर पहुँचता है तो जैसे एक निर्णायक बिन्दु पर पहुँचता है। यहीं पर पहली लड़ाई के साथ फैसले होते हैं। आप या तो मित्र बनते हैं या फिर अलग हो जाते हैं। मैं दुष्यन्त कुमार का मित्र बन गया, क्योंकि वह बेहद बेमुरौवत आदमी था और अक्सर उसकी बेमुरव्वती की ओट, मुहब्बत से छलछलाती हुई एक नदी बहती थी।

मैं आज भी पूरी तरह नहीं जानता, कि किसी भी मैत्री के अन्तिम मूल में क्या होता है अथवा वह कौन-सी बुनियाद है जो दो लोगों को एक-दूसरे का चहेता बना देती है– खासकर तब और जब दोनों के व्यक्तित्व एक-दूसरे के विपरीत और आपस में काटनेवाले हों। फिर जोड़नेवाला पुल क्या होता है ? साहित्य ? साहित्येतर लाउबालीपन ? अखरनेवाली सारी अच्छाइयों और बुराइयों के बावजूद एक-दूसरे के व्यक्तित्व में छिपी हुई कोई कौंध ? पता नहीं हाँ, इस मनःस्थिति को छूनेवाली उसकी एक कविता जरूर

तुम्हारे साथ
देखते देखते...
समुद्र पर पुल बन गया है,
ऊँचे गिरि शिखरों तक सड़क
जन-संकुल नगरों से दूर निकल आया हूँ।
हाथों में थामे तुम्हारा हाथ!

(जलते हुए वन का वसन्त, पृ. 73)

दुष्यन्तकुमार एक अच्छे खाते-पीते घराने का सुविधा सम्पन्न आदमी था लेकिन उसके कवि ने असुविधाओं में धकेलकर उसे महत्वाकांक्षा से मार दिया। गाँव में उसके व्यक्ति को तो सुविधाएँ थीं लेकिन कवि को असुविधा। अपनी घरेलू परम्परा से अलग और समानान्तर उसने कवि और व्यक्ति दोनों की जिन्दगी का एक शहरी स्वप्न-पैटर्नबुन रखा था और सारा वक्त वह उसी के लिए लड़ता रहता था– घर से, समाज से, व्यवस्था से, अपने से, मुझसे,

हाँ, मुझसे भी अक्सर–

तेज हवा को रोक
कि ये ठहराव फाड़ दे
शीत घटा
या मन के अंगारे उघाड़ दे
दो खण्डों में बाँट न
यह व्यक्तित्व अधूरा
ईश्वर मेरे
मुझे कहीं होने दे पूरा ।

(आवाजों के घेरे, पृ. 57)

अथवा

मेरे दोस्त!
मैं तुम्हें खूब जानता हूँ।
तुम टी.टी. नगर के एक बंगले में
सुख और सुविधा का जीवन
बिताने की कल्पना किए हो
तुम शासन की कुर्सी पर बैठे हुए
अपने हाथों में मुझे
एक ढेले की तरह लिए हो,
और बर्फ के छत्तों में फेंककर मुझे
मुस्करा सकते हो,
मौका देखकर
कभी भी
मेरी पहुँच से बहुत दूर जा सकते हो।

(जलते हुए वन का बसन्त, पृ. 25)

हाँ, यह सही है। शायद इससे भी ज्यादा सही यह कि उसके कवि और व्यक्ति दोनों ने एक-दूसरे को अपने-अपने हाथ में ढेले की तरह ले रखा था और अक्सर बर्र के छत्तों में फेंककर एक-दूसरे की पहुँच से दूर चले जाया करते थे।

आज जबकि वह नहीं है और मैं पीछे लौटकर अपने उसके सम्बन्धों का जायजा लेता हूँ तो लगता है, जैसे हम दोनों आरम्भ से ही एक-दूसरे के दुश्मन थे, जैसे दोस्ती की बुनियाद में ही दुश्मनी हो। हम दोनों एक-दूसरे को एक-दूसरे से छीन लेना चाहते थे मानो आपस में चुनौती और प्रतिद्वन्द्विता हो।

दुष्यन्त कुमार ने जिस लड़ाई को अच्छे और बुरे की कान्फ्लिक्ट निरूपित करते हुए उस रात छुट्टी पा ली थी, दरअसल, गंजे वक्तव्य की तरह वह वैसी या उतनी नहीं थी। अपने आसपास की भयावह सच्चाई और भद्दे यथार्थ से डराकर वह मुझे रियलिस्टिक और दुनियादार आदमी बनाना चाहता था–दोस्ती के नाते! लेकिन उन रास्तों से मुझे दहशत होती थी, चुनांचे मैं अपने ही गढ़े हुए किले में बन्द था और नहीं चाहता था कि कोई उसमें आये। बाहर न जाने के मेरे अपने तर्क थे जो दुष्यन्त कुमार के सामने मुझे अक्सर झूठे लगने लगते थे। मैंने अपनी वैयक्तिक कायरता को छिपाने के लिए लेखन का कवच पहन रखा था, जिसे अक्सर पाते ही भेदकर आहत करना दुष्यन्त का पहला फर्ज होता था। वह इतना महत्वाकांक्षी था, कि बिना महत्त्वाकांक्षा वाले दूर के लोग भी उसे मरे हुए लगते थे, फिर मैं तो उसका दोस्त था।

जोड़-तोड़ गुणा-बाकी और हिसाब-किताब में वह माहिर था। और तब मेरा दम घुटता था। नेता-अफसर, अखबारनवीस, मन्त्री-सन्तरी सभी का उसके नजदीक इस्तेमाल था। कभी अपने लिए, कभी दोस्त के लिए, कभी किसी परिचित के लिए और कभी यूँ ही, क्योंकि इससे ग्लैमर-वैल्यू बनती है। एक ओर तो वह पद, अधिकार और प्रभाव चाहता था, दिन-रात उसकी योजनाएँ बनाकर तुक-ताल भिड़ाता रहता था, नए से नए दरवाजे और चोर दरवाजे खटखटाता था तो दूसरी ओर उन्हीं के विरुद्ध कविताएँ लिखता और कुछ विशिष्ट मूल्यों के लिए लड़नेवाला जुझारू साहित्यकार था।

–अगर नाटक करने से कुछ बात बन जाती है तो इसमें मेरा क्या घटता है? वह कहा करता था– मैं अपने व्यक्ति और कवि को घर छोड़कर बाहर निकलता और नाटक का एक पात्र बन जाता हूँ– इस दोगली समाज व्यवस्था में संघर्ष के लिए।

संघर्ष यानी तथाकथित सफलता की लड़ाई जो उसे इस सबके बावजूद आखिर तक नहीं मिली। हालाँकि मैं जानता हूँ, कि मिल जाती तो भी वह उसकी

बेचैनी का इलाज नहीं थी। बहुत मुमकिन है कि मिलने के अगले क्षण ही वह बच्चों की तरह उसकी ओर से बिलकुल उदासीन ही जाता, अपनी आन्तरिक बेचैनी के धारे को किसी अगले चरण की ओर मोड़ देता और बेपरवाही से कहता– यार, उसमें कोई दम नहीं था।

जल्दी, बैचैनी, खुलापन, बेलौस मस्ती, बेसब्री और अधैर्य-जनित अन्तर्द्वन्द्व कविता ही नहीं, उसकी जिन्दगी का भी मिजाज था।

कुलबुलाती चेतना के लिए सारी सृष्टि निर्जन
और कोई जगह ऐसी नहीं
सपने जहाँ रख दूँ
दृष्टि के पथ में तिमिर है
और हृदय में छटपटाहट
जिन्दगी आखिर उठाकर।
कहाँ रख दूँ, कहाँ फेंकूँ।

यह सिर्फ एक कविता नहीं, उसके सम्पूर्ण कविता-संसार का चारित्रिक बिम्ब है। या सिर्फ कविता-संसार का ही नहीं, उसकी आन्तरिक दुनिया का भी जिसका पता उसके नजदीक लोगों को भी नहीं था।

ईश्वर पर उसे विश्वास नहीं था, भाग्य को वह मानता नहीं था और सिर्फ अपने पर भरोसा करता था। या तो निराशा, अवसाद, व्यर्थता-बोध, हताशा आदि का उसके यहाँ कोई गुजर नहीं था या फिर ये उसके भीतर इतने गहरे थे, जैसे चुनौती बन गये हों। हाँ, चुनौती जो उसे चारों ओर से लगती रहती थीं और उसे जिन्दगी दिए हुए थीं। कई बार चुनौती नहीं होती तो अपनी ओर से गढ़कर वह उससे लड़ने में जुट जाता था– चाहे वह समाज से आये, सरकार से आये, सरकार से आये, दोस्त से आये या किसी सुन्दर स्त्री से...

वह नहीं जानता था कि उसका सामर्थ्य सीमित है या अगर जानता था तो स्वीकार करते हुए उसे शर्म आती थी। दरअसल, उसकी व्यवहारिक-बुद्धि, शक्ति और सामरिक दृष्टि का जलाशय छोटा था लेकिन इर्द-गिर्द उसने बहुत बड़ी बाड़ लगा रखी थी। बाढ़ के खम्भों पर पन्नियाँ चिपकी हुई थीं, ताकि सूरज निकलने पर वे चमकें और यह भ्रम पैदा करें, कि जलाशय का जल चमक रहा है... इसी के चलते वह चलता था, लोकप्रिय था, दोस्त बनता था और उनके दुश्मन हो जाने पर उन्हें नेस्तनाबूद कर देने की डींगें हाँका करता था।

यह मेरा दुर्भाग्य है कि मेरी उसकी दोस्ती सही ढंग से शुरू नहीं हुई और गलत ढंग पर खत्म हो गई। अगर वह सही ढंग से आरम्भ हुई होती तो बराबरी के स्तर पर जाकर यूँ न टूटती। दुर्भाग्यवश, वह हलके संरक्षण भाव से शुरू हुई थी, लिहाजा, बराबरी पर आते ही वह दुष्यन्तकुमार को चुनौती-सी लगने लगी और यकबयक चटख गई। हाँ, वह टूटी नहीं थी, सिर्फ चटख गई थी, क्योंकि कोई भी आत्मीय मैत्री जो बरसों पुरानी हो और जिसमें लड़ाई का मुद्दा अपना-अपना स्वाभिमान ही हो, कभी नहीं टूटती। वह सिर्फ मौके की तलाश करती रहती है–किसी ऐसे मौके की, जो दोनों की खुद्दारी के बन्द ढीले कर सके और जरा-सा कसाब कम होते ही दोनों एक-दूसरे से लिपट जायें।

लेकिन दुष्यन्त कुमार जल्दी में था और ऐसा मौका कभी नहीं आया। उसकी जिन्दगी में हम दोनों डरे हुए थे या शायद मैं उससे कहीं ज्यादा डरा हुआ था। चार्ल्स लैंब को एक बार जब किसी से मिलने लाया जा रहा था तो उसने साफ मना कर दिया था।

उसने कहा था– नहीं-नहीं, मैं उससे नहीं मिलूँगा क्योंकि मैं उससे घृणा करते रहना चाहता हूँ...

पिछले दिनों मेरी यही कैफियत थी। मैं दुष्यन्त कुमार से नफ़रत करते रहना चाहता था, हालाँकि मेरा डर अपनी जगह बराबर बना हुआ था और अन्दर-ही-अन्दर मैं जानता था कि कभी भी, किसी भी वक्त वह मौका आ सकता है।

तब क्या होता? वह कसकर गले लगा लेता और भरे हुए कण्ठ से मुझे गालियाँ देता– हरामजादे, कुत्ते ... बहुत अकड़ता था!

–दोनों अकड़ते थे, मैं जैसे-तैसे कहता– लेकिन प्यारे, तुझे तो खुश होना चाहिए। देख, आखिर मैं ही हार गया। देख, जो कुछ तेरी दोस्ती न कर सकी, वह तेरी दुश्मनी ने मुझसे करा लिया है!

दुष्यन्त कुमार : कोई कुछ भी कहे

कान्ति कुमार

चिट्ठी पढ़कर दुष्यन्त बोला, "यार, वो तो सब ठीक है। अच्छा हुआ तुम भोपाल आ गये। पर शानी ने लिखा है कि वह मेरे लिए तुम्हारे हाथों बस्तर के दंडामी माड़िया आदिवासियों का जंगली भैंसों के सींगों से बना एक मुकुट भेज रहा है। वह कहीं दिख नहीं रहा।" उसकी आँखों में एक चमक थी, उस चमक में मुझे शरारत की एक पतली सी लकीर भी दिखी। 1965 की बात होगी, जुलाई की। मैं जगदलपुर से स्थानान्तरित होकर भोपाल के शासकीय हमीदिया महाविद्यालय में हिन्दी का प्राध्यापक होकर आया था। भोपाल मेरे लिए नया था। जगदलपुर से आते समय शानी ने मुझे दुष्यन्त कुमार त्यागी के नाम एक बन्द लिफाफा दिया था, यह बताते हुए कि दुष्यन्त कितना यारबाज आदमी है, जिन्दादिल और पुरलुत्फ। तुम्हें वह वहाँ कोई कठिनाई नहीं होने देगा। तुम यह चिट्ठी लेकर उससे ज़रूर मिल लेना। दुष्यन्त को मैं उसकी कविताओं के माध्यम से जानता था। पर उससे मेरी कोई पहिचान नहीं धी। हमीदिया महाविद्यालय के वातावरण से दो एक दिन में परिचित होकर मैं वहाँ से सीधे पुराने सचिवालय स्थित भाषा विभाग पहुँच गया था। दुष्यन्त उन दिनों वहाँ सहायक निर्देशक जैसा कुछ था। उसने मुझे चाय पिलायी, बातों बातों में मुझको तौला, चिट्ठी पढ़ी और मुझसे शानी द्वारा भेजे जाने वाले अरना भैंसों के सींगों से बने हुए मुकूट के बारे में दरयाफ्त किया। मैं समझ गया कि वह मुझे तौल रहा है। मैंने कहा– शानी तुम्हारे लिए वह मुकुट मुझे दे तो रहा था पर उसने उसे धारण करने के इतने विधि-विधान बताए कि मैं कंफ्यूज हो गया। उसने बताया कि भैंसे के सींगों से बने मुकुट को यदि ठीक से धारण न किया जाए तो पहिनने वाले को या तो अधकपारी हो जाती है या स्मृतिभ्रंश। बुद्धि भैंसे जैसी मोटी तो हो ही जाती है। मैंने शानी

से कहा– यार, मुझे गफलत में क्यों डालता है। यदि मैं दुष्यन्त को इस मुकुट के पहिनाने के विधि-निषेध ठीक से समझा नहीं पाया तो तेरा इतना प्यारा दोस्त कुछ न हुआ तो बोदा तो हो ही जायेगा! इल्जाम बेकार मुझ पर आयेगा। मैंने ही उससे कहा–तुम ही यह मुकुट उसे अपने हाथों से पहनाना। अब जब शानी यहाँ आयेगा तो तुम्हारा मुकुट वह खुद ही लेकर आयेगा और विधि-विधान पूर्वक तुम्हारा मूर्धाभिषेक करेगा।

हो हो हो हो। दुष्यन्त जोर से हँसा, समझ गया। हम लोग दोस्त बन गये। साढ़े चार बज गये थे। विभाग से उठे तो उसने घर चलने का प्रस्ताव किया। दुष्यन्त साउथ टी टी नगर में रहता था– 69/8 में। हम लोग बस से आये। उसके क्वार्टर तक पहुँवे। उसने कहा– पीछे से चलते हैं। कारण बाद में समझ आया। पिछवाड़े जाने के रास्ते में दो क्वार्टरों के बीच टीन का एक अस्थायी शेड बन रहा था–वह मुझे बताना चाहता था कि शेड बन गया है, कार भी जल्दी ही आ जायेगी। मुझे इंटर में तर्कशास्त्र की कक्षा में पढ़ी वह प्रतिपत्ति याद आई कि जहाँ-जहाँ धुआँ होगा, वहाँ-वहाँ आगे होगी। इसका दुष्यन्तीय फौरी संस्करण था– जहाँ-जहाँ गैरेज से गुजरता हुआ प्रभावित हो चुका हूँ तो उसने एक रद्दा कसा-यार! यहाँ भोपाल में छाता लेकर कोई नहीं चलता। तुम यह छाता वाता छोड़ो, चलो, कल तुम्हारे लिए बरसाती खरीदते हैं। मेरे हाथ का छाता मुझे बैसाखी लगने लगा। पीछे के दरवाज़े पर पहुँच कर उसने आवाज़ लगाई-राजो देखो, कौन आया है? उसने हमारा परिचय कराया, और पीछे आंगन में पड़ी एक निहंग मूंज की खाट पर बिठा दिया। ठेठ भुइंहारों वाली शैली। मैंने ऐसी खाट सागर में अपने भुइंहार अध्यापकों के यहाँ देखी थी। मैं ढूँढ़ता रहा कि खाट के नीचे प्याज और आलू कहाँ हैं, मैंने कहा भी कि यार, प्याज और आलू नहीं दिख रहे– सागर में तो सारे त्यागियों के यहाँ खाट के नीचे प्याज और आलू सुखाने का रिवाज़ रहा है। वह फिर हँसा, अपनी हो हो हो वाली हँसी। और राजो भाभी से बोला– कान्तिकुमार के लिए चाय के साथ कुछ ताज़ा नाश्ता भी लाना। राजो भाभी आलू के पेटिस लेकर आईं। बाद में पता चला कि पेटिस दुष्यन्त की पीढ़ी के इलाहाबाद के कथाकारों का प्रिय नाश्ता रहा है। चाहे घर हो या अस्पताल या हॉटेल, ये कथाकार पेटिस खाते भी हैं और मेहमानों को लिखाते भी हैं। इस पेटिस-प्रियता के आर्थिक और सामाजिक कारणों की जाँच पड़ताल की जानी

चाहिए। इसके बड़े दूरगामी और गम्भीर परिणाम निकलेंगे। मैंने पेटिस खाया। कुरकुरा था। तारीफ़ की। राजो भाभी को अच्छा लगा। हम लोग दोस्त बन गये पक्के। दोस्त बनाने की कला में दुष्यन्त माहिर था। वह आपको अपना समय भी देता था और सम्पर्कों का लाभ भी। उसके साथ गम्भीर रहना कठिन था। उसके साथ उदास रहना भी कठिन था। उसका हँसमुख स्वभाव और खिलंडरापन संक्रामक था। वह जहाँ रहता, हँसी मज़ाक से, विदग्धता से, चुटकुलों से सबको सराबोर रखता। दूसरों की टाँग खींचने का कोई मौका वह हाथ से जाने नहीं देता, कोई उसकी टांग खींचे तो वह बुरा नहीं मानता था, जिन्दादिल दोस्त उसको अच्छे लगते थे। वह अच्छा यार था– यारों का यार। उसके व्यक्तित्व में एक ऊष्मा थी। वह हर मौके को पुरलुत्फ बना देता था

14 सितम्बर, शायद 1996 हो। हिन्दी दिवस के लिए भोपाल के हिन्दी भवन में कार्यक्रम आयोजित था। निजलिंगप्पा मुख्य अतिथि थे। उनके आने में देर हो रही थी। सभी अभ्यागत बाहर खुले थे। उस समय हिन्दी भवन के आसपास भवनों का ऐसा घटाटोप नहीं था। कुछ मूँगफली वाले भी आ गये थे। दुष्यन्त ने मूँगफलियाँ लीं, सारे मित्रों को आठ-आठ दस-दस बाँटीं। हम लोग मूँगफलियाँ टूँगते हुए गपशप कर रहे थे। उस मंडली में दुष्यन्त था, मैं था, खंडेलवाल थे। खंडेलवाल दुबले-पतले सीधे सज्जन थे। दुष्यन्त के साथ भाषा विभाग में उप संचालक थे। थोड़ी कविता फविता भी करते थे। मैं उन्हें जानता था। इतने में उसी मंडली में डॉ. श्यामाचरण दुबे आ गये। जी, वहीं अंतर्राष्ट्रीय कीर्त्ति वाले समाज शास्त्री और नृतत्त्वविद्। दुष्यन्त को खंडेलवाल की टांग खींचने का और दुबे जी को अपनी परिहास रसिकता बताने का मौका मिला। दुबे जी से उसने खंडेलवाल का परिचय काराया– ये हैं खंडेलवाल– मेरे साथ भाषा विभाग में उपसंचालक हैं, कविता लिखते हैं, इस समय राजधानी के सबसे बड़े अकवि हैं। दुबे जी हँसे, दुष्यन्त खुश हुआ, खण्डेलवाल खिसियाए। मुझे दुष्यन्त की दुष्टता बुरी लगी। मैंने दुबे जी की तरफ मुखातिब होकर कहा– आप दुष्यन्त को जानते हैं पर उसके एक रूप जानकारी आपको भी नहीं होगी। दुष्यन्त चौंका पर मैंने परवाह नहीं की। मैंने कहा– दुष्यन्त इस समय राजधानी का सबसे बड़ा कुकवि है। अब दुष्यन्त के खिसियाने की बारी थी। मेरी टिप्पणी सुनकर खंडेलवाल के चेहरे पर आभा लौटी। दुबे जी की उपस्थिति में दुष्यन्त मुझसे कुछ नहीं कह

पाया। बाद में बोला– स्साले, मैंने तुझसे कुछ थोड़े ही कहा था। मैंने कहा–दुबे जी को तूने खंडेलवाल के बारे में सच बताया। मेरा काम था कि मैं तेरे बारे में दुबे जी को किसी भ्रम में न रहने दूँ।

हम दोनों के बीच यह नोंक-झोंक होती ही रहती। एक इतवार उसने हमें दोपहर के खाने पर बुलाया। उसकी कोई नयी पुस्तक छपकर आई थी। हम लोग उसके यहाँ पहुँचे। उसने किताब उठाई और मुझे दी। पहिले पृष्ठ पर उसने लिखा था– पहिली प्रति राजो को जरा पास आकर सुनो धड़कनों का शोर। मैंने पढ़कर पुस्तक साधना की ओर बढ़ा दी। साधना ने भी वह समर्पण पढ़ा। प्रभावित हुईं– दुष्यन्त अपनी पत्नी को इतना चाहते हैं। पर इससे क्या दुष्यन्त को छेड़ा तो जा ही सकता है। बोलीं, दुष्यन्त भाई, मैं इस समर्पण में थोड़ा संशोधन करना चाहती हूँ। आपने जो लिखा है, वह पूरा सच नहीं है। आपको लिखना चाहिए था– राजो, जरा पास आकर सुनो, मेरी धड़कनों का हंगामा। गनीमत थी कि राजो भाभी वहाँ नहीं थीं, किचन में व्यस्त थीं, दुष्यन्त बोला– भाभी, जरा धीरे बोलिए, राजो सुन लेगी।

हम लोगों की नोक झोंक सुनकर राजो भाभी कहतीं कान्ति भाई– आप लोग यह क्या करते रहते हैं। दुष्यन्त मुझसे कहता– यार तेरा यह डेंचर बहुत नेचुरल है। कब बनवाया। मेरे दाँत तब भी ठीक थे, आज भी ठीक हैं। पूरी की पूरी बत्तीसी। मैं समझ जाता कि मेरी टांग खींची जा रही है। मैं कहता– तूने जब यह नया विग बनवाया, तभी। यह विग वाकई शानदार है। अब कोई तुझे खबीस नहीं कह पाएगा।

राजो भाभी गरम गरम पेटिस लेकर आई हैं। हम लोग टाँग-खिंचाई-सेमीनार में व्यस्त हैं । भाभी नाराज होतीं, कहतीं, पहिले खा लीजिए फिर यह सब करिए। मैं उन्हें समझाता-भाभी, आपको पता नहीं, दुष्यन्त को रोज-रोज पता नहीं कैसे-कैसे लोगों से पाला पड़ता है। उसका क्विक विटेड, हाजिर जवाब होना ज़रूरी है। मैं उसको हाजिर जबाबी का रियाज करवा रहा हूँ। भाभी समझ जातीं। इन लोगों को समझाना मुश्किल है। वे ठंडे पड़ रहे पेटिसों को गरम करने के लिए वापिस ले जाती। हमारा सेमीनार चलता रहता।

दुष्यन्त भोपाल में रहने के सारे लाभ उठा लेना चाहता था। वह फिराक में रहता कि उसकी रसाई राज्यपाल के यहाँ तक, मुख्यमंत्री के यहाँ तक, अपने

विभाग के मंत्री के यहाँ हो जाए। इसके लिए वह बड़ा गुणा-भाग कर अपनी योजनाएँ बनाता। मैं कहता– तू इस सबमें कितना वक्त जाया करता है। वह कहता– यार, भोपाल में रहना है तो लीद उठाए बिना गति नहीं है। जब लीद उठानी ही है तो बकरी की या गधे की क्यों उठाई जाए। सीधे हाथी की ही क्यों न उठाई जाए। राजभवन में कोई ए.डी.सी. आया है– नया नया। दुष्यन्त के गांव का था– नवादा का। शायद त्यागी ही था। उसने उस नवादवी से दोस्ती गांठी और सत्यनारायण सिन्हा के दरबार में जानें लगा। सत्यनारायण सिन्हा उस समय मध्यप्रदेश में राज्यपाल थे। गौरवर्ण, सुदर्शन। हाथ की दसों अंगुलियों में बड़े-बड़े नग पहिनते। इत्र-फुलेल में बसे रहते। जब तक वे भोपाल के राजभवन मे रहे, भोपाल में इत्र-फरोशों की बिक्री बढ़ गई थी। वे साहित्य के शौकीन थे। विशेषकर रामचरित मानस के। उनको पूरी मानस कंठस्थ थी। यह वह दौर था जब मध्यप्रदेश के विश्वविद्यालयों के कुलपति पद की कामना करने वाले मानस की चौपाइयाँ याद करने लगे थे और राजभवन में होने वाले मानस पाठों में धोती, रेशमी कुर्ता और उत्तरीय ओढ़ कर विद्यमान रहते। इत्र के फाहे कानों में लगाए। इसी मानस पथ पर चलकर प्रभुदयालु जी अग्निहोत्री जबलपुर के कुलपति निवास तक पहुँचे थे। दुष्यन्त को क्या लाभ हुआ, यह तो मुझे पता नहीं पर दुष्यन्त बड़ा आशावादी था। भविष्य में उसकी बड़ी आस्था थी। वह अपने इन प्रयासों की जस्टीफाई करने के लिए कई लतीफे सुनाया करता था।

एक गाँव में दो गधे थे। एक कुम्हार का, एक धोबी का। कुम्हार का गधा धोबी के गधे से कहता– यार! तू भी कहाँ पड़ा है– न खाने का ठिकाना, न पीने का। तेरा कोई टाइम टेबिल भी नहीं है। धोबी न सुबह देखता, न शाम। लादी लादी और घाट को रवाना कर दिया। बस घर और घाट। मुझे देख, कितने आराम से हूँ। कुम्हार जब तक बरतन बनाता है। या उन्हें पकाता है, मैं मस्त घूमता रहता हूँ। तू भी धोबी की चाकरी छोड़ और मेरे साथ आ जा। पर धोबी का गधा इन सब तर्कों से प्रभावित नहीं होता था। कहता– यह सब तो ठीक है पर तुम्हारे यहाँ चांसेज क्या हैं? तो तुम्हारे धोबी के यहाँ ही क्या चांसेज़ हैं। धोबी का गधा गहरी सांस लेता और कहता-धोबी के पड़ोस में एक नट रहता है। उसकी एक जवान लड़की है। वह बाँसों पर तनी रस्सी पर हवा में करतब करती हुई चलती

है। नीचे खड़ा उसका पति उसे धमकाता रहता है– री छोरी, संभल कर चलियो। अगर गिरी तो शादी में धोबी के गधे से कर दूँगा।

सो मैं उस दिन की बाट देख रहा हूँ जब नट की छोरी का पैर फिसलेगा और वह नीचे गिरेगी। नट बात का पक्का आदमी है। भविष्य के उस दिन की प्रतीक्षा में मैं धोबी की लादी लाद रहा हूँ। कभी तो नट की छोरी का पैर फिसलेगा।

सो भैये, हम जहाँ हैं, बहुत अच्छे हैं।

कोई कुछ भी कहे ...

साधना दुष्यन्त से कहतीं दुष्यन्त भाई, कोई कुछ भी कहे, आप आदमी बहुत अच्छे हैं।

दुष्यन्त पूछता– भाभी-कोई कुछ भी कहे का क्या मतलब?

साधना अपनी बात का भाष्य करतीं। दुष्यन्त भाई! आपके बारे में प्रोफेसर्स कालोनी में रहनेवालीं लेक्चरार पता नहीं क्या-क्या कहती रहती हैं। सुनकर बुरा भी लगता है, पर मैं जानती हूँ आप बेहद अच्छे आदमी हैं, बेहद अच्छे पति, बेहद अच्छे पिता, बेहद अच्छे भाई, बेहद अच्छे दोस्त। हम लोग दुष्यन्त के पूरे परिवार को जानते थे। दुष्यन्त अपनी पत्नी राजेश्वरी को बहुत चाहता, अपनी बेटी अर्चना को तो वह इतना प्यार करता कि दुनिया के कम ही पिता अपनी बेटी को इतना चाहते होंगे। अपने छोटे भाई प्रेम को जिसे हम सब लोग मुन्नू कहते हैं, वह बिलकुल राम की तरह चाहता था। अपने दोस्तों का वह बड़ा ख्याल रखता। अपने भाषा विभाग से लौटते हुए वह सप्ताह में दो तीन दिन तो हमारे प्रोफेसर्स कालोनी वाले क्वार्टर में रुकता ही रुकता। आते ही कहता– भाभी, चाय पिलवाइए। पहिली बार जब वह प्रोफेसर्स कालोनी के हमारे नये-नये कवार्टर में आया तो एक लतीफा हो गया। उसने गैरेज देखी, आउट हाउस देखा, जंकरूम देखा– किचन देखा, कमरे देखे, पूछा– पानी। पानी चौबीसों घंटे आता है। वह क्वार्टर चार बंगलों के सामने था– चार बंगले यानी मंत्रियों के बंगलों के सामने। शिक्षामंत्री का बंगला तो बिलकुल बगल में था। सामने लान था– वहाँ कुर्सियाँ पड़ीं थीं– दुष्यन्त ने क्वार्टर के दो चक्कर लगाए–तय नहीं कर पा रहा था कि वह, क्या प्रतिक्रिया व्यक्त करे। अंत में वह लान पर पड़ी कुर्सियों में से एक पर बैठ गया– इतने में साधना चाय ले आईं– बोला यार! तेरे बंगले के लान

की घास कितनी मुलायम है। मैं कुछ कहता कि साधना ने कहा– अपनी अपनी पसंद है, आपको इतने बड़े बँगले में कुछ पसंद नहीं आया। आया भी तो क्या? घास। दुष्यन्त ने बुरा नहीं माना। वह हो हो हो वाली अपनी हँसी हँसता रहा। जब साधना चली गईं तो बोला– स्साले खूब हाथ मारा। हम तो दसियों साल से साउथ में झख मार रहे हैं। तूने आते ही प्रोफेसर्स कालोनी में यह बंगला कबाड़ लिया। साधना ने इस प्रसंग पर एक लतीफा लिखा जो 'धर्मयुग' में छपा। उस लतीफे में साधना ने बात को खास नुमायां बना कर लिखा था कि कैसे दुष्यन्त भाई अपनी लंबी सी ऑफ व्हाइट कार में हमारे उस नए बंगले में आये थे और कैसे उन्हें वहाँ के लान की नर्म मुलायम घास पसंद आई। यह लतीफा अखिल भारतीय हुआ।

दुष्यन्त के जिस भी दोस्त ने यह लतीफा पढ़ा, उसे बधाई का पत्र लिखा – लंबी गाड़ी के लिए । बड़ी कार से दुष्यन्त का रुतबा बढ़ा। वह मुझे प्रोफेसर्स कालोनी में बंगला मिल जाने की ईर्ष्या भूल गया– उसे उस लंबी सी कार याद रही। बोला–भाभी आपने मेरी हैसियत बढ़ा दी। मेरे सारे दोस्त जले मर रहे हैं। उस जमाने में हिन्दी के लेखकों के पास कार होना बड़ी बात थी। लंबी सी कार होना तो नामुमकिन ही था। उन दिनों किसी हिन्दी वाले के पास स्कूटर भी होता तो वह उस पर ऐसे तनकर बैठता जैसे रथ पर बैठा हो। फिर अब तो दुष्यन्त कार के अलावा गैरेज का भी मालिक था। दुष्यन्त छोटी-छोटी बातों से ईर्ष्यालु हो सकता था और जरा-जरा सी बात पर यारी में बिछने को तैयार रहता था।

दुष्यन्त कैरम का अच्छा खिलाड़ी था, सामने की गोटी को पाकेट में पहुँचाना है तो वह पहिले बोर्ड पर अच्छा खासा टैलकम फैलाता। फिर स्ट्राइकर को बगल की गोटी पर मारता। वह बगल वाली गोटी सामने वाली गोटी को लिए दिए पाकेट में होती। वह स्वभाव से खिलंदरा था और अपने ऐबों को छुपाता नहीं था। जो छुपाना जानता तो जग मुझे साधू समझता। वह शाम को जब भी प्रोफेसर्स कालोनी आता, गाड़ी मेरे बंगले के सामने खड़ी करता, बिना हार्न दिये, चुपचाप। मैं जब बाहर आता तो गाड़ी होती, दुष्यन्त नहीं होता। मैं दुष्यन्त की गाड़ी पहिचानता था। गाड़ी खड़ी कर दुष्यन्त इस या उस बांधवी के यहाँ जा चुका होता। वह उनकी साहित्यिक महत्त्वाकांक्षाएँ जागृत करता, किसी से कविता लिखने को कहता, किसी से कहानी। एक मांसल बांधवी छपने के लिए

आतुर थीं। उनसे लेख लिखने को कहता। वे लेख लिखतीं थीं। गोबर गैस के लाभ, छोटे परिवार की उपयोगिता। पर चार पृष्ठों के उन लेखों को ठीक करने में दुष्यन्त को आठ दिन लगते। वह एक-एक शब्द देखता। बांधवी दुष्यन्त की हार्दिकता और श्रम से प्रभावित होतीं। सच्ची, कितनी मेहनत करते हैं। दृष्यंत की आठ शामों की चाय का, सोहबत का इंतजाम हो जाता। दुष्यन्त बेईमान नहीं था। वह उस लेख को छपवाता भी। पंचायती राज या ऐसे ही किसी अखबार में। वह संपादक से मिलकर लेखिका के लिए 10.00 रुपए के मानदेय की व्यवस्था भी करवाता। कहो, 10.00 रुपए वह स्वयं ही अपनी जेब से दे आता। बांधवी भी खुश, संपादक महोदय भी खुश, दुष्यन्त को तो खैर खुश होना ही था। मैं कहता, यह तू क्या करता रहता है। वह कहता–तुझमें यही खराबी है। न खेलता है, न खेलने देता है। दुष्यन्त की कार की पिछली सीट से सेंट की बड़ी खुशबुएँ आतीं– अलग अलग तरह के सेंटों की। कभी ईवनिंग इन पेरिस की, कभी इंटीमेट की, कभी चार्ली की। उसकी यह कार बाद में प्रसिद्ध पत्रकार मदन मोहन जोशी ने खरीदी। वे उस समय भोपाल के सैफिया कालेज में हिन्दी के व्याख्याता थे। गाड़ी दलाल के माध्यम से खरीदी गई थी। पहिली बार जब मदन मोहन गाड़ी की पिछली सीट पर बैठे तो पहिचान गये कि यह गाड़ी दुष्यन्त की है। भोपाल में दुष्यन्त की गाड़ी की सही पहिचान उसके नंबर प्लेट से नहीं होती थी, पीछे की सीट से आने वाली खुशबुओं से होती। बड़ा अफसोस करते रहे कि यदि यह पता होता कि मैं दुष्यन्त की गाड़ी खरीद रहा हूँ तो सीधे उसी से सौदा करता। दलाली के रुपए बच जाते। उन्होंने गाड़ी की पिछली सीट को इतना धुलवाया कि सेंटों की बू आनी बन्द हो गई। मैंने कहा भी– यार, थोड़ी बहुत खुशबू चलेगी पर मदनमोहन अपनी गृह शन्ति के प्रति सावधान थे। वे किसी प्रकार की रिस्क लेने को तैयार नहीं थे।

दुष्यन्त ने 'जलते हुए वन का बसंत' मुझे यह लिखकर भेंट की थी– 'मेरी कविताओं की शारीरिक व्याख्या करने में सिद्धहस्त समीक्षक डॉ. कान्तिकुमार को।" अपने रोजमर्रा के जीवन में दुष्यन्त नान सीरियस किस्म का आदमी था। उसके खिलंडरेपन को देखकर मुझे यह लगता ही नहीं था कि वह कभी गम्भीर भी हो सकता है। उसकी कविताओं में मैं उसका वही परिचित खिलंडरापन ढूँढ़ता और मुझे वह मिल भी जाता था।' यह शिला पिघले न पिघले, रास्ता नम

हो चला है', 'तुम कहीं पर झील हो, मैं एक नौका हूँ, इस तरह की कल्पना मन में उभरती है' जैसी पंक्तियों की मेरी व्याख्या सुनकर वह मुझसे कहता यार, तू भी मेरी कविता के साथ क्या-क्या करतब करता रहता है। मैं कहता– तू जैसे करतब सुबह से शाम तक करने का आदी है, कविता में वह नहीं करता होगा, मुझे विश्वास ही नहीं होता। जब वह किसी को बेवकूफ बनाने की योजना बना रहा होता तो उसकी आँखों में फँसी सिगरेट की, चुटकी बजाकर, वह राख झाड़ता और हल्के से खाँसता। योजना जब उसके दिमाग में पक जाती तो वह नाक सिकोड़ कर काल्पनिक जुकाम सुकड़ने जैसी मुद्रा अपनाता। दुष्यन्त बड़ा खूबसूरत, दिलकश, गोरा, संवेदनशील, बातें बनाने में माहिर, 'हाय हैंडसम' किस्म का आदमी था, उसे 'लेडीज मैन' की शुहरत हासिल थी। दुष्यन्त अपनी गाड़ी में पुराने सचिवालय स्थित अपने विभाग से शाम को घर लौट रहा है। बस के क्यू में उसे कोई लड़की दिख गई, दुष्यन्त गाड़ी रोकेगा, उसे लिफ्ट देने का प्रस्ताव करेगा, आप तो माता मंदिर के पास ही कहीं रहतीं हैं न, वह अंदाज फेंकेगा, मैं भी उसी तरफ रहता हूँ, आइए, आपको घर छोड़ दूँ। उसे घर तक छोड़ेगा, उससे दोस्ती गांठ लेगा। एम.एम. हिन्दी में प्रायवेटली बैठने वाली किसी लड़की को 'कामायनी' या 'बिहारी सतसई' नहीं मिल रही है, दुष्यन्त उसे अपने स्कूटर पर बैठाकर अपने किसी अध्यापक मित्र के यहाँ ले जायेगा और उसे पुस्तकें दिलवा देगा। दूसरों की सहायता पहुँचाने के ऐसे छोटे-मोटे काम दुष्यन्त की फितरत में थे। ऐसी लड़कियों को विद्यापति के पदों के अर्थ वह खुद समझाता। 'रामा अधिक चंगम भेल' का अर्थ करने में उसे कठिनाई होती तो वह पहिले मुझसे समझ जाता फिर उस लड़की को समझाता। भाषा विज्ञान के लिए वह उन्हें विश्वासपूर्वक मेरे यहाँ ले आता। मैंने दुष्यन्त की इस प्रवृत्ति का उल्लेख हरिशंकर परसाई से किया तो उन्होंने व्यंग्य का बेसन लपेटकर एक निबंध ठोक दिया, "वो जरा वाइफ है न।" इलाहाबाद के अपने मित्रों के इस क्षेत्र के अनुभवों से वह इतना जला हुआ था कि अब वह छाछ भी फूँक-फूँक कर पीता। उसने सुन रखा था कि कलम, किताब और लड़की 'पर हस्ते गता गता'। सो इस मामले में वह कोई रिस्क लेने को तैयार नहीं था। वह कस्बाई माहौल से आया था जहाँ स्त्रियाँ माँ होतीं थीं, काकी या दीदी होतीं हैं। उसने और उसके कस्बाई दोस्तों ने खुली हँसी वाली, खुली बाँहों वाली, चुन्नी लापरवाही

से गले में लपेटने वाली, ओंठ रंगने वाली लड़कियाँ इलाहाबाद में पहिली बार देखीं थीं। विभाजन हो चुका था और इतिहास और दुर्भाग्य की मारे हुए परिवार भारत आ रहे थे। परिवार का हर सदस्य कुछ न कुछ करने को बाध्य था। ये लड़कियाँ टाइपिस्ट हो रहीं थीं, स्टेनो बन रहीं थीं, डिस्पैचर का काम कर रहीं थीं। नई कहानी के आंदोलन में इन लड़कियों की बड़ी अहम भूमिका रही है– कथाकारों ने इन लड़कियों से अपने अनुभव भी जुटाए और किरदार भी। इन लड़कियों के कारण इन कथाकारों में आपस में मिस अंडर स्टेडिंग भी कम नहीं हुई। दुष्यन्त उन सबसे गुजर चुका था, इस लिए वह लड़कियों को विद्यापति पढ़ाने के लिए इनडायरेक्ट तरीका अपनाता तो वह गलत नहीं करता था। वह सौंदर्य रसिक व्यक्ति था। इलाहाबाद विश्वविद्यालय में एम. ए. में हिन्दी पढ़ाने वाले अपने आचार्यों से उसने नायिका भेद पढ़ रखा था। गुरुओं द्वारा प्रदत्त ज्ञान से वह संतुष्ट नहीं था। वह कहता कि हस्तिनी, चित्रणी, शंखिनी, पद्मिनी जैसे भेद बड़े स्थूल हैं। परकीया, स्वकीया जैसे भेद भी उसके लेखे बकवास थे। उसने अपने अध्ययन, अनुभव और अवलोकन के आधार पर अपना नायिका भेद स्वयं बना रखा था। वह कहता कि लड़कियों के–जिन्हें कक्षा में या काव्यशास्त्र में नायिका कहने की परंपरा है– केवल दो ही भेद होते हैं। आकर्षक और विकर्षक। विकर्षक लड़कियों का दुष्यन्तीय नाम था, चरित्र परिष्कारक रूप। चपरू। काली, चश्मा लगाने वाली, भारी आवाज वाली, रूखी सूखी लड़कियों को वह चरित्र परिष्कारक की कोटि में रखता। ऐसी लड़कियों को देखकर चरित्र परिष्कार की संभावनाएँ बढ़ जातीं वह मानता। ऐसी चपरूओं से वह दूर ही रहता। पर एक दिन वह अपने ही जाल में उलझ गया।

मुझे पीएच. डी. की डिग्री मिली। दुष्यन्त ने अखबारों में सूचना पढ़ी होगी। आफिस से लौटते हुए वह मेरे घर आया। बधाई दी, बोला, डियर, तुम्हारी पी-एच. डी. सेलीब्रेट होनी चाहिए। मैंने कहा– ठीक है, किसी दिन सेलीब्रेट करते हैं। वह तुरता-फुरता आदमी था। बोला, नहीं, आज ही। उसने मुझे अपनी कार में बिठाया, कालोनी में रहने वाले 15-20 मित्रों, परिचितों को आमंत्रित कर आया। समय दिया आज 7.30 बजे। डॉ. कान्तिकुमार के यहाँ। मैंने दुष्यन्त से कहा भी– यार क्या करता है– इतने सारे लोगों को आमंत्रित तो कर लिया है पर कुछ व्यवस्था तो है नहीं। फिर 30 तारीख को मेरे पास पैसे भी नहीं है।

दुष्यन्त कुछ नहीं बोला, गाड़ी उसने इब्राहिम होटल से समोसे पैक करवाए। मेवे लिए और 7.15 होते न होते घर वापिस। मेरी पत्नी साधना आतुर हो रहीं थीं कि दुष्यन्त भाई के चक्कर में कहीं भद न हो जाए। सभी आमंत्रित आये, दो तीन घंटे खूब हंगामा रहा। आंमत्रितों में अधिकांश महिलाएँ थीं– भोपाल के विभिन्न महाविद्यालयों की प्राध्यापिकाएँ। आयोजन को गरिमा प्रदान करने के लिए उर्दू की प्राध्यापिका डॉ. शफीका फरहत के सेवानिवृत्त आई. जी. पी. पिता रूस्तम खाँ साहब को भी उसने आमंत्रित किया था। सदारत उन्हीं से करवायी। मेरे गले में फूलमाला भी उन्हीं से डलवायी। श्रीफल भी उन्हीं से दिलावाया। पूरा कार्यक्रम बड़ा जानदार और शानदार हो गया। जब महिलाएँ विदा होने लगीं तो मुझे एक शैतानी सूझी। सोचा दुष्यन्त का दांव दुष्यन्त पर ही आजमाया जाए। आमंत्रितों में हिन्दी की एक वयस्का प्राध्यापिका भी थीं। काफी प्रगल्भा। थीं तो सांवली, चश्माधारिणी, किंचित् श्मश्रुवती पर अपने को बहुत रूपसी समझतीं। उनके छात्र उन्हें आशा पारिख कहते। वे खुश होतीं और जन्मदिन पर अपने छात्रों को टाफी बाँटतीं। लड़के कक्षा मैं हैप्पी बर्थ डे टू यू गाते। उन्होंने यह भ्रम पाल रखा था कि उनके तीरे नजर से और शबाबे हुस्न से कोई बच नहीं सकता। यदि कोई बचना भी चाहता तो वे उसे भरसक बचने नहीं देतीं। दुष्यन्त उनसे छड़कता– उनकी उपस्थिति में वह गुरु गम्भीर बन जाता। मैथिलीशरण गुप्त ने जब 'पंचवटी' में यह लिखा कि भोगी कुसुमायुध योगी सा बना दृष्टिगत होता है तो पता नहीं उन्होंने दुष्यन्त को लेकर क्या सोचा होगा। और उस शाम काफी रात हो गईं थी। बची बस वह चरित्र संशोधक सुन्दरी। उनका आवास था प्रोफेसर्स कालोनी में ही पर थोड़ा हटकर। रास्ता भी बांका, मोड़वाला था, थोड़ा एकान्त भी पड़ता था। छोटी झील का किनारा था। उस रात न जुगनू थे, न तारे। अंधेरे में अकेले जाने में उन्हें थोड़ा डर लग रहा था। अब्बा जी से उन्होंने कहा भी कि वे थोड़ी दूर तक उन्हें छोड़ दें तो वे सकुशल पहुँच जायेंगी। मैंने कहा– अब्बा जी को क्यों तकलीफ दे रहीं हैं। दुष्यन्त उसी तरफ से घर जायेगा, वह आपको छोड़ता हुआ निकल जायेगा। दुष्यन्त ने मुझे एक ओर खींचा-स्साले, क्या करता है। मैंने कहा, आज तो तुझको इस चपरू को छोड़ने जाना ही पड़ेगा। यार गुडलक। कल मैं पूरे भोपाल में यह मुनादी पिटवा दूँगा कि दुष्यन्त का स्तर अब इतना गिर गया है कि कल अंधेरी रात में

वह विश्वसुंदरी चपरू को झील के किनारे स्कूटर पर घुमा रहा था। दुष्यन्त ने हाथ जोड़े, मेरे घुटने छुए पर कोई रास्ता नहीं था। दूसरे दिन वह फिर आया, फीड बैक प्राप्त करने के उद्देश्य से। मैंने अब्बाजी से उसकी बड़ी तारीफ कर रखी थी। अब्बाजी ने कल के समारोह के लिए दुष्यन्त की बड़ी तारीफ की। जिन्दगी भर चोरों, उचक्कों, शातिरों, मुखबिरों से घिरे रहने के बाद पढ़े लिखे लोगों की मजलिस में सदर बनाए जाने की हैसियत से वे खुश थे। वे इस बात से बड़े संतुष्ट थे कि "डेमसेल इन डिस्ट्रेस" को दुष्यन्त रात के अंधेरे में उनके घर तक सकुशल छोड़कर आया था। मैंने कहा, "अब्बा जी, सो तो है इन दिनों भरोसे लायक ऐसे इंसान मिलते कहाँ है?"

अब्बा जी ने मेरी बात का विश्वास किया। मुझे प्रसन्नता हुई। अब्बाजी की सेवा का बहुत लंबा समय खुफिया विभाग में बीता था। मेरी दी गई सूचना से दुष्यन्त के बारे में उनकी धारणा ऊँची हुई। दुष्यन्त को जब मैंने यह सब बताया तो उसने मुझे कम, उस चरित्र परिष्कारक रूपसी को धन्यवाद के लायक अधिक समझा। बोला–तू उसे नहीं जानता। शी हैज ए रिच हिस्ट्री बट नो ज्याग्रफी। मैंने बाद में उन्हें गौर से देखा। हिस्ट्री की तो मैं नहीं जानता, पर दुष्यन्त की ज्याग्रफी वाली बात बिलकुल सच थी! दुष्यन्त के दिमाग के कंप्यूटर में अपरूप और चपरूप बालाओं की सूची में प्रतिदिन इजाफा होता रहता।

हमारे यहाँ चोरी हो गई। दिन दहाड़े। मेरा स्थानान्तरण भोपाल से जबलपुर हो गया था। रात को मैं सपरिवार जबलपुर के लिए रवाना होने वाला था। दोपहर में लॉकर से साधना के गहने निकाल लाया था। सड़क पार प्रोफेसर्स कालोनी में ही मित्र मदन मोहन जोशी के यहाँ हम लोग लंच के लिए गये थे। एक डेढ़ घंटे बाद वहाँ से लौटे तो घर के सारे ताले खुले हुए थे। चीजें नदारद थीं–गहने, घड़ी, बनारसी साड़ियाँ। अधिकांश चीजें साधना की थीं। पुलिस वाले आये। खोजी कुत्ता आया। चोरी हुई चीजों की सूची बनी। शाम को दुष्यन्त आया। गम्भीर था। दु:खी भी लगा। जानकारी ली– क्या क्या गया। उसने बरांडे में जाकर साधना को बुलाया। बोला– भाभी-मुझे तो कुछ और ही शक होता है। साधना ने पूछा–क्या। पहिले आप यह बताइए कि कांती से आपका इधर कोई झगड़ा तो नहीं हुआ? नहीं जरा सोचकर बताइए। सोचने की ज़रूरत ही नहीं है। दुष्यन्त ने सोचने का आग्रह किया। नहीं, दुष्यन्त भाई, बिलकुल नहीं। पर

आप यह सब क्यों पूछ रहे हैं! भाभी, आप कान्ती को बहुत सीधा समझती हैं। ये उतना सीधा है नहीं जितना दिखता है। मुझ तो पूरा पूरा शक है कि आपका सारा सामान इसी ने चुरवा दिया है। देखती नहीं कि इसका कुछ भी चोरी नहीं हुआ, न घड़ी, न फाउंटेनपेन, न कोई किताब। जो कुछ भी गया है, वह सब आपका ही। दुष्यन्त चुहलबाज था। प्रेक्टिकल मजाक करने में उसे आनन्द आता। आज से 35 वर्ष पूर्व हुई उस चोरी की बात जब जब याद आती है, दुष्यन्त की वह चुहल भी याद आती है। चोरी का सामान तो बाद में मिल गया था। पर दुष्यन्त जैसा जिन्दादिल दोस्त फिर नहीं मिला।

मैं अब ग्वालियर में था। शिर्डी से लौटते हुए सोचा भोपाल रुक लें और पुराने यार-दोस्तों से मिल लें। ठहरे शफीका फरहत के यहाँ। पता चला कि वे अपनी एक कलीग के साथ सबेरे की गाड़ी से नैनीताल जा रही हैं। शफीका उर्दू की मशहूर अफसाना निगार हैं, खाके भी लिखती हैं। नजीर अकबराबादी पर उन्होंने बहुत अच्छा काम किया है। उनकी कलीग भी उर्दू की अध्यापिका थीं। 'नई सदी' और 'शमा' में लिखतीं थीं। मैंने कभी उनको बताया था कि इन दिनों हिन्दी के अफसाना निगार नए अफसाने लिखने के लिए पहाड़ जाते हैं। कृष्ण सोबती ने 'यारों के यार' पहाड़ जाकर लिखा, मन्नू ने 'महाभोज' शिमला में जाकर लिखा, राजेन्द्र यादव भी कसौली में रहे और अपना उपन्यास वहीं पूरा किया। अश्क भी पहाड़ पर रहे। मोहन राकेश तो अपने कागज पत्तर संभालते और पहाड़ जाते ही रहते। उर्दू की इन लेखिकाओं ने भी इस सूचना से बड़ी प्रेरणा ग्रहण की। दीवाली की छुट्टियाँ होते ही इन लेखिकाओं ने ठंड के कुछ कपड़े लिए, एक छोटा कुकर लिया खिचड़ी के लिए चावल और मूँग की दाल अलग अलग पोटलियों में बाँधी, शायद नमक हल्दी भी साथ रखी थी। बाद में उन्होंने बताया कि जल्दी जल्दी में वे माचिस भूल गईं थीं पर नैनीताल में माचिस मिलने में उन्हें कठिनाई नहीं हुई। जाहिर है इस महत्त्वपूर्ण साहित्यिक यात्रा पर शफीका आपा को खैर मकदम कहने के लिए मैं भी स्टेशन गया। साधना और बेटी गोपा भी साथ थीं। वहाँ पहुँचकर देखते क्या हैं कि शफीका की कलीग हाजिर हैं मय दुष्यन्त के। दुष्यन्त उनको अपनी कार में बिठाकर लाया था सी आफ करने। वे वैसी अपरूप तो नहीं थीं पर उन्हें चपरूप कहना गलत होगा। आपा को तो उसको पता था पर उसने मेरी उम्मीद नहीं की थी। जल्दी-जल्दी

में वह बाथरूम 'स्लीपर्स बदलना भी भूल गया था। 5 साल की बेटी गोपा ने कहा–पाप पापा, अंकल उल्टी स्वेटर पहिने हुए हैं। अपनी बांधवी के सामने स्वेटर सीधी करने में उसे संकोच हुआ अतः बोला–यार! चाय पी जाए। साधना ने कहा–दुष्यन्त भाई, हम लोगों ने चाय अभी अभी पी है। आप पीजिए। अपना एमबैरासमेंट कम करने के लिए उसने कहा–भाभी, मैं अपना पर्स जल्दी-जल्दी में साथ लाना भूल गया। चाय के पैसे आपको देने होंगे। मैं चाय लेकर आता हूँ। साधना ने उसे अपना पूरा पर्स थमा दिया। दुष्यन्त भौंचक। भाभी, इसमें तो बहुत रुपए होंगे, मुझे केवल दो रुपए चाहिए। निकाल लीजिए। भाभी, यदि मैंने ज्यादा रुपए मार दिए तो। साधना ने कहा–दुष्यन्त भाई, आप पर मुझे पूरा इतमीनान है। कोई कुछ भी कहे, आप आदमी बहुत अच्छे हैं। दुष्यन्त थमा-बोला भाभी, फिर से कहिए। साधना ने अपना जुमला दुहराया। दुष्यन्त के चेहरे पर मैंने उस क्षण जो खुशी और संतोष देखा था, वह बयान नहीं किया जा सकता। उसे सब खिलंडरा, नान सीरियस, चुहलबाज ही समझते थे। उसे विश्वास ही नहीं होता था कि कोई उसे भरोसे मंद भी समझता है। बाद में उसने साधना से कई बार कहा–भाभी-आपने उस दिन स्टेशन पर मेरे बारे में जो कुछ कहा था, वह लिख कर दे दीजिए। मैं उसे फ्रेम करवा कर रखूँगा। कोई कुछ भी कहे, दुष्यन्त आदमी बहुत अच्छा था।

वह चोरी कर सकता था पर चोरी पकड़ी जाने पर कबूल कर लेता था, हेराफेरी अच्छी लगती थी, हेराफेरी पकड़ी जाए तो वह लज्जित नहीं होता था। वह संबंध बनाने के पहिले सामने वाले को तौलता था– उससे कितना मजाक किया जा सकता है, वह रोतड़ा तो नहीं है, वह किस सीमा तक बुरा नहीं मानेगा, यह कसौटी उसके लिए पुरुषों से दोस्ती करते वक्त ही काम नहीं आती थी, महिलाओं से भी उसकी दोस्ती का यही निकष था। एक बार कसौटी तय हो गई फिर दुष्यन्त उस कसौटी का पालन करता, पूरे नेम धरम के साथ। वह पारिहास रसिक था, यार बाज था, उसे ठगना कठिन था। एक बार उसने बिना तय किए, पुराने सचिवालय से साउथ के लिए आटो लिया। फुल। घर पहुँचकर उसे दस रुपए का एक नोट दिया। उस वक्त इतनी दूरी की यही रेट था। आटोवाला हुज्जत करने लगा। दुष्यन्त ने बाहें चढ़ा लीं, साले, तुम मुझकों क्या समझते हो, अदीब या बेवकूफ और उसे मारने पर उतर आया। आटो वाले भाई मियां ने दुष्यन्त

की कदकाठी देखी, गाली देने का ड्राइवराना लहजा देखा, समझ लिया कि यह खांटी आदमी है। उसने चुपचाप दस रुपए का नोट लिया और फूट लिया। मुझे लगता है कि इलाहाबाद के दिनों में उसने अपने दोस्तों से इतने झटके खाए थे कि खिलंडरापन, हेराफेरी, चुस्ती, चालाकी, त्रैराशिक प्रतिक्रियावश उसकी आदत में खुमार हो गया थी। वह यार से यारी भी निभाता था और यार के गैरों से गैरी भी। भोपाल में जनवरी 71 में शानी ने युवा लेखन संगोष्ठी आयोजित की। यह संगोष्ठी बाहर के साहित्यकारों को यह बतलाने के लिए थी कि देखो, शरद साहित्यकारों की बिरादरी से बाहर कर दिया गया है और उपेक्षित है। तुम अपनी पत्र-पत्रिकाओं में उसे छापते हो तो तुम जानो। दुष्यन्त शानी का दोस्त था, शानी शरद के खिलाफ था अतः दुष्यन्त को इस त्रैराशिक में शरद के खिलाफ होना ही था। कारण, कारण कुछ नहीं। त्रैराशिक में कारण नहीं होते, बस नियम होते हैं। सो इस नियम के हिसाब से शानी, दुष्यन्त, कमलेश्वर, धनंजय, मधुप एक तरफ थे। शरद अकेला था पर शरद को घेरने का प्रयास असफल रहा। 'नवभारत' ने दो कालम की हेडिंग दी, "घटिया कहानियों पर थोथी बहस"। हिन्दी में अभी तक साहित्य का जो इतिहास लिखा गया है, वह कृतियों के आधार पर। कृतिकारों के पारस्परिक संबंधों के आधार पर अभी तक कोई इतिहास मेरे देखने में नहीं आया। छुटपुट संदर्भ तो मिल जाते हैं पर कोई मुकम्मल स्टडी नहीं है। प्रेमचन्द के और प्रसाद के संबंध अच्छे नहीं थे।[1] प्रेमचन्द प्रसाद को गड़े मुर्दे उखाड़ने वाला कहते थे। मैथिलीशरण गुप्त और प्रसाद जी के संबंध भी अच्छे नहीं थे। कोई शोधार्थी चिरगांव पहुँचता तो बखरी में प्रवेश के पूर्व उससे यह दरयाफ्त किया जाता कि हिन्दी का सबसे बड़ा महाकवि कौन है। यदि किसी ने जयशंकर प्रसाद के ज का भी उच्चारण किया तो उसे प्रवेश नहीं मिलता। निराला और पंत के तू तू मैं मैं के किस्से तो डॉ. राम विलास शर्मा ने भी लिख हैं, बच्चन जी ने भी। निराला की कविता "कौन तम के पार रे कह" जब छपी तो पंत जी के मित्र राम चन्द्र टंडन ने उस पर चे गैन दाल (चुगद) लिख दिया था। हमारे अपने दौर में राजेन्द्र यादव और कमलेश्वर की यारी का ग्राफ कितने नीचे तक गिरा, इसकी चर्चा राजेन्द्र भी करते हैं, कमलेश्वर भी। 'जो कभी मिलते थे, दीवानों की तरह, आज यों मिलते हैं जैसे कभी पहिचान न थी' तक तो ठीक था पर 'आज वो मिलते हैं हाथ में खंजर लिए हुए' वाला मामला हँसी में टालने

1. लेखक की यह सूचना तथ्य संगत नहीं है।

लायक नहीं है। एक अच्छी बात इधर यह हुई कि फरीकैन अपने खंजर अब अपनी आस्तीनों में छुपाते नहीं हैं। राजेन्द्र यादव की 'वे देवता नहीं हैं" और रवीन्द्र कालिया की 'ग़ालिब छुटी शराब' बड़ी बेबाकी से इस खंजर नामा का बखान करती हैं। सो भोपाल में शानी और शरद के बीच मैं भी रानी, तू भी रानी, कौन भरेगा पानी का समां था। दुष्यन्त को अपने पुराने सखा शानी का साथ देना ही था– मय इष्ट मित्रों के। इस सब के दुष्यन्त को साहित्यिक लाभ मिलें। 'साए में धूप' की भूमिका "मैं स्वीकार करता हूँ" में दुष्यन्त ने स्वीकार किया है, "और कमलेश्वर! वह इस अफसाने में न होता तो ये सिलसिला शायद यहाँ तक न आ पाता।" दुष्यन्त को अपने यारों का फायदा तो मिलता पर वह उनके करदा और नाकरदा गुनाहों के लिए भी जबाबदार माना जाता।

दुष्यन्त को मैं बहुत दिनों तक नान सीरियस आदमी मानता रहा। उसके नान सीरियसली किए गये क्रियाकलाप को सीरियसली लेने में कई सीरियस अड़चने थीं। राजो भाभी को कभी झगड़ा करते नहीं देखा। मुझे इस तथ्य से हैरत भी होती थी पर दुष्यन्त के साथ निर्वाह का यही तरीका था।

जब उसने जम्मू-कश्मीर रेडियो से अपनी मशहूर ग़ज़ल– 'यह रोशनी हक़ीक़त में है एक छल लोगों' सुनाई तो मुझे विश्वास ही नहीं हुआ कि दुष्यन्त अपनी इस ग़ज़ल में आजादी की सच्चाई का कैप्सूल तैयार कर रहा है। मैंने उसकी इस ग़ज़ल पर एक पैरोडी लिखी:

वो कहते हैं कि सहरा में लाएँगे जल लेकिन
खुद टूटा पड़ा है उनका नल लोगो।

पर मुझे अपनी गलती का बहुत जल्दी अहसास हो गया। दुष्यन्त की 'साये में धूप' की ग़ज़लें उसका एक अलग ही मिजाज प्रस्तुत कर रही थीं–शायद अलग मिजाज नहीं, उसकी रूमानियत, दुस्साहस, खिलंडरेपन से भरे उसके मूल मिजाज का ही प्रगाढ़, निखरा हुआ और सृजनात्मक रूप। आपात काल की घोषणा ने उसको हिलाकर रख दिया था–उसको विश्वास ही नहीं हो रहा था कि आजादी का कोई ऐसा भी पड़ाव हो सकता है। वह रात-रात भर जागता, कमरे में चहलकदमी करता, बाहर निकलकर साउथ टी टी नगर के अपने क्वार्टर से मॉडल स्कूल के चक्कर लगाता, राजो रोकती भी पर थोड़ी देर बाद फिर वही चहल कदमी–वही बेचैनी। उसने उन दिनों एक ही रात में दो दो तीन-तीन गज़लें

कही। दुष्यन्त 'साये में धूप' की ग़ज़लों में ग़ज़ल के मूल मंतव्य से दूर नहीं था, बस उसका ध्वन्यार्थ बदल गया था। ग़ज़ल शब्द का मूल व्युत्पत्तिपरक अर्थ शायद वह दर्द भरी आवाज है जो अहेरी के कुत्तों द्वारा हिरण का पीछा किए जाने और उसके सींगों के झाड़ी में अलझ जाने पर विवशता में उसके कंठ से निकलती है–आसन्न संकट और असहायता के अहसास से उत्पन्न रुँधा-रुँधा है करुण आर्त्तनाद। दुष्यन्त अपनी ग़ज़लों में ग़ज़ल के मूल अर्थ के बिलकुल पास आजादी का हिरण मर्यादा विहीनता और सत्ता लोलुपता के अहेरी द्वारा पछियाया जा रहा है। भागते-भागते आजादी का हिरण आपातकाल की ऐसी झाड़ी में उलझ गया है जहाँ दर्द भरी रुँधी-रुँधी आवाज निकालने के अलावा और कुछ रह नहीं गया है। दुष्यन्त अपनी ग़ज़लों में स्वतंत्रता के इस दर्द और लाचारगी को व्यक्त करने के लिए गाते-गाते चिल्लाने लगता है– कैसे-कैसे मंजर सामने आने लगे हैं। गाते गाते लोग चिल्लाने लगे हैं। यह वह दौर था जब सपादक लोग आपातकाल में प्रति अपना विरोध दर्ज करने के लिए अपनी पत्रिका के संपादकीय वाला पन्ना खाली छोड़ देते थे– सनद रहे और वक्त पर काम आये के अंदाज से। यारो, हमें इतना कायर मत समझो। हम भी अन्याय के, अत्याचार के विरोधी हैं, और हरावल दस्ते में हैं!

हम लोग ग्वालियर से गुना आ गये थे।

एक दिन मेरी 10 वर्षीय बेटी गोपी भागी भागी आयी– बोली–पाप पापा देखिए, हमारे 'पराग' में लुच्चे चाचा की कहानी छपी है। देखा, 'पराग' में दुष्यन्त की एक कहानी छपी है बच्चों के लिए। लुच्चे चाचा दुष्यन्त को शानी का दिया हुआ नाम था–भोपाल में जब गोपा चार साल की थी। गोपा तब से दुष्यन्त को लुच्चे चाचा ही कहती। समझती यही उनका असली नाम है। मैंने उसे सुधारने की कोशिश नहीं की। कभी कभी जो हम नहीं कह पाते, बच्चों की जुबान से व्यक्त हो जाता है। मैंने दुष्यन्त को पत्र लिखा–तुम्हारी कहानी बहुत अच्छी है। तुम ऐसी 10-12 कहानियाँ लिख दो तो बाल कथाकार डॉ. हरिकृष्ण देवसरे को कोसो पीछे छोड़ दोगे। उस कहानी के साथ एक चित्र भी था जिसमें एक बच्चा आम के पेड़ पर चढ़ा हुआ फल तोड़ रहा था। चित्र में बने बच्चे का चेहरा दुष्यन्त से काफी मिलता जुलता था या मुझे लगा था कि मिलता जुलता है। मैंने उस पत्र में दुष्यन्त को यह भी लिखा था कि उसके छिपने की ज़रूरत नहीं है, उसे तोड़े

हुए फलों के साथ नीचे उतर आना चाहिए और हिन्दी के मालीनुमा आलोचकों का सामना करना चाहिए। दुष्यन्त का लौटती डाक से पत्र आया–स्साले, तुम भी 'पराग' पढ़ते होगे, मुझे इसकी उम्मीद नहीं थी। वह तो मुझे पैसों की ज़रूरत थी इसलिए मैंने पैसे कमाने के लिए यह नया रास्ता खोजा था। हाँ, अगर तुम वायदा करो कि तुम बच्चों के लिए लिखी मेरी कहानियाँ बराबर पढ़ते रहोगे तो मैं भी इस तरह की कहानियाँ लिखने का वायदा करता हूँ। दुष्यन्त की यही अदा मुझे पसंद थी। वह छुपाता कुछ भी नहीं था–यदि चोरी करते रंगे हाथों पकड़ा गया है तब तो कतई नहीं। उसे पैसों की ज़रूरत पड़ती ही रहती। गाड़ी में पेट्रोल भरवाना है, नयी बुश शर्ट खरीदनी है, यारों को काफी हाउस में कटलेट खिलाने हैं, बांधवियों को सिनेमा दिखाना है। इसके लिए तनख्वाह से मिलने वाले पैसे कम पड़ते थे। इसलिए वह पैसे कमाने के लिए किसी न किसी जुगाड़ में रहता। सागर विश्वविद्यालय के पं. राजनाथ पाण्डेय उन दिनों मध्यप्रदेश माध्यमिक उच्चतर शिक्षा मंडल की हिन्दी परीक्षा समिति के अध्यक्ष थे। उनको वह अपने घर ठहराता और बोर्ड की ग्यारहवीं की कापियाँ जाँचने के लिए प्राप्त कर लेता। रेट अठन्नी कापी हो तो क्या। वे उसे सागर विश्वविद्यालय की बी. ए. की कापियाँ भी जाँचने के लिए दिलवा देते। साल में बहुत नहीं तो तीन चार सौ के चेक की व्यवस्था तो हो ही जाती। आड़े वक्त में ये पैसे दुष्यन्त के काम आते। यह कोई नयी बात नहीं थी। एम.ए. उत्तीर्ण करने के बाद से ही वह इस तरह के रास्ते निकालने लगा था। एक दिन वह महाविद्यालयीन प्रोफेसरों के खिलाफ कुफ्र उगल रहा था। न पढ़ते हैं, न पढ़ाते हैं। नोट्स से पढ़ाते हैं, कुंजियाँ लिखते हैं। धनंजय वर्मा को वह साहित्य का इंसपेक्टर आफ स्कूल्स कहता। डॉ. राम रतन भटनागर ने लगभग हर कवि पर एक अध्ययन लिखा था– विश्वंभर नाथ उपाध्याय की 'कामायानी' की टीका उन दिनों बड़ी लोकप्रिय हुई थी और डॉ. तारक नाथ बाली भी छायावादी कवियों पर लिखी कुंजियों के कारण परीक्षार्थियों के बीच बड़े समादृत थे। पूरा कुंजीनामा उसकी जबान पर था। जब उसका कुफ्रवमन बन्द नहीं हुआ तो मैंने कहा– यह तो हमारे धंधे का अंग है पर तुम तो कवि हो, उपन्यासकार हो सृजनशील साहित्यकार। तुम लोग क्या करते हो? तुमने भी तो कुंजियाँ लिखी हैं। एक क्षण को वह ठिठका–पर वह दौंदने पर उतर आया। मैंने मैंने–मैं कुंजी क्यों लिखूँगा। मैंने कहा– तुम्हारी याददाश्त इतनी

कमजोर तो नहीं कि तुम "चेतन एक अध्याय" को भूल जाओ। उपेन्द्र नाथ 'अश्क' का प्रसिद्ध उपन्यास 'चेतन' उन दिनों मध्यप्रदेश के कई विश्वविद्यालयों के बी.ए. के पाठ्यक्रम में था। दुष्यन्त ने कमलेश्वर के साथ मिलकर 'चेतन' पर एक कुंजीनुमा उपयोगी पुस्तक लिखी थी जो 'अश्क' के अपने प्रकाशन से छपी थी। 'चेतन' उपन्यास खरीदो या 'चेतन : एक अध्ययन' घी तो मलीदे में ही जायेगा। दुष्यन्त चौकन्ना हो गया। तूने वह किताब कहाँ देखी ? देखी ? वह मेरे पास है। यार, कड़की के दिन थे। 'अश्क' जी किसी से 'चेतन' की कुंजी लिखवाना चाहते थे। कमलेश्वर और मैंने तय किया कि यह पुनीति कार्य हम लोग ही कर डालें तो क्या बुरा है? ढाई रुपए प्रति पृष्ठ के हिसाब से सौदा तय हुआ। 150 पृष्ठों की पुस्तक बनी। वह मेरी मिन्नतें करने लगा। यार, 'चेतन : एक अध्ययन' की वह प्रति मुझे दे दे। हमने 'अश्क' जी से शेष प्रतियाँ बाद में सस्ते दामों पर खरीद ली हैं। जहाँ-जहाँ वह पुस्तक हो सकती थी, वहाँ-वहाँ से हमने उसे गायब कर या करवा दिया। मैंने उसे वह पुस्तक वापिस नहीं की। उसके बाद दुष्यन्त मास्टरों के खिलाफ कभी नहीं बोला–कम से कम मेरे सामने।

पर 'चेतन' का यह प्रसंग उसके अचेतन पर छाया रहा। साधना एम.ए. हिन्दी की परीक्षा दे रहीं थीं। एक प्रश्नपत्र था साहित्यिक निबंध। कोई एक पुस्तक इस विषय के लिए पर्याप्त नहीं पड़ रही थी। वीरगाथाकाल की प्रवृत्तियाँ, हिन्दी साहित्य का स्वर्णयुग जैसे निबंध तो साहित्य के इतिहास ग्रंथों में मिल जाते थे पर नयी कहानी, नयी कविता, हिन्दी में काव्य-नाटक जैसे विषय ? मैं हमीदिया महाविद्यालय पुस्तकालय से कुछ पुस्तकें ले आया पर उनमें सामग्री बिखरी-बिखरी थी। दुष्यन्त को पता चला।

दूसरे दिन वह एक किताब ले आया, "सौ साहित्यिक निबंध"। लेखक के स्थान पर नाम छपा था कमलेश्वर, एम. ए.। मुझे विश्वास नहीं हुआ। मैंने पूछा– ये कमलेश्वर वही, राजा निरबंसिया वाले? बिलकुल वही, यार वही कमलेश्वर है, नयी कहानी वाला। उसे पैसों की ज़रूरत थी तो उसने कई विश्वविद्यालयों के पाठ्यक्रम के हिसाब से ये सौ साहित्यिक निबंध लिख दिए। मैंने पुस्तक आद्यंत देखी। मेहनत से लिखी गई थी या लिखवाई गई थी। उपशीर्षक वगैरह सब थे। छात्रों को याद करने में आसानी हो, इस लिहाज से। परीक्षा हो जाने पर दुष्यन्त की किताब उसे वापिस करनी चाही पर वह ले ही नहीं गया, शायद वह चाहता

होगा कि हिन्दी के विशाल कुंजी साहित्य में जहाँ उसकी जगह आधे की है, वहीं कमलेश्वर की जगह डेढ़ की रहे। वह कमलेश्वर को अपने से सीनियर मानता था, पर मुझे कुंजीकथा में सीनियर, जूनियर जैसा भेद अनावश्यक लगता है। दोनों संबंधों में समधी तो बाद में हुए पर दुनियादारी में दोनों शुरू से ही समधी यानी बराबर की बुद्धि वाले रहे हैं। कोई कमधी नहीं था।

साहित्य में दुष्यन्त गुटबाजी में विश्वास करता था। उसकी यारबाजी का यह स्वाभाविक प्रतिफलन था। पर अन्याय का प्रतिकार करने में, अत्याचार का विरोध करने में उसे न लौह पुरुष द्वारका प्रसार मिश्र याद रहते, न इंदिरा गांधी। वह सर्वहत के साथ होता। 'एक कंठ विषपायी' में सर्वहत उसका प्रतिनिधि कहा जा सकता है। बस्तर के महाराज प्रवीरचन्द्र भंज देव शासन की गोलियों से जगदलपुर में मारे गये, यार ने 'कल्पना' में एक कविता ठोक दी– 'ईश्वर को सूली'। वह भूल ही गया कि वह सरकारी नौकरी में है, और पं. द्वारका प्रसाद मिश्र राज्य के मुख्यमंत्री हैं, वे उसके विभाग के भी मंत्री हैं। कविता छपी। किसी ने 'कल्पना' का वह अंक मिश्र जी के सामने पेश कर दिया। दुष्यन्त के न मित्रों की कमी थी, न शत्रुओं की। दुष्यन्त से स्पष्टीकरण मांगा गया-क्या आपने शासकीय सेवा आचार संहिता की फलां-फलां कंडिका का पालन करते हुए कविता लिखने और उसे प्रकाशित करने की अनुमति ली है? दुष्यन्त ने तो आकशवाणी पर आदिवासियों के ईश्वर की मृत्यु का समाचार सुना, कविता लिखी और बद्री विशाल पित्ती को भेज दी। उसे लगा कवि को अन्याय का विरोध करना ही चाहिए। वह तो द्वारका प्रसाद मिश्र स्वयं कवि थे–उन्होंने दुष्यन्त को 'बेनीफिट ऑफ पोयट' दिया और उसे कोड ऑफ़ कंडक्ट की कंडिका के नागपाश से मुक्त कर दिया।

पर 'साये में धूप' की ग़ज़लें ?

यह सही है कि दुष्यन्त ने ही पहिली बार ग़ज़ल को प्रेमी-प्रेमिका के हुस्नो-इश्क और मादकता से सागरो-मीना से बाहर नहीं निकाला था। पहिले भी उर्दू और हिन्दी के कई कवि ऐसा कर चुके थे। हिन्दी में 'निराला' 'खुला भेद विजयी कहाए हुए जो लहू दूसरों का पिए जा रहे हैं" जैसे ग़ज़लें लिख चुके थे। उर्दू के तरक्की पसंद शायरों ने ग़ज़लों का तेवर ही नहीं बदला, उसका पैरहन और

उसकी मंशा भी बदल दी थी तब दुष्यन्त ने ऐसा क्या कर दिया कि ग़ज़ल के इतिहास में एक बिलकुल नयी चीज पैदा हो गई। दुष्यन्त की ग़ज़लें 'साये में धूप' के रूप में पुस्तकाकार छपने के पहिले 'सारिका', 'कल्पना', 'हिन्दुस्तान', 'धर्मयुग' जैसी पत्रिकाओं में छप चुकीं थीं। 'सारिका' जैसी कहानी की पत्रिका में तो ग़ज़ल पत्रिका के व्यक्तित्व का अनिवार्य हिस्सा ही बन गई थी। इसमें कुछ तो दुष्यन्त की ग़ज़लों का कमाल था, कुछ कमलेश्वर और दुष्यन्त की दोस्ती का। लोगों ने इस बात को लेकर कुछ ऐतराज भी किया था। दुष्यन्त की देखादेखी हिन्दी में अनेक नवोदित कवियों ने ग़ज़ल पर अपने हाथ आजमाये। हिन्दी में सातवें दशक के अंत तक ग़ज़ल लिखना कहना नहीं-हिन्दी में ग़ज़ल लिखी जाती है, इतना आसान हो गया था कि ग़ज़ल कातता और दिन में उसे छपाने के लिए ले दौड़ता। दुष्यन्त की ग़ज़लों में ग़ज़ल शास्त्र के नियमों का पूरा-पूरा पालन हुआ ही हो, ऐसा नहीं है। चतुर-सुजानों ने दुष्यन्त के शह्र के शहर लिखने पर और अस्ल को असल लिखने पर लानतें भेजीं थीं पर दुष्यन्त के लिए शास्त्र महत्त्वपूर्ण नहीं था, बात महत्त्वपूर्ण थी। शायस्तगी जरूरी नहीं थी, संप्रेषणीयता ज़रूरी थी। पात्र का मुलम्मा प्राथमिक नहीं था, पात्र में भरी हुई वस्तु प्राथमिक थी। वह अपनी ग़ज़लों को ऐसा कुर्ता पैजामा नहीं पहिनाना चाहता था जिनकी क्रीज खराब होने के डर से आराम से लेटा भी न जा सके। कुछ लोगों के ड्राइंगरूम इतने सजे और संवरे होते हैं कि उनमें बैठकर एट होम फील करना मुश्किल होता है। दुष्यन्त भी अपनी ग़ज़लों को ऐसा ड्राइंगरूम नहीं बनाना चाहता था जिसमें सोफा कवर तो बहुत मनोरम हो पर जिन पर बैठना संकोच पैदा करे। ग़ज़ल उसके लिए अपनी बात के तीर के लिए ठीक-ठीक कमान की खोज थी-ऐसी कमान जिससे चलाया गया तीर ठीक जगह जाए और दूर तक जाए। मेरा पैगाम असहमति है जहाँ तक पहुँचे। उसका यह बयान कि "मैं ये ग़ज़लें बन्दिशों के पालन के लिए नहीं कहता, अपनी बात और अपनी तकलीफ को ज्यादा लोगों तक पहुँचाने के लिए कहता हूँ।... उर्दू के हिसाब से परिचित हूँ लेकिन मुझे जीना और मरना हिन्दी में है।" ग़ज़ल निसारों को शायद बहुत पसंद नहीं आया पर दुष्यन्त ने ग़ज़ल से तेजाब का काम लेने का बीड़ा उठाया था और तेजाब 'ईवनिंग इन पेरिस' की तरह स्प्रे नहीं किया जा सकता।

दुष्यन्त को उर्दू नहीं आती थी। उसने स्वीकार किया है वह उर्दू नहीं जानता पर उसने अपनी ग़ज़लों में उर्दू के शब्दों के हिन्दी रूपों का प्रयोग अज्ञानतावश नहीं, जानबूझ किया है। यह कोई मुश्किल काम नहीं था कि शहर की जगह नगर लिखकर वह शह न लिखने के दोष से मुक्ति पा लेता किन्तु मैंने 'उर्दू शब्दों को उस रूप में इस्तेमाल किया है जिस रूप में वे हिन्दी में घुल मिल गये हैं।' दुष्यन्त का मानना था कि उर्दू और हिन्दी अपने-अपने सिंहासनों से उतरकर जब आम आदमी के पास आती हैं तो उनमें फर्क कर पाना बड़ा मुश्किल होता है। दुष्यन्त वही काम कर रहा था जा़ बहुत पहले मीर ने किया था और हमारे अपने दौर में बच्चन या भवानी मिश्र कर रहे थे। दुष्यन्त की ग़ज़लों की स्वीकृति और लोकप्रियता का एक बहुत बड़ा कारण यह भी है कि वे उस भाषा में कहीं गईं हैं जिसे दुष्यन्त तो बोलता ही था, हममें से अधिकांश भी बोलते हैं। 'उनके देखे से जो आ जाती है मुंह पर रौनक, यो समझते हैं कि बीमार का हाल अच्छा है' को 'उनके दर्शन से जो आ जाती है मुख पर आभा, वो समझते हैं कि रोगी की दशा उत्तम है' लिखने वालों का बस चले तो वे हिन्दी शब्दकोश से उर्दू के सारे शब्दों को जिला बदर कर दें। नए साल के पहिले दिन दुष्यन्त ने भोपाल के अपने एक हिन्दी अध्यापक मित्र से कहा–नया साल मुबारक हो तो हिन्दी के अध्यापक महोदय अप्रसन्न हो गये थे। उन्होंने कहा कि आप हिन्दी वाले होकर नया साल मुबारक कहते हैं–अरे आप को कहना चाहिए नव वर्ष की मंगल कामनाएँ। दुष्यन्त बिफर गया–बोला–हिन्दी वाले होंगे आप। मैं तो मुबारक वाला हूँ। आपको नए साल की मुबारक बाद लेनी हो तो लें नहीं तो...। हिन्दी उर्दू की एकता के नाम पर वह बड़े-बड़ों की ऐसी की तैसी कर सकता था। दुष्यन्त अपनी ग़ज़लों में दुष्यन्त बना रहता है–वह राम कसम या अल्लाह करस कहने की बजाए गंगा कसम कहना ज्यादा मुनासिब समझता है–"गंगा कसम बताओ हमें, माजरा क्या है।" होम और हवन को दुष्यन्त होमो हवन बना सकता है और खँगालने जैसे ठेठ क्रिया का अपनी ग़ज़लों में बड़ा खूबसूरत प्रयोग कर सकता है–एक बच्चा था हवा का झोंका, साफ पानी को खँगाल आया है।

'जलते हुए वन का बसंत' की कई कविताएँ अपना परिधान बदलकर 'साएस में धूप' में भी हैं पर यहाँ 'बसंत' का 'मैं' या तो 'हम' हो गया है 'लोग' । 'मैं एक भावुक सा कवि इस भीड़ में गाते गाते चिल्लाने लगा हूँ" छोड़कर

दुष्यन्त 'साये में धूप' में लिख रहा है– "कैसे कैसे मंजर सामने आने लगे हैं। गाते गाते लोग चिल्लाने लगे हैं।" 'मैं' का यह समाजीकरण, व्यक्ति का समूह से यह तादात्म्य, वैयक्तिक तकलीफ के कारणों की पड़ताल में व्यवस्था को कठघरे में खड़ा करने का यह साहस दुष्यन्त को अपने जमाने का प्रतिनिधि कवि बना देता है। उसकी आवाज हम सबकी आवाज बन जाती है। उसकी कविताओं की उद्धरण क्षमता बढ़ जाती हैं। जार्ज रसेल ने लिखा है कि कुछ कविताएँ अंधी होती हैं और उनके आर-पार देखना संभव नहीं होता। दुष्यन्त 'साये में धूप' की ग़ज़लों में फ्रास्टड ग्लास के बदले पारदर्शी काँच का उपयोग करता है। इस परदर्शी काँचों के प्रयोग से दुष्यन्त हर सुनने या देखने वालों के दर्द का हमशरीक बन जाता है। दुष्यन्त की ग़ज़लों के शेर जैसे छक्का मारते चलते हैं और वे कविता की बाउंड्री के बाहर जाकर झूठ, छद्म और अन्याय के घरों में रहने वालों की खिड़कियों के काँच फोड़कर घर के अंदर चले जाते हैं। शीशे के घरों में रहने वालों को दुष्यन्त के शेरों से खतरा होना स्वाभाविक है। दुष्यन्त आज नहीं है पर शीशे के घरों में रहने वाले लोग तो अभी भी हैं। शीशे के घरों में रहने वाले लोग निश्चिंत न होने पाएँ और उन्हें 'साये में धूप' के शेरों के ढेलों का डर बराबर बना रहे– दुष्यन्त की ग़ज़लें अगर इतना करतीं हैं तो कुछ कम नहीं करतीं।

संस्मरण

दरख्तों के साये में झुलसा हुआ दुष्यन्त

शरद जोशी

अब यह सवाल पूछा जा सकता है, कि दुष्यन्त क्या मरने के लिए भोपाल आया था ? नदियों वाले शहर इलाहाबाद को छोड़ उसे इन गन्दे तालाबों के शहर भोपाल में बसने की क्या जरूरत थी? जो बस्ती अफसरों के रहने के लिए बनाई गई हो, वहाँ कवि-लेखक बनकर साँस लेने की जोखिम उसने क्यों मोल ली ? नतीजा यही हुआ ना, कि वह घुटकर रह गया। था तो वह कवि ही, एक यारबाज मनचला मूडी शख़्स! उसने क्यों अफसर का बाना धारण किया। सारे टीमटाम जुटाए, कार, टेलिफोन, रिश्ते और जमाने भर की दुनियादारी। फिर सारा कुछ करके वह लौट लौट कर कवि हो जाता था, बार-बार लिखता था और फिर अफसर हो जाता था। कभी मनुष्य, कभी शेर! ऐसा नरसिंह अवतार एकाध शाम किसी हिरण्यकश्यप को चीरने के लिए ठीक रहता है इस देश में, पर इसे अपना स्थायी इमेज बनाना आदमी क्या भगवान के लिए भी सम्भव नहीं है। शेर या आदमी, अफसर या कवि, इन दो स्थितियों को एक साथ जीना मुश्किल है। जो सफलतापूर्वक जी लेते हैं, वे वास्तव में दोनों ही नहीं होते। देहरी पर बैठे नकली जीवन बिताना उनके लिए सम्भव होता है। दुष्यन्तकुमार मूलत: नहीं था। घर और जंगल के बीच एक तनाव को लम्बे वक्त तक जीना उसके लिए कठिन था। उसके आसपास यारों की भीड़ रहनी चाहिए थी, तभी वह लाड़ले राजकुमार की हँसी और हठ के साथ लम्बी उम्र जी सकता था। वक्त की चाल में अब यार-दोस्त भटक गये। जिन कमलेश्वर और मार्कंडेय की इलाहाबादी यादें लिए वह भोपाल के सरकारी वायुमण्डल में जीता रहा, वे आज कितनी दूर भटक गये।

भोपाल में दोस्त-यारी का जो विस्तृत भूगोल उसने पिछले वर्षों में विकसित किया था, वह विषैले नाइट्रोजन में एक आत्मीय ऑक्सीजन की तलाश थी। अपनी भाग-दौड़ में वह काफी कुछ सफल भी था पर लम्बे समय तक उस कवि के लिए एक तनाव को लम्बे वक्त तक जीना सम्भव नहीं था। पिछले दिनों लिखी उसकी ग़ज़लें उसके मन में चल रही हलचलों की सच्ची दर्पण हैं। मृत्यु ही वह शरणागाह है, जहाँ उम्र भर के लिए, जीया जा सकता था और उसका चला जाना उसकी स्वाभाविक कविता थी। भोपाल या मध्य प्रदेश इस काबिल नहीं कि इसके लिए कोई लम्बी उम्र जीए ? और क्या हिन्दी साहित्य ही इस काबिल है कि इसके लिए जीया जाये ? लिखते-लिखते अपने पर थूकने की तबीयत करती है। उच्च वर्ग अपने अभिनन्दन की शक्ल में आने पर ही कविता को स्वीकार करता है। बरसों से यही चला आ रहा है। इसलिए इस देश में भारतेन्दु से दुष्यन्त तक 'अभिनन्दन' का लेखन कर सकने में असमर्थ साहित्यकारों का लम्बा जीवन जी लेना कठिन है। शरीर जहर से कब तक लड़ता ?

दिसम्बर के अन्तिम दिनों की उस सुबह हम सब दुष्यन्त के यहाँ गये। वह सो रहा था। उस शरारती, बातूनी, दोस्तबाज, लतीफ़ापसन्द शख्स के इस तरह चुपचाप सोये रहने की बात किसी के मन को जम नहीं रही थी। जिसने उसे देखा, वह अन्दर से टूट गया। दूर-पास के सभी मित्रों ने दुष्यन्त को जीवन भर प्यार और नाराजी में चुनिन्दा गालियों से आभूषित किया है। और वह था कि हर गाली को इस मजे से लेता जैसे सभा में गुलदस्ता भेंट किया जा रहा हो। उस सुबह भी हम उसे मन-ही-मन कोस रहे थे। इतनी जल्दी चले जाने पर कोस रहे थे। वह इतमीनान से लेटा था, जैसे दोस्तों के शहर जाने वाली एक्सप्रेस में उसे आरामदेह स्लीपिंग बर्थ मिल गई हो। अपने में खुश, एक दुधमुँहे शिशु की तरह निश्छल सोया हुआ था। सब दुखी थे। पर वास्तव में सब क्रोधित थे। एक अनबूझा प्रश्न हवा में तैर रहा था। क्या दुष्यन्त था, हम सब गलत हैं? या हम सही हैं, दुष्यन्त गलत था? शायद वह वहीं गलत था जहाँ वह हमसे सहमत था। जिस देश में सारी जिन्दगी एक कशिश को कोशिश बनाने जाती है, पता नहीं सार्थकता क्या है, सफलता क्या है ? दुष्यन्त व्यर्थ ही सार्थक जीवन को सफल जीवन बनाने की भाग-दौड़ में मुब्तिला हो गया।

उसकी मनोरचना उन तन्तुओं से नहीं हुई थी, जिनसे कामयाब नस्ल से आदमी बुने जाते हैं। गलत ताने-बाने में उलझकर रह जाना उसकी ट्रेजेडी थी। वह इस अन्याय से सारे संसार में गलत आकांक्षा की गलत सजा का शिकार हुआ। जिस ठाठ से जीने का ड्रामा वह करता था, उसमें निराशा के डायलॉग बोलना उसकी मंचनीति के विरुद्ध था। इसलिए वह अन्दर से टूटने-बिखरने के क्षणों में भी रोया नहीं, व्यर्थ गरजता रहा, गालियाँ देता रहा, यह कर दूँगा, जो वह कर दूँगा, सम्भव नहीं था। सचिवालय से अकेले सिर टकराने से सचिवालय की दीवार नहीं टूटतीं, आप टूट जाते हैं। ऐसे में दोस्त के कंधे पर सिर टिका रो लेना या ग़ज़ल लिख देना, एक नीति हो सकती है। दुष्यन्त कंधे या ग़ज़ल के लिए उपयुक्त मुहावरे तलाशता रहता भी तो कब तक ? और इस भोपाल में, जहाँ कंधे झटकते रहना, उचकाते रहना आम आदत है और 'वाह-वाह' करने के पूर्व हर दर्शक या श्रोता यह पता लगा लेता है कि शेर पढ़ने वाला क्लास वन है या क्लास टू, गजेटेड या नॉनगजेटेड, और उसी के अनुपात में प्रशंसा करता है ऐसे में दुष्यन्त के साथ यह होता ही था, जो हुआ। दुष्यन्त की मृत्यु भी मुझे एक नजारा ऐसा दिखा जो भोपाल के इसी निर्मम नकली व्यक्तित्व की पहचान कराता है। मुझ पर यह आरोप लग सकता है, कि मैं हर समय व्यंग्य की सामग्री तलाशता हूँ!

दुष्यन्त की मृत्यु रात को हुई थी। सारी रात आँसू बहाते रहने के बाद परिवारजनों के लिए यह सम्भव नहीं था कि वे हर एक के घर जा सूचना देते। कुछ मित्रों को फोन से खबर दी गई, उन्होंने अन्य मित्रों को और इसी तरह बात शहर में फैली, सब दुष्यन्त के निवास पर जमा होने लगे। स्थानीय आकाशवाणी ने सुबह की बुलेटिन में सूचना दी जिसे सुन बहुत से आये। दुष्यन्त का आत्मीय संसार इतना बड़ा था इस शहर में, और शहर ऐसा बेतरतीब फैला है कि इसके अलावा तरीका नहीं था। तब एक भूतपूर्व युवा कवि और आजकल अफसर अपनी कार में आया और आते ही दुष्यन्त के दरवाजे के सामने खड़े अपने मातहत कर्मचारियों को, जिनमें एक उपन्यासकार और एक समीक्षक टाइप का प्राध्यापक था, डाँटने लगा–नो बडी इन्फा मी, नो बडी इन्फार्म्य मी। मैंने रेडियो पर सुना। आप लोगों में से कोई मुझे फोन नहीं कर सकते थे? मातहत कर्मचारियों ने उससे क्षमा माँगी। फिर उस अफसर ने चारों तरफ खड़े लोगों

को देखा और अपने स्तर का व्यक्ति तलाशने लगा, जिससे वह बातें करे। कोई नहीं मिला। उसके स्तर का न दुष्यन्त था, न उसके मित्र। कुछ देर बाद उसे यह फिक्र सवार हुई कि सबको मेरी उदारता और महानता का पता लगना चाहिए कि मैं इस साधारण कवि और असिस्टेंट डायरेक्टर के छोटे से पद पर काम करने वाले शख्स की शवयात्रा में साहित्यिक वजहों से उपस्थित हूँ, यद्यपि मेरा ओहदा बड़ा है। वह सबको बताने लगा कि मैं रेडियो की खबर सुनकर आया, नो बडी इन्फा मी। पर इस कोशिश में वह असफल रहा, क्योंकि वहाँ खड़े दुष्यन्त के मित्रों के दिल टूटे हुए थे और वे अपने कवि की मृत्यु के क्षण में किसी अफसर के सामने नम्र चमचा पोज लेने को तैयार नहीं थे। तब वह लौटकर फिर अपने साहित्यिक मातहतों के बीच खड़ा हो गया और उन्हें अपनी विदेश यात्रा के किस्से इस सन्दर्भ में सुनाने लगा कि वहाँ कवियों के स्मृति चिन्हों को वे लोग कैसे सुरक्षित रखते हैं। मातहत सुनते रहे। शवयात्रा से लौटने के बाद उसने स्टेनो को बुला दुष्यन्त के लिए श्रद्धांजलि डिक्टेट कराई। वह धीरे-धीरे बोला– 'उनका साहित्यिक अवदान हिन्दी साहित्य की अमूल्य धरोहर है' और अपने इस वाक्य पर स्वयं मुग्ध हो जल्दी टाइप करके लाने का आदेश देने लगा। शाम को दुष्यन्त के आत्मीय मित्रों द्वारा आयोजित एक शोक सभा में, जहाँ हर वक्ता दुष्यन्त को मित्र सम्बोधित कर रहा था, जब आयोजकों ने सौजन्यवश उस अफसर से भी बोलने के लिए कहा, तब दाँत निपोरते हुए शोकग्रस्त सभा के सम्मुख खड़े हो उसने पहले वाक्य में यह जानकारी दी कि वे दुष्यन्त के मित्र नहीं थे। अफसर महोदय की फिक्र यह थी कि कहीं लोग उन्हें भी एक साधारण असिस्टेन्ट डायरेक्टर का दोस्त न समझ लें। वे बोल रहे थे अपनी नकली प्रांजल भाषा में और सामने जाजम पर बैठा मैं पहचान रहा था। दुष्यन्त की पंक्ति का अर्थ, 'यहाँ दरख़्तों के साये में धूप लगती है।' दरख्त तो हैं हमारे शहर में, बड़े-बड़े दरख्त, जिनकी जड़ें बड़ी मजबूत हैं। एक छत्र है वे दरख्त जिनकी छाया में जीवन गुजारने की उम्मीद में एक कवि भटकता हुआ यहाँ आया था और इतने वर्षों साये में खड़ा झुलसता रहा। दरख्त रहेंगे भी। ग़ज़लें लिख लेने या व्यंग्य लिख लेने से इन दरख्तों का क्या बिगड़ता है। कुछ नहीं होता। कलम हाथ में लेने से कुछ नहीं होता।

हिन्दी में लेखन की पगडण्डी आगे जाकर दो रास्तों पर खुलती है। एक रास्ता है, लिखना छोड़ दो, और रोटी पाने की फिक्र में नौकरियों, प्रमोशनों के चक्र-व्यूह में चले जाओ। दूसरा है, मृत्यु। दोनों फैशन आम हैं। दुष्यन्त

नौकरियों, प्रमोशनों के फेर में रहकर अपनी कविता को जीवित रखना चाहता था। एक जानदार और शानदार कोशिश थी जो दुष्यन्त जैसे जिद्दी और बेफिकरे आदमी को शोभा देती थी। उसकी कविताएँ हमें निजी कविताएँ लगती थीं और दुनियादार बनने की कोशिश में अपना मजाक बनाते जो लतीफे वह खड़े कर लेता था, वे भी खूब मजा देते थे। उससे असहमत कौन कब न हुआ पर तब भी वह मेरा यार सबको करीब लगा। ऐसी समानान्तर पटरियों पर पैर रखने, दौड़ने की क्रिया उसने अपनी चुनौती बना ली। पर इस देश में जहाँ एक सफलता मिलना भी नियामत है, दो सफलताएँ प्राप्त करने की इजाजत कैसे मिल सकती है ? निजी दर्द पर ग़ज़लें कहना और दूसरों को बेवकूफ बनाने की भाग-दौड़ में खुद बेवकूफ बनते रहने के बाद यदि लतीफे और कविता का किसी उच्च छोर पर संयोजन हो सकता है तो वह बिन्दु असामयिक मृत्यु ही है। दो समानान्तर पटरियों पर दौड़ता, थकता, फिर दौड़ता दुष्यन्त एक क्षण अचानक ऐसे बिन्दु पर पहुँच गया जहाँ कविता एक ठहाके के साथ मृत्यु में बदल जाती है।

मृत्यु के डेढ़ घण्टे पहले तक भाईजान स्कूटर लिए बीवी को पीछे बिठाये दोस्तों के यहाँ मिलने-भटकने गये थे, फिर चौराहे तक अकेले घूमने गये, वहाँ उतनी रात भी किसी मित्र को तलाशते रहे। उस दिन मुझे मिला था तो बता रहा था कि मैं एक दिन 'जय सन्तोषी माँ' देख आया। मैं हँसने लगा। बोला मैं रोज इस फिल्म के आसपास इतनी भीड़ देखता था तो सोचता था, साला मामला क्या है, लोग आखिर क्या देखने जाते हैं! एक बार काफी सारी एक्सपोर्ट की जानेवाली बीड़ियों के पैकेट्स मैं दोस्तों में बाँटने को ले आया था। मैंने दुष्यन्त से कहा–घर आना, बढ़िया बीड़ियाँ पिलाऊँगा। वह सप्ताह में दो बार की गति से आया और सारी बीड़ियाँ फूँक गया, जेब में रख ले गया। पर कुछ दिन हुए जब आया तब एक बीड़ी का बण्डल मेरे यहाँ रख गया। मैंने कहा, इसे ले जा तो बोला, यहीं रहने दे। तेरे यहाँ बीड़ी पीने वाले दोस्त आते हैं और तू बीड़ी रखता नहीं। कभी मैं ही आया तो पी लूँगा। पर फिर वह नहीं आया दुष्यन्त की शवयात्रा से लौट मैं घर में यहाँ-वहाँ वह बण्डल ढूँढ़ता रहा। नहीं मिला।

कार, पद, टेलीफोन, उच्च राजनीतिक सर्कल में मैत्री, स्कूटर दौड़ाते पेट्रोल फूँकना, इससे उससे मिलना, दोस्तों में बैठना– बुलाना, पार्टियाँ देना, सूट पहनना, लकदक रहना, हर मामले की छुपी सतह को पकड़ना, भला कर देना, नौकरियाँ दिला देना, किसी भी मूर्ख का मनोबल बढ़ा उसे आसमान पर बिठा देना, मामला खड़ा कर तटस्थ हो जाना, तटस्थ रहते हुए उलझा देना, झगड़

आना, जिससे घनघोर लड़ाई चल रही है, उसके घर एकाएक पहुँच सरप्राइज देना, और वहीं बैठ उसे धमकाना या मना लेना, गायब हो जाना, लतीफे को सत्य घटना और सत्यकथा को लतीफा बना उड़ा देना, किसी अनजान पर मुग्ध हो उसकी प्रशंसा गाते रहना, हर पद के लिए अपने को उपयुक्त समझ प्रयत्न में लग जाना और इन सबके साथ बार-बार लौटकर कविताएँ या ग़ज़ल लिखना, अपने बच्चों पर प्यार उड़ेलते हुए अति कर जाना, निरन्तर दोस्तों को याद करना बल्कि साहित्य को कुल मिलाकर चन्द दोस्तों और दुश्मनों की गतिविधियाँ से अधिक न मानना और इस़ सबके बावजूद किसी श्रेष्ठ और महान लेखन के सपने सँजोना, दुष्यन्त का स्वभाव था। मेरी इस बात पर वह बड़ा प्रसन्न होता था, कि तू कविता समाप्त करते ही गुण्डा हो जाता है। मेले में एक बच्चा हाथ में झुनझुना ले दोड़ता फिरे। वह झुनझुना बजाने का निजी आत्मिक सुख लेने के साथ लोगों को यह बताने को भी उतावला हो कि उसके हाथ में भागदौड़ में झुनझुना है, कुछ ऐसा मिजाज था भाई का। कविता उसके लिए वही झुनझुना थी, जो उसे आत्मिक सुख भी देती थी और उसके लिए प्रदर्शनी की वस्तु भी थी। जो प्रदर्शनप्रिय दुष्यन्त से असहमत थे, वे दुष्यन्त को कवि नहीं मानते होंगे, पर वे नहीं जानते, कि वह कोमल मन शिशु तुम्हें दिखाने के लिए ही नहीं, अपने आत्मिक सुख के भी लिए भी वह नाद उत्पन्न कर रहा है। उसकी आकांक्षा थी कि यह झुनझुना देखकर सुनकर जो उसके इर्द-गिर्द जमा होंगे, उनमें से यह जीवन जीने के लिए चार मित्र तलाशेगा। यह मासूम तलाश ही उसका अपराध था। वह झुनझुना आपको सौंपने को राजी नहीं था। उसे छुपाकर घर में रख बजाने को उसका मन नहीं मानता था। इसी मेले में घूमते जमींदार के नातियों को एक किसान के बच्चे की यह ठसक कैसे सुहाती ? वे उस पर प्रहार करने लगे और अपने अन्तिम क्षण तक झुनझुना बजाने का अधिकार न छोड़ दुष्यन्त मुट्ठियाँ कसे मर गया। वह चीखा नहीं, हँसता रहा। उसे शायद भ्रम था कि अन्तत: जमींदार का नाती भी उसका मित्र हो जायेगा। उसी निश्छल भोली मृत्यु अपनी आँखों से देख दिसम्बर की धूप में हम घर लौट आये। अपनी-अपनी जगह बैठ इस निर्मम हत्यारे हिन्दी साहित्य की सेवा करने।

संस्मरण दीवार की काई और सूर्य का स्वागत

धर्मवीर भारती

'निकष' के पुराने अंक कहीं मिलें तो दूसरा अंक निकालिए बिल्कुल प्रारम्भ में पृष्ठ तीन पर एक कविता मिलेगी– 'सूर्य का स्वागत'। सुबह के सूरज की धूप खिड़की से घर में आई है पर दीवारों पर काई है, सीलन है, फिसलन है, सूरज से दीवारों पर चढ़ा नहीं जाता। कवि सूरज के आने का विश्वास खो चुका था, पर अब सूरज आ ही गया है तो उसका स्वागत है, पर कहाँ ? और कहाँ ?

हाँ– मेरे बच्चे ने खेल-खेल में ही
यहाँ काई खुरच दी थी–
आओ यहाँ बैठो...
और मुझे मेरे अभद्र सत्कार के लिए क्षमा करो!
देखो मेरा बच्चा
तुम्हारा स्वागत कर रहा है!

और अब कवि का नाम पढ़िए। नाम है दुष्यन्तकुमार। यह रचना है सन् 55 की आज से 52 बरस पहले!

इक्कीस बरस पहले गंगाजल, दोस्तियों, छायादार लम्बी सड़कों, कविताओं, धूप-धुले फूलों, बहस-मुबाहसों, साइकिलों पर चक्कर लगाते छात्र-कवियों और बेलौस गपबाजियों और महकती फिजाओं का एक शहर हुआ करता था। 'था' इसलिए लिख रहा हूँ कि शहर अब भी है पर वह नहीं है जो हुआ करता था। परिमल उस समय छाया हुआ था। निकष और नई कविता ने धूम मचा रखी थी। पर उस परिमल मण्डली के अलावा एक नया लेखक वर्ग क्षितिज पर उग रहा था– अजित, ओंकार, मार्कंडेय, जितेन्द्र, कमलेश्वर, दुष्यन्त। तब तक यह नहीं हुआ था कि सैद्धान्तिक मतभेदों के कारण किसी का कृतित्व नकारा

जाए या व्यक्तिगत कीचड़ उछाल में मुब्तिला हुआ जाए। लोग अपनी श्रेष्ठता उत्कृष्ट रचनाओं के द्वारा स्थापित करने के आकांक्षी थे। और सबसे प्यारी बात यह थी कि सारे जोरदार बहस-मुबाहसों के बीच एक आत्मीयता भरे परिहास की, निर्दोष, प्यारी-प्यारी शरारतों की बारीक अन्तर्धारा जिन्दगी और साहित्य में एक ताजगी बनाए रखती थी। और बिलकुल धर्मयुद्ध की भावना से दोनों पक्षों के शरारतबाज एक-दूसरे को शरारत करने के बाद अपनी उपलब्धियाँ बताते थे और विपक्षी मित्र से शाबासी हासिल करते थे।

और ऐसे ही एक शरारतबाज को सिविल लाइन्स से रिक्शे पर लौटते हुए दूसरा शरारतबाज दिखा। उसने तुरन्त अपनी साइकिल मोड़ी और पास आकर कहा– छोड़िए रिक्शा । आइए अपने कमरे पर ले चलूँ, कुछ बड़ी मजेदार घटना बतानी है। सुविधा के लिए नाम रख लेते हैं 'क' और 'ख'। 'क' रिक्शे से उतर पड़ा। 'ख' की साइकिल के पीछे बैठा। साइकिल एक पुराने बंगले के अहाते में मुड़ी और बाहर के एक लम्बे-से कमरे के सामने रुकी। दोनों उतरे। 'ख' ने कहा– यह है मेरा कमरा। तीन महीने से किराया नहीं दिया है। क्यों? पूछने पर बताया कि तीन महीने से कविताएँ लिख रहा हूँ और ऐसी कि आप सब परिमल वाले पीछे छूट जायेंगे।

वह लम्बा-सा, पलस्तर उखड़ा कमरा, खिड़कियों पर चढ़ी बेलें, एक तरफ जमीन पर बिछी दरी और तकिया, एक तरफ दीवार से लगे कुछ बक्से और किताबों की छोटी अलमारी। एक ओर खाना पकाने का स्टोव और अनाज-मसालों के डब्बे। 'ख' ने चाय चढ़ायी और 'क' एक चद्दर तहा कर पीठ पीछे का ढासना बनाकर सन्दूक से टिककर आराम से बैठ गया। हाँ अब बताओ, सुबह-सुबह क्या हरकत की ?

–हरकत ? 'ख' एक उजली-बेबाक हँसी बिखेरते हुए बोला–आज सुबह आपके परिमल के एक बड़े मूजी का शिकार कर डाला। साला अपने को बड़ा आलोचक, बड़ा विद्वान मानता है, मगर उलटे छुरे से मूड़ दिया और उसे पता भी नहीं चला। और फिर 'ख' ने बताया कि कैसे वह उस विद्वान आलोचक के सामने कॉफी हाउस में हाथ जोड़कर 'छमहु नाथ अपराध हमारे' की मुद्रा में बैठ गया। विद्वान ने पुलकित होकर उसे तथास्तु कहा, उसके कमरे पर आया और यह मानकर कि 'ख' का अब हृदय परिवर्तन हो गया है, उसकी भूरि-भूरि

प्रशंसा की, दो घण्टे तक कविताएँ सुनीं।

–यार, पर यह सब किया क्यों? 'क' ने पूछा।

–देखिए, वह आपकी तरह मस्तमौला तो है नहीं। बड़ा खुन्नसबाज है। दो घण्टे तक कविताएँ भी सुनीं और निश्चिन्त होकर गया कि परिमल में मैं अब शामिल ही हो जाऊँगा। परसों जब फिर मैं परिमल की बखिया उधेड़ेंगा तो उसकी पिटी हुई सूरत देखने काबिल होगी! 'ख' ने चाय का प्याला सामने रखते हुए कहा।

'क', जो परिमल का सदस्य था, ठठाकर हँसा और फिर चाय और कविताओं का दौर चलने लगा और जो कविता उस दिन छा गई, वह थी 'सूर्य का स्वागत'। पाठको! आप समझ ही गये होंगे कि 'ख' थे दुष्यन्तकुमार और 'क' थे भारती। चलते समय भारती 'सूर्य का स्वागत' जेब में रखकर ले आये और 'निकष' में वह कविता बड़ी शान से छपी।

वह पहला दिन था, आज से 21 वर्ष पहले जब उसके कमरे पर दुष्यन्त से परिचय की सीमा लाँघकर दोस्ती जुड़ी थी। गोरे, हरदम शरारती मुसकान से आलोकित। चेहरे पर बार-बार माथे पर झूलने वाली एक लट, हरदम बेचैन, हरदम सक्रिय, जरा-जरा-सी बात में चुनौती स्वीकारने वाला और जरा से प्यार में पिघलकर आर्द हो उठने वाला दुष्यन्त एक ऐसा दोस्त था जिस पर कुछ मामलों में आप आँख मूँदकर भरोसा कर सकते थे पर कुछ मामलों में क्या करेगा, क्या कहेगा, इसका कोई भरोसा नहीं रहता था। हमारी दोस्ती में बेबाकी तो थी, लेकिन चूँकि उम्र में मैं कुछ बड़ा था अत: आदरपूर्ण सम्भ्रम की मर्यादा भी दुष्यन्त ने सदा निबाही। हम सबों में अकेला दुष्यन्त था जो इलाहाबाद में जब पढ़ने गया, उसके पहले ही पति और पिता बन चुका था। पढ़ते हुए आजीविका कमाने की समस्या लगभग हम सबों के सामने रही, पर परिवार साथ होने के कारण दुष्यन्त के सामने कुछ अधिक भी थी– लेकिन कमाल यह था कि निश्चितता और मस्ती जितनी दुष्यन्त में थी उतनी हममें से किसी में नहीं। उसकी पहली कविता-पुस्तक 'सूर्य का स्वागत' छपी। चर्चा हुई और उसके बाद फिर दुष्यन्त एक लम्बी चुप्पी लगा गया। बीच में वह भटकता रहा। इलाहाबाद से लखनऊ, लखनऊ से दिल्ली। कभी यह नौकरी की, कभी वह नौकरी छोड़ी और बीच-बीच में नौकरी करने और छोड़ने की दिलचस्प रवायतें।

'अंधा युग' न सिर्फ उसे पसन्द आया बल्कि उसने मुझे लिखा कि वह भी एक जोरदार काव्य–नाटक लिख रहा है, सँभल जाइए। और फिर आया 'एक कण्ठ विषपायी'।

फिर चर्चा हुई और फिर दुष्यन्त डुबकी लगा गया।

इलाहाबाद का अड्डा उजड़ने लगा था। सर्वेश्वर, कमलेश्वर, दुष्यन्त और माचवे दिल्ली चले गये। मैं बम्बई चला आया और दुष्यन्त का खत कभी साल-छह महीने में एक बार आता। निश्छल परिहास अब जहरीले डंकों और कुण्ठित आक्रमणों में बदलने लगे थे, उन्होंने अपनी उस प्यारी नगरी को उदास और निष्प्राण बनाना शुरू कर दिया था। जो परिमल कभी गर्व से अपने को 'परिवार' कहता था वह महा भारतोत्तर यादव वंश का प्रतिरूप बन गया था। और बड़े गर्व से 'हम तीन दोस्त' जो कविता दुष्यन्त ने लिखी थी उसकी विश्वसनीयता खण्डित होने लगी थी। इधर कमलेश्वर मुम्बई आये और उधर दुष्यन्त भोपाल जा बसे। दुष्यन्त पहुँचते थे, नमक मिर्च लगाकर, उनसे कभी-कभी आशंका होती थी, कि वहाँ के कुछ चग्घाड़ कैरियरबाज, अहमूनिष्ठ, फाइलशाह साहित्यिकों को दुष्यन्त कहीं अपना दुश्मन न बना बैठे। खबरें पहुँचती थीं कि मन उसके लिए चिन्तित हो उठता था। और दुष्यन्त था कि खामोश, न चिट्ठी न पत्री।

और कई साल पहले, एक दिन सुबह अकस्मात फ्लैट की घण्टी बजी। दरवाजा खुला तो देखा महावीर अधिकारी जी के साथ अपना दुष्यन्त, आते ही गले से लग गया। मालूम हुआ कल रात से आया है। अधिकारी जी के पास टिका है। सुबह होते अरे सुबह से साला नाक में दम किए है। चलो भारती के यहाँ, चलो भारती के यहाँ। मैंने तेरे खिलाफ बहुत भड़काया इसको मगर इसकी यही रट। अधिकारी जी बात काटकर बोले और सर थामे सोफे पर बैठकर बोले–पुष्पा, जरा एक एस्प्रो की टिकिया ला और चाय पिला। सिर में दर्द हो गया आज।

–शाबास दुष्यन्त, आओ फिर गले से लगा लें। मैंने कहा, वह फिर गले लगा, मगर पूछा–आखिर क्यों ? –भाई रोज गुरुजी (अधिकारी जी) के कारण हम सबके सिर में दर्द होता है। तुमने आते ही इनके सिर में दर्द पैदा कर दिया, चमत्कार है!

दुष्यन्त ठठाकर हँसा। अधिकारी जी मुस्कराये फिर दफ्तर गोल और बैठ कर जो दुष्यन्त से बातें शुरू हुईं कि एक बार वह गंगाजल, दोस्तियों और

कविताओं का इलाहाबाद लौट आया। बरसों बरसों याद।

कमलेश्वर कभी इस कॉन्फ्रेंस, कभी उस सेमिनार में जा-जाकर अपने को क्यों थकाते रहते हैं, यह मेरी समझ में कभी नहीं आया। उन पर जो आत्मीयता का हक है, उस नाते कई बार मैंने पूछा, कि इस सबके आखिर क्या हासिल होता है ?

लेकिन उस बार कमलेश्वर लौटे (शायद उज्जैन से) तो सचमुच कुछ हासिल हुआ था... दुष्यन्त की नई ग़ज़लें वह साथ लाए थे। वही 'यहाँ दरख्तों के साये में धूप लगती है, चलो यहाँ से चलें और उम्र भर के लिए'। दफ्तर में ही पढ़ी और ये पंक्तियाँ दिलो-दिमाग पर छा गईं। तीसरे या चौथे दिन दुष्यन्त का ख़त आया– कमलेश्वर से लेकर आपने ग़ज़लें पढ़ ली होंगी। पूरी प्रतिलिपि फिर भेज रहा हूँ । लौटती डाक से लिखिए कैसी लगी?

और फिर जो धुआँधार ग़ज़लें 'धर्मयुग' और 'साप्ताहिक हिन्दुस्तान' से लेकर 'प्रतीक', 'कल्पना' तक में छपीं और जो धूम उनकी मची वह आप जानते ही हैं।

आखिर क्या था उन ग़ज़लों में जो इस तरह इतनी गहराई में झकझोर गया। उनकी मँजी हुई जुबान, कसे हुए छन्द, बंकिम भंगिमा, नया तेवर, कसी हुई अभिव्यक्ति ? यह सब तो था ही, पर सबसे बड़ी बात यह थी कि वे एक ऐसे आदमी की प्रामाणिक पीड़ा भरी आवाज थीं, जो अपने इस मुल्क को, अपनी इस दुनिया को बेहद प्यार करता रहा है। जो इसके बेहतर सपनों और उजले भविष्य के प्रति अखण्ड आस्थावान रहा है। भविष्य के सपनों में जी-जान से जिया है। जिसने देखा है बेबसी और लाचारी से एक-एक कर उन सपनों को बिखरते हुए और उसका दर्द पूरी शिद्दत से महसूस करते हुए। उसने चिरपरिचित बिम्बों को एक नए सन्दर्भ में पुनर्जीवित कर दिया; लेकिन न तो उसने छद्म आशावाद में पलायन किया और न एक बेईमान किस्म की झूठी शब्दाडम्बरमयी आक्रामकता में। सुविधाओं और पद-प्रतिष्ठा से लैस चन्द आलोचक एक झूठा मुखौटा लगाकर एक बने-बनाए पूर्वाग्रह के साथ जो एक नकली विद्रोही साहित्य-चिन्तन और उससे उद्भूत तीसरे दर्जे का घटिया काव्यजाल पाठकों पर थोप रहे थे, उस कृत्रिम काव्य-संसार में एक प्रामाणिक दर्द भरी आवाज थी इन ग़ज़लों की जो बिना किसी आलोचक की शब्दाडम्बरी वकालत के, पाठक को व्यापक स्तर पर छू गई। एक सच्ची और तीखी अकेली छूटी हुई रचना, झूठे शब्दजाल के

विराट काव्याडम्बर को कैसे पल भर में नकली और जाली साबित कर अपने को प्रतिष्ठित कर लेती है, इसका प्रमाण दुष्यन्त की ग़ज़लें हैं। खुरदुरे कागज पर रंग-बिरंगी पुस्तक-मालाएँ छापकर अपने गुट को रेबड़ियाँ बाँट-बाँटकर, एक मिथ्या काव्यधारा को पाठक के गले मढ़कर, वाहवाही लूटने की कोशिश करने वाले चन्द परस्पर प्रशंसालिप्त, यश:कामी, साहित्यिक नेतागीरी के आकांक्षी लोग दुष्यन्त की उस अकेली उपलब्धि के समक्ष कितने बौने, कितने दयनीय और कितने हास्यास्पद साबित हुए!

अजीब किस्म की वह दुनिया हो चली थी जिसे दुष्यन्त बड़ी अन्तरंगता से, बड़ी बारीकी से और बहुत नजदीक से देख रहा था। उसके सारे अन्तर्विरोध, उसका सारा भोंडापन, उसकी सारी क्रूर विषमताएँ चाहे जितने शब्दजाल से ढँक दिए जाने की कोशिश हों, लेकिन कवि उस चादर के पार अन्दरूनी असलियत देखता है और आहिस्ता से बड़े व्यंजनापूर्ण ढंग से कहने में चूकता नहीं...

यहाँ तो सिर्फ गूँगे और बहरे लोग बसते हैं,
खुदा जाने यहाँ पर किस तरह जलसा हुआ होगा।
अब तो इस तालाब का पानी बदल दो,
ये कमल के फूल कुम्हलाने लगे है।
कभी कश्ती, कभी बत्तख, कभी जल
सियासत के कई चोले हुए हैं।
इस शहर में वो कोई बरात हो या वारदात
अब किसी भी बात पर खुलती नहीं हैं खिड़कियाँ।
दुकानदार तो मेले में लुट गये यारो
तमाशबीन दुकानें लगा के बैठ गये।
हो गई हर घाट पर पूरी व्यवस्था
शौक से डूबे जिसे भी डूबना है।
अब किसी को भी नजर आती नहीं कोई दरार
घर की हर दीवार पर चिपके हैं इतने इश्तहार।

और खास ताकत इस कविता की यह है, कि यह विरोध के नाम पर पनपने वाली उस दुर्दान्त नकारात्मक अहमन्यता की कविता नहीं है जो भविष्य के नाम

पर भविष्य को धूमिल बनाती है और समाज में व्याप्त छद्म का विरोध करने की मुद्रा अपनाकर साहित्य में नए-नए छद्म पैदा करने की कोशिश करने लगती है, केवल अपने को प्रतिष्ठित करने की मंशा से। इसमें इंसान के बुनियादी मूल्यों और सपनों के प्रति एक दर्द भरी आस्था है–

खुदा नहीं, न सही, आदमी का ख्वाब सही
कोई हसीन नजारा तो है नजर के लिए।
एक खण्डहर के हृदय-सी, एक जंगली फूल-सी
आदमी की पीर गूँगी ही सही, गाती तो है।

और इसी विश्वास के साथ उसने आदमी से, मानव मात्र से, अपनी एकात्मकता स्थापित की थी और इसीलिए वह कह सकता था ... 'मुझमें रहते हैं करोड़ों लोग चुप कैसे रहूँ !"

सन् 1975 खत्म होने को आ रहा है। कुछ अजीब दिन हैं। बेहद उदास और थका हुआ-सा छोड़ गये हैं मुझे। दुष्यन्त को मैंने चार-पाँच लाइनों का एक छोटा-सा ख़त लिखा है। और वह मेरा ख़त पाकर उद्विग्न हो उठा है और लम्बा-सा खत लिखता है अपनी कुछ नई ग़ज़लों के साथ जो छपने के लिए नहीं, सिर्फ मेरे देखने के लिए हैं। मैंने दफ्तर से कुछ दिनों की छुट्टी ली है। सिर्फ आराम करने के लिए। पढ़ता हूँ। घूमता हूँ, वक्त-बेवक्त नींद आने पर सोता हूँ।

और तीसरे पहर अकस्मात जगाया जाता है। दफ्तर से सरलजी का फोन है। खबर है दुष्यन्त नहीं रहे।

मैं और पुष्पा गाड़ी लेकर बेतहाशा भागते हैं कमलेश्वर के घर, यह आघात अकेले नहीं सहा जायेगा– अभी-अभी तो राकेश के खोने का जख्म नहीं भरा और दुष्यन्त...

... राकेश के जाने पर बिलखकर रोया था, लेकिन इस बार आँसू भी जम गये हैं। यह हुआ क्या? अब तो उसको अपनी सही पहचान मिली थी। अब तो उसकी अपनी भाषा, अपना छन्द, अपना कथ्य मिला था और अभी ही उसको जाना था–

उसने आखिर क्या किया था? चूँकि दीवार पर लगी काई के कारण सूरज दीवार पर चढ़ा नहीं जा रहा था। इसलिए थोड़ी-सी काई खुरच दी थी, ताकि सूर्य का स्वागत हो सके।

भोपाल से मैं कई बार गुजरा हूँ पर कभी उतरा नहीं। दुष्यन्त का इसरार था कि भोपाल आइए तो साँची चलकर दो-तीन दिन चुपचाप चैन से गुजारेंगे। शरद' को भी खींच ले चलेंगे।

अब कभी उस नगर जाऊँगा और ताल के किनारे खड़ा होऊँगा तो उसकी यही दो पंक्तियाँ याद करके चुप खड़ा रहूँगा–

हौले हौले पाँव हिलाओ जल सोया है छेड़ो मत
हम सब अपने-अपने दीपक यहीं सिराने आयेँगे।

दुष्यन्त जो क्यू तोड़ कर चले गये

रामनारायण उपाध्याय

अगर कोई आदमी क्यू तोड़कर पहले टिकट कटा ले तो सब उससे झगड़ा करते हैं, हाथापाई की नौबत भी आ सकती है। लेकिन दुष्यन्त जो क्यू में हम सब से पीछे खड़े थे, ऊँचाई में हम सबसे बड़े होने के कारण, किसी की भी परवाह न करते हुए, एक-ब-एक खिड़की और बड़े दरवाजे से अँगूठा दिखाते हुए, टिकट कटाकर हम सबसे पहले चले गये। शायद भगवान से भी जाकर कहेंगे, "क्या आप बड़े-बूढ़ों को बुलाते रहते हैं। हमसे मिलो। हम तुम्हें एक लतीफा सुनाएँगे और सदा से गम्भीर रहे भगवान के कक्ष में भी हँसी एक ठहाका गूंज उठा होगा।

दोस्ती शब्द में जो एक बराबरी का रिश्ता और याराना हरकतें होती हैं, वे सब उनसे मिलकर सार्थकता पा जाती थीं। बेशक वे शानदार खुशमिजाज दोस्त थे। इससे बढ़कर उनका परिचय कुछ और तो हो नहीं सकता था। उनसे मिलकर आदमी अपने गम भूल जाता था और अपने आपको तरो-ताजा अनुभव करता था। साहित्य में उनकी गहरी निष्ठा थी। उनका कहना था " यार ये जो लड़ाई-झगड़े हैं ये सब सरकारी होने के कारण हैं। इससे साहित्य का कुछ भी बनता बिगड़ता नहीं। कोई मुझे एक गाली दे मैं उसे दो गाली दे सकता हूँ। लेकिन उसके साहित्य के साथ बेइन्साफी करूँ यह मुझसे ही नहीं सकता।

मैं जब भी उनसे मिलता वे बड़े अदब से कुर्सी से थोड़ा उठकर एक गुलाबी मुस्कान के साथ हाथ मिलाते और कहते– तुमसे यह पूछना तो गुस्ताख़ी होगी कि चाय लोगे या कॉफी। अतएव महँगे होटल से चाय मँगाता हूँ, फिर तुम्हारे लिए पान और मेरे लिए सिगरेट, क्योंकि बिना सिगरेट के तुम्हारे शब्दों में चाय क्वाँरी रह जाती है। फिर जब तक कॉफी आयेगी, शायद वह नहीं भी आये, तब

तक हम गप मारेंगे। उनसे हाथ मिलाने के बाद मैं अपनी अंगुलियों को गिन कर देखता था कि वे साबित बची हैं या नहीं।

वे उन लोगों में से नहीं थे जो मिलने पर महज अपनी रचनाओं की, साहित्य की या राजनीति की बात करते हैं वरन् वे घर-परिवार लड़के बच्चों के हाल-समाचार पूछते थे और पूछते थे कि वे सब नौकरी चाकरी से लग तो गये हैं ना? लतीफेबाजी में उनसे कोई जीत नहीं सकता था। एक दिन बोले "यार जब बालकवि बैरागी मन्त्री बने तो एक दोस्त को बॉस के रूप में पाकर पहले तो परेशानी हुई। लेकिन दूसरे ही क्षण बैरागी को एकान्त में ले जाकर कहा, "यार बैरागी! अब तुम मन्त्री बन चुके हो। तुम्हारे पद और प्रतिष्ठा का मैं पूरा-पूरा ख्याल रखूँगा। तुम जब भी मेरे दफ्तर में आओगे या मैं तुमसे मिलने सचिवालय में पहुँचूँगा तो बड़े अदब से तुम्हें सलाम मारूँगा। लेकिन यार एक बात का तुम्हें भी ख्याल रखना होगा। अगर हम कहीं चार दोस्तों के साथ सड़क पर मिल जायें और तुम बगल से कार से गुजरो तो हमें सलाम मार दिया करना। इसमें हमारा भी रुतबा बढ़ेगा और तुम्हारा तो बढ़ेगा ही। और हँसी के एक ठहाके के बीच यह विश्वास करना कठिन होता था कि– यह सच है या लतीफा और उसे मानो भगवान जाने या बैरागी।

एक दिन बोले, "प्यारे भाई एक बार लम्बी छुट्टी लेकर उत्तरप्रदेश पहुँचा। उत्तर प्रदेश जहाँ प्रश्न ही प्रश्न है और जहाँ से लौटकर कोई उत्तर नहीं आता। न प्रिये का, न प्रेयेसी का। चूँकि वहीं के रहने वाले हैं अतएव सोचा क्यों नहीं यहीं पर नौकरी कर ली जाए। सीधे एक दफ्तर में पहुँचे और वहाँ के एक उच्चाधिकारी से पूछा, "अगर मैं मध्यप्रदेश छोड़कर यहाँ आ जाऊँ तो आप मुझे कौन-कौन सी सहूलियत देंगे।"

अधिकारी मित्र ने पूछा, "मध्यप्रदेश में आपको कौन-कौन सी सहूलियतें मिलती हैं।"

हमने बताया, "वहाँ काम कुछ भी नहीं करना पड़ता। फिर भी तनख्वाह पूरी मिलती है। आप क्या देंगें। और हँसी के एक ठहाके से भाषा विभाग का कमरा गूंज उठा था।

अभी पिछली बार दिसम्बर के पहले सप्ताह में मिले तो बोले "यार यह समीक्षक भी ख़ूब हैं। अगर किसी की कविता पढ़ी नहीं जाती तो कहते हैं, वह

कॉफी हाउस का कवि है। आम आदमी से कटा हुआ है, उसे कौन पढ़ेगा। और यदि किसी की रचनाएँ ख़ूब पढ़ी जाती हैं तो वे अपनी अव्यक्त ईर्ष्या को दबा नहीं पाते और कहते हैं " कौन दुष्यन्त अरे! वह तो सस्ती ख्याति का कायल है। मेरी ग़ज़लें अगर। लोगों को पसन्द आती हैं जो श्रेष्ठ पत्रों में छप जाती है तो इसमें क्या बुरा है, लेकिन कौन उन्हें समझाए। शायद ऐसे ही लोगों के बारे में टैगोर ने कहा था कि, "मण्डप में स्त्रियाँ और अखबारों में समीक्षक दूल्हे और लेखक को चाहे जितना सता लें लेकिन एक बात निश्चित है कि लग्न के बाद लड़की और छपने के बाद रचना को कोई उनसे छीन नहीं सकता।

पिछले वर्ष जब मानस चतुर्थ शताब्दी के सिलसिले में भोपाल में उन्होंने मेरा 'रामकथा, लोकसाहित्य के वातायन से" भाषण सुना, जिसमें राम अश्वमेघ यज्ञ के समय सीता को भूल नहीं पाते और लक्ष्मण से कहते हैं-हे लक्ष्मण तुम गुरु वसिष्ठ के साथ वन में जाओ और सीता को ले आओ। वे दोनों जाते हैं और राम एकटक सीता के आने की प्रतीक्षा करते हैं, लेकिन वह नहीं आती। इस पर दुष्यन्त बोले– 'इस लोकगीत के पूरे बोल मुझे लिखकर भेज दो। मैं इस पर खण्डकाव्य लिखूँगा और उसमें उन क्षणों की बाँधूंगा जो राम ने सीता के आने की प्रतीक्षा में बिताए हैं। लेकिन मैं उन्हें भेजूँ इससे पूर्व ही वे मेरे राम को अकेला छोड़, सचमुच के राम से मिलने चले गये।

मृत्यु के समय वे सिर्फ 42 वर्ष के थे। और सन् 42 में ही देश ने आजादी की लड़ाई लड़ी थी। जो उसकी सर्वोच्च ऊँचाई के क्षण थे। दुष्यन्त ने भी बयालीस की उसी सर्वोच्च ऊँचाई के क्षणों में हम सबसे विदा ले ली।

संस्मरण

वह सब कुछ पा लेना चाहता था

सर्वेश्वर दयाल सक्सेना

'उसके दुश्मन बहुत हैं, किसी ने यूँ ही उड़ा दिया होगा कि वह मर गया।'

'वह खुद किससे कम है, महाबदमाश है। उसने खुद ही अपने मरने की खबर फैला दी होगी।'

राजधानी में दुष्यन्त की मौत की खबर आते ही उसके दो नजदीकी दोस्तों की प्रतिक्रिया मैं सुन रहा था। अखबार के दफ्तर, आकाशवाणी के समाचार विभाग, यू. एन.आई. सभी जगह स्वयं जाकर पता करने और खबर की पुष्टि हो जाने के बाद भी से निकला–

'क्या माया है, कुछ समझ में नहीं आता।'

दुष्यन्त बड़ा मायावी था। बहुत कम लोग होते हैं जो इतनी खुली जिन्दगी जीते हों और फिर भी मायावी कहाते हों। स्वस्थ, सुन्दर, दिलफेंक, जिन्दादिल आदमी था वह। उसके दोस्त भी बहुत थे और दुश्मन भी। इस फेहरिस्त को बढ़ाते जाना ही उसकी जिन्दगी थी। यदि किसी लड़की के पीछे किसी गैर-मोहल्ले में उसके क़त्ल किए जाने की खबर आती, या किसी शराबखाने में जहरीली शराब पी जाने से मरने की तो किसी को उतना अचरज नहीं होता। लेकिन दिल के दौरे से उसका मरना बहुत बड़ा मजाक लगता है। उसे न तो दिल का कोई रोग था, न ही कभी कोई इस तरह की शिकायत थी । परेशानियों में अपने को फँसाना फिर बहुत सफाई से उससे निकल जाना, दिल में कोई मलाल न रखना, न कोई बोझ ढोना, अपने दोस्तों में वह सबसे ज्यादा जानता था। वह बीमार आदमी नहीं था। न तन से, न मन से, न आदत से, वह बेहद हँसमुख था। अलमस्त, बेफिक्रा, तनाव को गर्द की

तरह झाड़ देना, वह जानता था। उसे बहुत जल्दी खुश और बहुत जल्दी नाराज किया जा सकता था।

उसकी हबस दुनियादारी की हबस थी। वह सब कुछ पा लेना चाहता था। कभी बच्चों की तरह मचलकर, कभी जूझकर, कभी हिसाब-किताब भिड़ाने के ख्वाब देखकर जब उसका चाहा नहीं हो पाता तो वह उदास होता। गालियाँ देता और अपने रास्ते के रोड़ों को नेस्तनाबूद करने के लिए जमीन और आसमान के कुलाबे मिलाता देखा जाता। पर दुनिया उसके हिसाब से नहीं चलती थी और वह भी बहुत चाहकर भी दुनिया के हिसाब से नहीं चल पाता था। और जितना नहीं चल पाता था, उसी की ताकत से वह लिखता था।

उसने सूर्य का स्वागत से शुरू किया और साये में धूप की शिकायत करते हुए 'चलो यहाँ से चलें और उम्र भर के लिए', सचमुच चला गया। हाल ही में मेरी उसकी मुलाकात जम्मू में हुई थी। कोई दो महीने पहले उसका एक ख़त मिला था। आखिरी ख़त :

प्रिय सर्वेश्वर भाई।

आदाब!

मैंने अरसे से आपको ख़त ही नहीं लिखा। हाँ, कश्मीर से लौटकर एक कविता जरूर लिखी थी 'सर्वेश्वर दयाल सक्सेना के नाम' जो धर्मयुग 7 जुलाई में छप रही थी पर वह अंक ही नहीं आया। अब भारती कहते हैं कि 'वह छप नहीं सकती।' कहीं और छपाना चाहो तो मैं वापस कर दूँगा, पर सोच लो...!

इस बीच बहुत सारी ग़ज़लें जरूर कही हैं पर वे भी दराज में भरता जा रहा हूँ। कुछ एब्सट्रैक्ट किस्म की होती जा रही हैं। ग़ज़लें भी–

क्योंकि आज हालात समन्दर की तरह लगते हैं
सारे मंजर पसे मंजर की तरह लगते हैं
किसके कदमों के निशानात हैं, इन राहों में
जो मेरे पाँवों में ठोकर की तरह लगते हैं।
जान-पहचान है रिश्ते नहीं बाकी घर में
घर किराये पे लिए घर की तरह लगते हैं।

आपसे तय था कि ग़ज़लों की किताब पर आप लिखेंगे। वैसे इन हालात में किताब पर बहुत बेबाकी से तो चर्चा नहीं हो सकती पर इसलिए चर्चा भी न हो, यह भी तो कोई बात नहीं।

आपका

दुष्यन्त

ख़त को पढ़कर जम्मू की कुछ यादें ताजा हो आईं, हम एक पहाड़ी पर बने ऊँचे मन्दिर तक गये और वापस आये। वह तमाम रास्ते अपनी गजलें सुनाता रहा। रास्ता खत्म हो गया पर ग़ज़लें खत्म नहीं हुईं। उन ग़ज़लों की पाण्डुलिपि उसने 'राधाकृष्ण प्रकाशन' को दे रखी थी, जहाँ से बाद में वह छपीं। इन ग़ज़लों से ज्यादा मुझे उसका अपनी ग़ज़लों में इस कदर डूबा होना पसन्द आया। एक जनून, एक ऐसी तन्मयता जो अब कविता के रोजगार में देखने में नहीं आती है। हाँ, रोजगार ही, कविता अब रोजगार ही बनती जा रही है। जिन सम्मेलनी कवियों के साथ वह था, उन्हें देखकर यही लगता था उसने यह रोजगार नहीं किया।

'सूर्य का स्वागत' उसका प्रथम काव्यसंग्रह है जो सन् 1957 में छपा था और इस संग्रह के बल पर उसने वह स्थान बना लिया था जो अपने प्रथम संग्रह से कम लोग बना पाते हैं। संग्रह की अन्तिम कविता याद आ रही है–

आँगन में काई है,
दीवारें चिकनी हैं, काली हैं,
धूप से चढ़ा नहीं जाता है,
ओ भाई सूरज! मैं क्या करूँ?
मेरा नसीबा ही ऐसा है!
खुली हुई खिड़की देखकर
तुम तो चले आये,
पर मैं अँधेरे का आदी,
अकर्मण्य... निराश...
तुम्हारे आने का खो चुका था विश्वास!
पर तुम आये हो-स्वागत है!
स्वागत !... घर की इन काली दीवारों पर!
और कहाँ!

हाँ। मेरे बच्चे ने
खेल खेल में ही यहाँ काई खुरच दी थी
आओ– यहाँ बैठो,
और मुझे मेरे अभद्र सत्कार के लिए क्षमा करो।
देखो! मेरा बच्चा
तुम्हारा स्वागत करना सीख रहा है।

उसके बाद उसकी अनेक किताबें आईं–

आवाजों के घेरे (कविता), जलते हुए वन का वसन्त (कविता), एक कण्ठ विषपायी (नाटक), छोटे-छोटे सवाल (उपन्यास), आँगन में एक वृक्ष (उपन्यास), दुहरी जिन्दगी (उपन्यास), मन के कोण (एकांकी) और मसीहा मर गया (नाटक)। उसके अनुसार उसने "कुछ आलोचनात्मक पुस्तकें, कुछ फालतू उपन्यास तथा महत्त्वपूर्ण पुस्तकों का अनुवाद भी किया है।"

साये में धूप उसका अन्तिम काव्य-संग्रह है जो 1975 में छपा। इस संग्रह तक आते-आते दीवारों की काई और साफ हुई। पहचान में आने लगी। और जो लिखा उसे आवाज देने में समय लगेगा।

वह वर्तमान की पीड़ा समझता था। उसे आनेवाले दिनों पर आस्था थी। हँसता रहता और जहर पीता रहता। वह जानता था इंसान को तोड़नेवाली शक्ति कौन-सी है। वह अपना सब कुछ निछावर कर देना भी चाहता था। और अन्तिम दिनों में कवि के रूप में सड़क पर आकर निहाल हो गया था–

मेरी जुबान से निकली तो सिर्फ नज़्म बनी,
तुम्हारे हाथ में आई तो एक मशाल हुई।

उस हाथ की उसे प्रतीक्षा थी। जब भी वह हाथ दीखेगा निश्चय ही उसकी ग़ज़लों के अनेक टुकड़ों की दमकती मशाल उस हाथ में होगी।

दुष्यन्त पर यकीन नहीं किया जा सकता था। वह झूठ बोलता था। अक्सर किसी से पिण्ड छुड़ाने के लिए। उसका 'अभी आ रहा हूँ' का मतलब न आना था। उसके दोस्त यह जानते थे कि वह, यह 'अभी आ रहा हूँ' का वाक्य केवल दिलासा देने के लिए कह रहा है। कमबख्त आयेगा ही नहीं। इससे ज्यादा झूठ क्या हो सकता है कि लिखा है–

हाँ! जिस दिन पिंजड़े की
सलाखें मोड़ लूँगा मैं
उस दिन सहर्ष
जीर्ण देह छोड़ दूँगा मैं!

और उसने देह छोड़ दिया। गोया कि पिंजड़े की सलाखें मोड़ देने का काम उसका पूरा हो गया हो।

इस झूठे आदमी का पूरा नाम दुष्यन्तकुमार त्यागी था। जन्म 1 सितम्बर 1933 को उत्तर प्रदेश के बिजनौर जिले के राजपुर नवादा में हुआ था। अक्सर दिल्ली से होकर गुजरता था, आता और कहता—

'अभी जल्दी में हूँ सर्वेश्वर भाई'

'पर जा कहाँ रहे हो ?'

'गाँव जा रहा हूँ। आप तो जानते हो खेती-बाड़ी का भी चक्कर चलाता हूँ। लौटती बार आऊँगा फिर जम के बैठूंगा। इधर मैंने बहुत लिखा है। आपको सुनाना है।"

लेकिन लौटती बार वह कभी नहीं आया। जमकर बैठना कभी नहीं हुआ और अब उस झूठ पर कभी मेरा मुस्कराना नहीं हो सकेगा। हाल में ही उसकी नई पुस्तक साये में धूप की समीक्षा करते हुए मैंने उसे ग़ज़लें कम लिखने की सलाह दी थी। लेकिन क्या पता था कि वह ऐसी स्थिति पैदा कर देगा कि अब वैसी ग़ज़लें फिर नहीं लिखी जायेंगी। मैं उसकी काव्य-क्षमता से परिचित था लेकिन उसकी लापरवाही और वाहवाही में बह जाने की कमजोरी भी जानता था। यदि वह बहने पर आमादा रहता, लेकिन रहता तो मैं क्या कुछ कहता! मैं जानता था कि वह अगली बार आकर गले लगकर शिकायत करेगा और यह भी कहेगा 'सर्वेश्वर भाई आपको पता नहीं है मैंने इधर बहुत-सी और कविताएँ भी लिखी हैं। लौटकर आऊँगा तो सुनाऊँगा, मैं तब उसके लौटकर आने की प्रतीक्षा नहीं करता, पर आज जाने क्यों कर रहा हूँ। उसे मरना नहीं चाहिए था। '

संस्मरण वह एक वटवृक्ष

प्रेम त्यागी

उनतीस-तीस की रात। पत्नी झकझोरती है– सुनो, आलोक (भतीजा) और अर्चना (भतीजा) आये हैं–भाई साहब की तबीयत खराब है। मैं गहरी नींद से जाग कर तुरन्त कपड़े पहनने लगता हूँ। घड़ी देखता हूँ... सवा तीन! मैं चौंक उठता हूँ। जरूर कोई गम्भीर बात है। नहीं तो इस समय बच्चे मेरे पास नहीं आते। छोटी-मोटी बीमारी तो भैया चुटकियों में उड़ा देते हैं। ठीक एक महीने पहले की घटना मेरी आँखों के सामने कौंध जाती है। भैया गाँव से लौटे थे। अगले रोज मेरे पास आये थे। भाभी भी साथ थीं। चेहरे पर वही परिचित मुसकान लिए बोले थे–मुन्नूजी! दिल्ली से लौटते समय तो मैं मरते-मरते बचा। मैं जब रिजर्वेशन कराकर लौट रहा था, तो अजीब-सी बेचैनी होने लगी। किसी तरह मैं अपनी बर्थ पर आ कर लेट लगा। जब मुझे लगा हालत ज्यादा खराब है, मैंने अपना नाम-पता लिख कर एक चिट सीने पर रख ली। मान लो, कुछ हो गया तो लोग घर तक तो पहुँचा देंगे। 'हार्ट अटैक न हो'–मैं शंका प्रगट करता हूँ। उनकी लापरवाही की आदत के कारण मैं अगले दिन की छुट्टी भी ले लेता हूँ कि इन्हें अस्पताल ले जाऊँगा। उस दिन न मैं उन्हें ले जा पाया और न वे गये। कुछ दिन बाद उन्होंने बताया–ई.सी.जी. कराया था। रिपोर्ट एक दम नॉर्मल है। वो तो गैसेज का दर्द था। मैंने आदत के खिलाफ उनकी बात पर पूरा यकीन कर लिया।

ज्यों-ज्यों भैया का घर पास आता जाता है, मैं एक अनजाने डर से सिहरने लगता। यहाँ तक कि मैंने अर्चना से यह भी नहीं पूछा कि उन्हें बीमारी क्या है? मैं भैया के पास जा रहा था और बीमारी के नाम से डर रहा था। आशंका कहीं सच न हो, इसे झुठलाने का इसके अतिरिक्त कोई और रास्ता भी नहीं था लेकिन घर पहुँच कर आशंका को सच होते हुए नहीं, कड़ए सच के रूप में

देखा। मैं भैया की नब्ज टटोलता हूँ...साँस टटोलता हूँ... फिर हताश भाव से आलोक की तरफ देखता हूँ। दरवाजे से टिका आलोक ठण्डे स्वर में इतना ही कह पाता है–चाचाजी, मुझे भी लगता है कि... उसे भी लगता है कि... मुझे भी लगता है कि... अब ?

जाने कैसे भैया की एक पंक्ति याद आ गई... एक बाजू उखड़ गया जब से... बहुत देर तक यही पंक्ति दिमाग में घण्टे की तरह बजती रही। खाली निगाहें लिए हम लोग कभी एक-दूसरे की तरफ देखते, कभी भैया की तरफ और तभी जैसे कल का मुन्ना एकाएक बुजुर्ग हो गया।

सोचता हूँ तो खुद पर आश्चर्य होता है। इतना बदल गया हूँ मैं? सन् साठ या इकसठ की बात होगी। मैं तब बी. ए. में पढ़ता था। भैया तीन महीने बाद भोपाल से मेरठ आये थे। उन्हें अकस्मात आया देख मेरी खुशी हिचकियों में फूट पड़ी थी आलोक, अर्चना अब तक इस घटना को लेकर मजाक करते रहे। लेकिन भाग्य की विडम्बना को क्या कहूँ? जब सचमुच में रोने का वक्त आया तो दो आँसू भी नहीं बहा सका।

भैया नहीं रहे... आज भी यह मानने को मन ही नहीं करता। ऐसी सोफिस्टिकेडेड बीमारी उस लुंगी –कुरता पहननेवाले अलमस्त कड़ियल आदमी को नहीं हो सकती। संघर्षों और चुनौतियों को सहर्ष स्वीकार करने में सदा तत्पर भैया इतनी जल्दी हार मान कर चले गये हैं– कैसे मान लूँ ? आखिर मैंने भी अपने बचपन से लेकर अब तक उनको निकट से देखा है, समझा है। जानता हूँ, मौत हरके के पास आती है, पर उसके आने के कुछ ठोस कारण जरूर होते हैं। ऐसी अविश्वसनीय और अबूझ मौत पर कैसे यकीन करूँ? सब कुछ जानते हुए भी मन है कि नहीं मानता। मैं डाक्टर के शब्दों को सुनने से लेकर चिता में अग्नि दिए जाने तक भैया के साथ रहा, फिर भी कहीं कुछ है जो उस घटना पर यकीन नहीं करने देता। उनकी तेरहवीं की रात में। ठीक उसी समय, जिस समय कि मैं 30 दिसम्बर को अपने घर से भैया के घर गया था, मैंने एक स्वप्न देखा... भैया का स्कूटर रुका है। वे बड़े मूड में सीटी बजाते हुए आये हैं। जब कभी उनको कोई सुखद उपलब्धि होती तो वे दो मुद्राओं में मेरे घर आते। या तो वे नीचे से ही हल्की सीटी बजाते आते या अगर मैं बरामदे में खड़ा उन्हें देख रहा होता तो नीचे गर्दन किए मुसकुराते हुए ऊपर आते। मैं सीटी की आवाज

से उठने लगता हूँ तो पत्नी रोकती है... शायद डर वश, और मुझे पूछती भी है कि कौन है... तभी भैया दरवाजा खटखटाते हैं... भैया हैं, कह कर मैं दरवाजा खोलने चल पड़ता हूँ। वे ही हैं, आवश्वस्त हो कर मैं गद्गद हो उठता हूँ। हम दोनों आमने-सामने बैठने लगते हैं कि भैया

पूछ डालते हैं–मुन्नूजी, तुम तो डर गये होगे कि मेरा प्रेत कहाँ से आ गया? मेरा जवाब था–अरे, मैं नहीं डरा वरा। आपके झटकों को मैं खूब जानता था लेकिन यह तो बताइए आपने अपनी जगह किसे लिटाया था– शक्ल तो हू-बहू आपकी ही थी...

मैं आत्म-वात्मा में विश्वास नहीं करता, लेकिन उस आदमी को कैसे झुठला जो स्वप्न में भी अपनी मौत का यकीन नहीं होने देता। जिसका हट्टा-कट्टा शरीर, हँसमुख चेहरा हरदम आँखों के सामने आ कर खड़ा हो जाता है और पूछता है– क्या तुझे भी यकीन है? मैं कोशिश करता हूँ भैया के अतीत में झाँकने की, शायद कहीं कोई प्राण मिल जाए जिसके सहारे मैं अपने अविश्वास को विश्वास में बदल सकूँ पर, मैं निराश ही लौटता हूँ, उनके छोड़े प्रमाण भी धोखा दे जाते हैं, वे भी उन्हीं की गवाही देने लगते हैं। मैं उनके शब्दों, वाक्यों से उलझता हूँ, वे भी यही कहते हैं–क्या दिक्कत है ? अरे ये भी कोई काम है...हो जायेगा। मैं उनकी डायरी देखता हूँ। उसमें ही कुछ मिलेगा। बहुत कुछ मिलता भी है... जीवन का भरपूर उपयोग... आत्मदान का सुख ... पराजय और न शब्द वहाँ भी नहीं है। यही नहीं, उस कमबख्त दर्द के लिए, जो उन्हें एक महीने पहले दिल्ली से लौटते हुए हुआ था, सिर्फ दो पक्तियाँ हैं। और वहाँ भी उसके अस्तित्व को झुठलाते हुए उन्होंने लिखा है 'गैसेज के कारण बहुत तेज दर्द हुआ।

दर्द हो या दर्द का कारण हो, उसकी उपेक्षा को भैया ने अपनी जीवन का सूत्रदर्शन माना। शत्रुओं से लेकर व्यक्तिगत घटना-प्रसंगों तक में वे इस सूत्र को अपनाए रहे। ध्यानसिंह तोमर 'राजा' नवभारत (भोपाल का एक दैनिक अखबार) के रविवारीय अंक में उनके खिलाफ नियमित रूप से लिखते थे। एकाएक उन्होंने खिलाफ लिखना बन्द कर दिया। मिलने पर भैया ने 'राजा' से शायद यही कहा– क्यों बे मोटे! आजकल तू मुझे याद नहीं करता, क्या नाराज हो गया है? जहाँ तक मुझे स्मरण है, इस घटना के बाद दोनों के बीच खुल कर बातें हुईं और राजा ने उनकी जिंदादिली की बड़ी दाद दी थी।

शत्रुओं और निंदकों के साथ भी वे इसी व्यवहार को दोहराते। बहुत जरूरी हुआ तो उनकी अंतरंग परतों को उघेड़ देने वाला एकाध वाक्य छोड़ देते। दुष्यन्त परेशान क्यों नहीं हैं ? सोच कर वे और नाराज होते। पीछे गाली देते, सामने बोलना बन्द कर देते। लेकिन भैया ने किया कुछ भी हो, कभी व्यवहार-दारिद्रय प्रदर्शित नहीं किया।

शांत बैठना, सीधी-सरल जिन्दगी जीना उन्हें नापसन्द था । भोपाल के साहित्यिक जीवन में कभी शान्ति होती तो लोग बेसाख़्ता कह उठते–शायद दुष्यन्त कुमार गाँव गये हुए हैं। बच्चों की तरह से कुछ-न-कुछ करते ही रहते थे। और कुछ नहीं तो छोटा-मोटा हँगामा ही सही। 'कोई हँगामा करो, ऐसे गुजर होगी नहीं" पंक्ति मानों उन्होंने खुद को लक्ष्य करके ही कही थीं। उनके हंगामों से कुछ लोग नाराज हो कर दुश्मन बन जाते, कुछ लोग खुश हो कर करीब हो जाते। इन हंगामों की वजह से उनसे कटने-जुड़ने वालों का सिलसिला कुछ वैसा ही था जैसा ट्रेन से उतरने-चढ़ने वालों का होता है। मैंने प्रायः देखा, ऐसे क्षणों में करीब आये लोगों से उनके सम्बन्ध एक सीमा तक ही होते। उनके अंतरंग मित्रों का दायरा इससे अलग, बिल्कुल अलग होता।

भैया मूडी और शौकीन तबीयत के आदमी थे। सिगरेट, सुरा, सुन्दरी से लेकर खेती करने तक हर शौक उन्होंने पूरा किया। एक के बाद एक कई कारें बदलीं। और जब उनके पास करने के लिए कुछ नहीं होता, तो लोगों को अपनी प्रयोगशाला में बनी शराब पिलाते। स्कॉच की बोतल में ब्लैक नाइट, ब्लैक नाइट की बोतल में पानी मिली रम, वोदका की बोतल में सौंफ (म. प्र. की देशी शराब) का रेडीमेड स्टाक उनके पास तैयार रहता। उनके प्रयोग का शिकार एक बार मैं भी हुआ, उन्हें मालूम था। मैं देशी नहीं लेता हूँ। बोले– मुन्नूजी! वोदका पियोगे? भला वोदका का लालच कैसे छोड़ देता? मैंने पी और खूब तारीफ की। अगले दिन मालूम हुआ मैंने वोदका के नाम पर सौंफ पी थी।

योजनाएँ तो उनके पास अनन्त थीं। कल इण्डस्ट्री डाल रहे हैं तो आज रेडीमेड कपड़ों का बिजनेस करने के लिए बिलकुल तैयार बैठे हैं। गरज ये कि खाली बैठना उन्हें गवारा नहीं था। वे घर में हो या दफ्तर में, प्रायः व्यस्त रहते। मिलने वालों और काम करानेवालों से घिरे रहते, कभी किसी के लिए सिफारिशी परचा लिख रहे होते, कभी टेलीफोन कर रहे होते। वे गाँव जाते। वहाँ भी उनका

दरबार लग जाता। किसी का डिप्टी साहब से काम है तो किसी का दरोगाजी से। किसी के लड़के को नौकरी चाहिए तो किसी को ट्रांसफर। उनके पास हर मर्ज की दवा थी। रोगियों को उन पर यकीन था। जरूरी नहीं था दवा असर करे ही। मगर बहुत से रोगी दवा लेते ही ठीक हो जाते। तभी तो लोग फौजदारी से लेकर घरेलू झगड़ों तक के लिए उनके पास आते।

'शमा हर रंग में जलती है सहर होने तक' की भाँति भैया भी हर रंग में जिंदादिली से जिये। पिताजी अकसर एक शेर कहा करते थे– जिंदगी जिंदादिली का नाम है, मुर्दोदिल क्या खाक जिया करते हैं। मुझे फख़ है कि उनके लड़के ने उनकी भावना की पूरी-पूरी कद्र की। भैया ने जिंदगी को भरपूर जिया, पूरे ऐश्वर्य से जिया। अपनी मरजी से जिया। वे बने-बनाये रास्ते पर नहीं चले। लीक (रास्ता) से हटकर चले। व्यवस्था और क्रम से उन्हें नफरत थी। ये उनका सिद्धांत नहीं, स्वभाव था। उनके हमउम्र नौजवान जब भविष्य बनाने में जुटे हुए थे, तब वे कविता का दरवाजा खटखटा रहे थे। जब लोग-बाग बाल-बच्चों की चिंता कर प्लाट खरीदने औश्र मकान बनवाने में लगे थे, वे कविता में गजलों का नया प्रयोग कर रहे थे और संप्रेषणीयता की समस्या पर ठोस सर्जनात्मक काम कर रहे थे। चार आदमियों की जिंदगी वह भी सिर्फ 42 वर्ष की उम्र में, अकेले उन्होंने जी ली। पिताजी की इच्छा थी, वे वकालत करें या पुलिस में भरती हो जायें। भैया ने दोनों ही काम नहीं किये। उन्होंने बिलकुल अलग राह चुनी-कविता की राह।

कविता उनके लिए अस्तित्व से भी अधिक महत्त्व रखती थी। उसके साथ वे पूरी ईमानदारी से पेश आये। उसके लिए उन्होंने कभी नकली मुद्राओं और मुखौटों को नहीं स्वीकारा। उनकी कविता अनुभूति की सच्चाई और प्रामाणिक जानकारी की कविता है, उसकी भाषा के तेवर नकली नहीं हैं।

अपने कवि की जरूरतों को पूरा करने के लिए ही उन्होंने जिन्दगी को उस जोखिम के साथ जिया, जिससे कि दूसरे अक्सर कतराकर निकल जाते हैं। वे चाहते तो आसानी से इसकी जगह दूसरे शब्द-समझौते को स्वीकार कर सकते थे। जब कि दुनियादारी का तकाजा भी आज यह यही कहता है, फिर क्या वजह थी कि अपेक्षित दुनियादारी के बावजूद वे समझौतों से बचते रहे ? हर बार सोचने पर मेरा निष्कर्ष एक ही रहा कि उनका कवि उन पर हावी था, वह जैसा

चाहता, कराता। प्राय: ऐसा होता कि वे तट पर बैठे नदी के प्रवाह और अथाह जल से भयभीत होते रहते और उनका कवि, अथाह जलराशि में उतर चुका होता। वे डरते, ये कहीं डूब न जाये। वो तब तक नदी पार कर चुका होता या शंख-सीपियाँ और घोंघे बटोरकर वापस आ चुका होता।

ज्यों-ज्यों समय बीतता गया, उनकी दोस्ती इस कवि से और अधिक प्रगाढ़ होती चली गयी। वे पहले थोड़ा बहुत डरते थे, लेकिन इस कविमित्र ने उन्हें एकदम निर्भीक बना दिया। किसी अफसर या मंत्री से मनमुटाव होता या ऐसा ही कोई वाकया होता, भैया एक बार चुप हो जाते। यह सोचकर जिंदगी में तो ऐसा होता ही रहता है। उनका कवि सजग प्रहरी की तरह चुपचाप सारी प्रतिक्रियाओं को नोट करता चलता और अवसर की प्रतीक्षा करता रहता कि दुष्यन्त अकेले में मिले तो मैं उसे समझाऊँ। वह समझाता और वे कनविंस हो जाते। अगले दिन मिलते तो कहते 'बहुत हो गया', 'दो-चार हाथ लगा ही दें", 'अब तो मार ही दें"। कोई कुछ कहे, इससे पहले वे अपने अभियान में जुट जाते। कोई उनके साथ है या नहीं, इसकी चिंता उन्हें नहीं रहती। वह अकेले ही अभिमन्यु की तरह लड़ते जाते। दबाववश पीछे हटना या पराजय स्वीकार कर लेना, उन्होंने कभी नहीं सीखा। वे हारने लगते तो उनका सहजन (कवि-लेखक) सक्रिय हो जाता (आंगन में एक वृक्ष, साये में धूप, काव्य-कथा आदि रचनाएँ ऐसे ही क्षणों की देन है) जीत जाते तो व्यक्ति दुष्यन्त कुमार त्यागी गर्वित, अहंकार की सीमा तक नहीं, हो उठता। एक खास बात और कि इन सारे संघर्षों के बावजूद वे चेहरे पर एक भी विकृत रेखा नहीं आने देते थे। अगर मैं यह कहूँ कि अपने पर ऐसा नियंतत्रण, मैंने किसी और आदमी में नहीं देखा तो शायद अतिश्योक्ति नहीं होगी। मेरी नजर में इसका एकमात्र कारण सिर्फ यही था कि वे अपने हरेक कड़वे-मीठे अनुभव को अपने सहजन को सौंपते चलते थे। उनके कभी न टूटने और सदा तरो-ताजा रहने का असली राज यही था।

अजीब आदमी थे वे। अपने ही दर्द का मजा लेते। अपने आपसे ही निर्मम मजाक तरे। मुझे वे दिन अच्छी तरह याद हैं, जब वे सस्पेंड थे और कार में घूमते थे। लोग ताज्जुब करते, उन्हें मजा आता। लोग पूछते–क्या हाल है? वे कहते–अभी एक उपन्यास पूरा हुआ है। कुछ दिन और सस्पेंड रहा तो दूसरा भी लिख डालूँगा।

भैया ने जो किया, ठीक मानकर किया। उन्हें जो मिला, उसे सहज रूप में स्वीकारा, उस पर कभी अफसोस नहीं किया। वे न कभी अतीत पर पछताते, न कभी भविष्य के लिए चिंतित हुए। वर्तमान से बड़ा उनके लिए कुछ नहीं था। इसलिए वे अच्छा-बुरा सब कुछ सहज ढंग से स्वीकार करते चले गये। परिणाम की चिंता में उन्होंने रूपहले, सुनहले क्षणों को अभी हाथ से गँवाया नहीं। यों जिंदगी की किताब बहुत बड़ी है, पर उन्होंने यथासंभव हर पृष्ठ को पढ़ने की सफल-असफल कोशिश जरूर की। हर नयी चीज के लिए वे बच्चों की तरह ललकते। दस झूठ-सच बोलते और पाने की कोशिश करते। इसी तरह हर नये आदमी से बड़ी आत्मीयता से मिलते। बड़ी तेजी से करीब आते। और जब यह जान जाते कि सामनेवाला एकदम खोखला है, वे कुछ नहीं पा सकेंगे, तेजी से पीछे हट जाते। जिंदगी में वे जो कुछ भी तलाश करते रहे हों, उसके लिए महानगर से कस्बे तक, शहर से लेकर गाँव तक, अमीर से लेकर गरीब तक भटके।

भीतर अनुभवों की समृद्धि, बाहर पुरुषोचित सौंदर्य, बातचीत का सलीका, ये ऐसी बातें थीं कि उनका व्यक्तित्व चाहे अनचाहे अमरबेल की तरह दूसरों पर छा जाता। यह उनका गुण भी था, दुर्गुण भी। इस विचित्र विरोधाभास पर कुछ लोग चकित होते, कुछ अभिभूत, कुछ पीड़ित। उन्हें समझ लेनेवाले करीब हो जाते, न समझनेवाले बिजली से लगे धक्के की भाँति चौंक उठते। दरअसल उनके व्यक्तित्व की रेखाएं कभी साफ, सरल, सपाट दिखलायी देतीं, कभी आड़ी-टेढ़ी, एक-दूसरे को काटती दिखलाई देतीं कि उसे सरलीकृत करके देखने की कोशिश असफल हो जाती। इसलिए उनके संबंध में कोई निर्णय अंतिम नहीं हो पाता। उनमें एक ओर जीवन की अदम्य ऊष्मा थी तो दूसरी ओर विश्वास की हद तक पहुंचनेवाला ठंडापन भी था। साधारण प्रेम प्रसंगों पर किशोरोचित भावुकता थी तो वर्षों से चले आ रहे संबंधों पर बौद्धिक तटस्थता भी थी। इसलिए कभी उनका व्यक्तित्व कांच-सा पारदर्शी लगता, कभी भूलभुलैया-सा दुर्गम। इस अबूझ पहेली को समझने का भ्रम बहुतों को हो सकता है। लेकिन सही हल हम कम लोग ही निकाल पाये।

भैया विचित्र थे। अपनी कमजोरियों को वे खुले आम स्वीकारते ही नहीं, प्रदर्शित करने में भी नहीं झिझकते थे, पर यदि किसी ने उनकी इच्छा के खिलाफ उनकी कमजोरियों को उन्हें समझाना या उनसे मनवाना चाहा तो वे तत्काल

बिफर उठते। एक तरह से उनकी दोस्ती की यह शर्त थी कि आप उनकी गलत बातों को सही मानकर चलें या उनमें हस्तक्षेप न करें।

अपने संबंध में बातें चलने पर भैया केवल इतना ही कहते, "मैं बहुत गलत समझा गया आदमी हूँ।" इससे आगे अपने को निर्दोष सिद्ध करने या दूसरों की राय में हस्तक्षेप करने की कोशिश कभी नहीं की। म.प्र. के लेखकों पर 'सरिका' में उन्होंने जिस बेबाकी से लिखा, उसी बेबाकी से अपने पर शरद जोशी का लिखा छपाया भी था। बहुत करीब रहने पर भी मैंने उन्हें सही समझा या गलत, नहीं कह सकता। हाँ, इतना जरूर कह सकता हूँ कि खण्ड-खण्ड करके देखने पर उन्हें सही नहीं समझा जा सकता था। जिन्होंने ऐसा किया, वे वापस लौट गये। जिन्होंने उन्हें समग्र रूप में देखा या देखने की कोशिश की, वे पास आ गये। उनके लिए वे बहुत प्यारे आदमी, बहुत अच्छे दोस्त, बड़े दिलचस्प साथी थे।

भैया ने अपने लिए गलत-सही, भूत-भविष्य, अच्छे-बुरे की चिंता नहीं की। शायद इसी वजह से मेरे लिए चिंतातुर रहे। जब मैं एम. ए. में पढ़ रहा था, तब वे रेडियो की नौकरी में थे। भगवंत देशपांडे का छोटा-सा क्वार्टर उनके पास था। उन दो वर्षों में उन्होंने मेरे लिए क्या नहीं किया? मेरी पढ़ाई का नुकसान न हो, यह सोचकर वे शाम को घर नहीं बैठे। बाद में भी, मेरी समस्याएँ उनकी समस्याएँ होतीं, मेरी चिंताएँ उनकी चिंताएँ होतीं। अगर मैं दुखी हुआ, प्यार से, डाँट फटकार से समझाने की कोशिश करते, लेकिन खुद मेरे जाने के बाद रोते। मेरे अहितचिंतकों को उन्होंने कभी क्षमा नहीं किया। मेरे दोस्त, उनके अनुज, मेरे दुश्मन, उनके दुश्मन थे। हमारे संबंधों का यह ऐसा भावात्मक पक्ष था, जिसके कारण मैं अनचाहे उनके कई गलत कामों में मूक या सक्रिय सहयोगी बन जाता।

भैया को चाहने के मेरे अपने कारण थे और मुझे चाहने के उनके अपने कारण थे। एक दूसरे से बिलकुल अलग। खून का रिश्ता, बड़प्पन आदि कई कारणों में वे मुझे अजहद चाहते रहे होंगे। पर मैं इसके पीछे महेंद्र भैया (उनसे बड़े भैया) को ही देखता हूँ। उनके असमय चले जाने की पीड़ा को भैया ने अपनी आदत के मुताबिक कभी कहा नहीं परंतु एक घटना को बहुत डूबकर सुनाया करते थे– किसी 'हीरोइक स्टोरी' की तरह। वे मुजफ्फरनगर में सातवीं में पढ़ते थे और महेंद्र भैया दसवीं में। एक दिन ड्राइंग मास्टर ने दुष्यन्त भैया को 'अरे, फैटर, के भाई फैटर कहते हुए दो-चार तमाचे लगा दिये। भैया सीधे बड़े

भाई के पास गये और अड़ गये–जब तक उससे बदला नहीं लेगा, मैं स्कूल नहीं जाऊँगा। ऊँचे-पूरे, हृष्ट-पुष्ट महेंद्र भैया की उम्र तो सोलह की थी, लेकिन मेधावी, शालीन किंतु दबंग छात्र के रूप में धाक थी। किसी तरह आश्वासन देकर भैया को उन्होंने शान्त किया। रात को ही भैया को मालूम हो गया कि उनके शत्रु मास्टर पर दो-चार हाथ साफ हो गये हैं। इस घटना के कुछ दिन बाद ही महेंद्र भैया की उस समय मृत्यु हो गयी जब वे बहत्तर स्कूलों की वाद-विवाद प्रतियोगिता में सर्वश्रेष्ठ वक्ता का पुरस्कार लेकर खुशी-खुशी मुजफ्फरनगर लौट रहे थे, तो स्टेशन को देखने के लिए दरवाजे से बाहर झाँका ही था कि सिर रेलवे सिग्नल से टकरा गया।

ऐसे बड़े भाई के अचानक उठ गये साये को उन्होंने कैसे बर्दाश्त किया होगा, मैं नहीं कह सकता। इतना जरूर कह सकता हूँ कि मेरे अहं को लेशमात्र भी ठेस पहुँचाने वालों को उन्होंने कभी नहीं बख्शा। वह साया उन्होंने मेरे ऊपर सदा बनाए रखा। गर्मी हो या सर्दी, उनका साया मेरे मकान से कभी नहीं हटा।

उनके मेरे सम्बन्ध सिर्फ बड़े-छोटे भाई के ही नहीं थे, किसी हद तक दोस्ताना भी थे। हम लोग साथ बैठ कर दारू पीते, एक दूसरे के दुख-दर्द में साक्षेदारी करते। कई बार ऐसा हुआ कि मैंने उनकी गलतियों पर उँगली रखी और उन्होंने चुपचाप मान लिया। बात सिर्फ एक प्यारे दोस्त, एक आकंठ स्नेह में डूबे भाई के बिछुड़ने तक ही सीमित नहीं है। मेरे लिए तो भैया ने पिता की भूमिका को भी उतना ही ईमानदारी से निभाया, जितनी कि एक पिता निभा सकता है। गाँव के झगड़े-झमेलों से सम्बन्धित कोई खत आता, भैया चुपचाप रख लेते। मेरे पूछने पर बस इतना कह देते, 'माताराम का खत है, क्या करोगेपढ़ कर तुम खामखां चिन्तित होगे, मैं अगले महीने गाँव जाऊँगा, सब ठीक-ठाक कर दूँगा।

भैया नहीं रहे–एक वटवृक्ष नहीं रहा जिसे खुद तो साये में धूप लगती थी, लेकिन उसके साये में घर-गाँव और परिचित समुदाय के न जाने कितने लोग आश्रय.. पाते थे। भैया के व्यक्तित्व की यह विशालता मेरे लिए व्यक्तिगत रूप से नुकसानदेह थी। हितैषी मित्रों के शब्दों में– 'इस विशाल वटवृक्ष के पास तुम्हारे व्यक्तित्व का पौधा कभी पनप नहीं पाएगा।' बात सौ फीसदी सही थी। मैं स्वीकार की मुद्रा में केवल इतना कहता-यार, जब फायदा उठाने के लिए मैं

हूँ तो नुकसान उठाने के लिए कौन आयेगा। अनजाने ही मुझे बहुत बड़ी हानि (?) पहुँचाने वाले भैया से मुझे यह शिकायत तो नहीं रही (क्योंकि मेरा उतना बड़ा न होने में दोष तो मेरा ही था) लेकिन बिना कुछ कहे, चुपचाप चले जाने पर शिकायत जरूर है। और यदि उन्हें जाना ही था तो इतना दे कर न जाते, जो जिन्दगी भर पावों में कांटे की तरह हर कदम पर गड़ता रहे।

29 दिसम्बर की वह रात

राजेश्वरी त्यागी

29 दिसम्बर की रात। लगभग साढ़े ग्यारह बजे हम भोपाल आकाशवाणी के केन्द्र-निर्देशक श्री शुंगलू के यहाँ से खाना खा कर लौटे थे।

मैंने घर लौट कर स्कूटर से उतर कर दरवाज़ा खोला और वह अपना शेर गुनगुनाते हुए स्कूटर को अन्दर ले आये

दुकानदार तो मेले में लुट गये यारो,
तमाशबीन दुकानें लगा के बैठ गये...

अर्चना और आलोक कुछ देर पहले ही एक शादी से लौटे थे और अपनी-अपनी रजाइयों में दुबके वे शादी में हुए कार्यक्रमों पर बात कर रहे थे। वह मस्ती के साथ शेर गुनगुनाते हुए उन दोनों के पास जा कर बैठ गये। अर्चना ने कहा– पापा, बड़ी मस्ती में हो आज!

–अरे, हम कब मस्ती में नहीं रहते, बेटे! आज भाभीजी ने वो बढ़िया खाना खिलाया कि बस मजा आ गया। तुम लोग सुनाओ, शादी कैसी रही?

बच्चों ने बताया कि शादी बड़ी अच्छी रही। अर्चना बोली–पापा, आज शादी में सत्येन आंटी-अंकल भी आये थे, लड़की वालों की तरफ से। उन्होंने आपकी कॉलेज लाइफ के चुटकुले सुना कर हम लोगों को बेहद हँसाया।

वह आ कर पलंग पर लेटे, क्योंकि उनके हलका-सा सिरदर्द था कि बाहर ऑटोरिक्शा आ कर रुका। रात को बारह बजे कौन हो सकता है, सोचती हुई मैं दरवाजे तक आई। देखा छुटवा था, मुझे देख कर वह बोला-चाचाजी हैं? मेरे दिमाग में उनके सिरदर्द की बात घूम रही थी। मैं कुछ कहती, इससे पहले ही वह बोल उठे–क्या बात है, भाई छुटवा ? अन्दर आ जा। मैं तो झुंझलाई हुई बाहर ही खड़ी रह गई और वह यह कहता हुआ अन्दर पहुँच गया-चाचाजी,

आपको अभी चलना पड़ेगा। दरोगा बड़ तंग कर रहा है। उन्होंने उससे कुछ बातें और भी कीं और पूछीं। वह उनके पास बैठा हुआ सब बताता रहा। अचानक ही मुझे पुकार कर उन्होंने कहा–राजो भई, ये छुटवा मुझे चलने को कह रहा है। मैंने चिढ़ते हुए लेकिन उसकी उपस्थिति के कारण अपने को संयत रखते हुए कहा–कहाँ जाओगे इस वक्त!

मेरे रोकने के बावजूद वह पलंग से उठ खड़े हुए और बोले–राजो, मेरे जाए बिना काम नहीं होगा। किसी का भला होता है तो इसके लिए थोड़ी तकलीफ ही सही। मेरा ओवरकोट उठा दो, उसमें मुझे ठण्ड भी नहीं लगेगी।

रात्रि का एक बजा होगा, जब ऑटो की आवाज सुनाई दी। वह लौट आये कपड़े बदल कर बिस्तर पर लेटे ही थे कि कहने लगे–राजो, सीने में दर्द हो रहा है। मैंने पूछा– कैसा दर्द है? सीना मल दूँ? बोले–नहीं, मलने से कुछ नहीं होगा।

मैंने कहा– डाक्टर को बुलवाऊँ ? वह बोले-हाँ।

मैंने जल्दी-जल्दी अपने बड़े बेटे आलोक को उठाया और उससे डाक्टर को बुला लाने को कहा। उसने जाते हुए पूछा– पापा, उर्द कैसा है ? उन्होंने कहा–डाक्टर से कहना की सीने में अनबेयरेबल पेन है।

आलोक स्कूटर ले कर घर से निकला ही था कि उन्हें एक भारी उल्टी हुई। मैं बहुत घबरा गई। मैंने अर्चना को उठाया। उन्हें किसी भी तरह चैन नहीं मिल रहा था। इतने में डाक्टर आ गये। बड़ी बैचेनी के साथ उन्होंने डाक्टर को अपना हाल बताया। कहने लगे–डाक्टर, बड़ा दर्द हैं। मैंने डाक्टर को बताया कि अभी इन्हें एक भारी उल्टी हुई है। डाक्टर ने बैठ कर प्रेसक्रिप्शन लिखा। डाक्टर ने प्रेसक्रिप्शन लिखते

हुए कहा–देखिए मिस्टर त्यागी, मैंने आपसे ज्यादा ड्रिंक्स के लिए मना किया था। वह बोले–बट, ई. सी. जी. एश्योर्ड मी।

डाक्टर बोले–अभी मैं इस इन्जैक्शन लिख देता हूँ। वह इन्हें लगवा दीजिए। ये सो जायेंगे तो आराम मिल जायेगा। फिर डाक्टर आलोक की तरफ मुखातिब हो कर बोले– देखो, यह इन्जैक्शन केमिस्ट की दुकान पर नहीं मिलेगा। अस्पताल चले जाओ, वहाँ होगा तो मिल जायेगा। कंपाउंडर को भी साथ में लेते आना। उन्होंने इन्जेक्शन का नाम और कम्पाउन्डर का नाम एक स्लिप पर लिख कर दिया और आलोक उन्हें छोड़ने चला गया।

वह उतनी ही बैचेनी से करवटें बदल रहे थे। मैं उनकी बायीं तरफ चारपाई पर बैठ गई। वह बोले–राजो, सीने में बायीं ओर बहुत दर्द है। तुम अपना हाथ रख दो। कमरे में अँधेरा था। लाइट उन्होंने बन्द करवा दी थी। बस बरामदे की थोड़ी-बहुत रोशनी कमरे तक पहुँच रही थी। सिरहाने रखे हुए स्टूल पर अर्चना बैठी थी। वह बोले-मेरे हाथों से आग निकल रही है। हाथों को नसें बेहद खिंच रही हैं हम दोनों उनकी हथेलियाँ सहलाने लगे। थोड़ी देर के बाद वह बोले-बस बेटे, लगता है, हम तो चल दिए।

अर्चना रुआँसी हो बोली–नहीं पापा, ऐसा नहीं कहते। आप जल्दी ठीक हो जायेंगे। इतने में बाहर स्कूटर की आवाज सुनाई दी। आलोक के साथ कंपाउंडर था। कंपाउंडर को देख कर ढांढ़स बँधा कि चलो अब इन्जेक्शन लगने से इन्हें आराम मिल जायेगा। कंपाउंडर ने इन्जेक्शन लगाया। आलोक फिर उसे छोड़ने चला गया इन्जेक्शन लगवाने के बाद उन्होंने हाथ नहीं मलवाए। मैंने पूछा–दर्द कुछ कम हुआ? बोले–नहीं, अभी तो वैसा ही है।

फिर उन्होंने दायीं ओर करवट बदल ली। मैंने पूछा–एक तकिया और दूँ। वह बोले– हाँ। एक तकिया उन्होंने घुटने के नीचे रखा। एक सिरहाने लगाया। और एक को बाएँ हाथे में सीने के पास लगा दबा लिया। अब उनकी बेचैनी धीरे-धीरे कम हो चली थी। बेहोशी छाने लगी थी। अर्चना ने पूछा– पापा, अब कैसा लग रहा है? वह बोले–ठीक हूँ।–नींद आ रही है– अर्चना ने पूछा।

थोड़ा देर बाद मैंने उनकी तबीयत जाननी चाही, लेकिन तब तक वह सो चुके थे। आलोक लौट आया था। मैंने उसे बताया कि वह सो गये हैं, तो वह बाहर बरामदे में लेट गया। अर्चना भी अपने पलंग पर चली गई। मैं अकेली बैठी अपने आपको समझाती रही।

उस वक्त कोई ढाई बजे होंगे जब उन्होंने बायीं ओर करवट बदली। गले से खर खर की आवाज आ रही थी। मैं बुरी तरह घबरा गई। मैंने दोनों बच्चों को उठाया और उनसे कहा– जाओ, अपने चाचाजी को बुला लाओ और टैक्सी भी लेते आना। अपूर्व को उठाया और उसे डाक्टर को लाने भेजा। मैं बिलकुल असहाय उनके पास बैठी उनकी साँसों की आवाज सुनती रही। उनकी साँसों में बदलाव आता जा रहा था। फिर उन्हें दो-तीन हिचकी आईं और उनके गले की आवाज भी बन्द हो गई। सब कुछ समाप्त हो चुका था, लेकिन मेरा मन इतने

बड़े सत्य को स्वीकारने के लिए बिलकुल तैयार नहीं था। मैंने फिर अपूर्व को ऑटो के लिए दौड़ाया। अप्पू अभी आधे रास्ते ही गया होगा कि अर्चना मून्नूजी के साथ लौट आई। मुझे अभी भी आशा थी– मैंने अर्चना को एम्बुलेंस के लिए फोन करने के लिए दौड़ाया और मुन्नूजी से कहा– देखो तो तुम्हारे भैया को क्या हो गया है। मुन्नूजी ने उन्हें हिलाया– भैया, भैया! कह कर आवाज दी, लेकिन वह नहीं बोले। इतने में आलोक हॉस्पिटल से डॉक्टर को ले कर आये। डाक्टर ने कुछ देखा– भाला और कहा 'सब कुछ खत्म हो चुका

है। सब खत्म तो बहुत पहले हो चुका था, सिर्फ मेरा मन ही नहीं मान पाया था...

मूल्यांकन

कवि दुष्यन्त कुमार के प्रारम्भिक गीत

अनुभा दत्त अधिकारी

दुष्यन्तकुमार ने जब कविता लिखना शुरू किया उनके आसपास कविता की नई प्रवृत्तियाँ और धाराएँ सक्रिय थीं। प्रगतिवादी आन्दोलन अपने उभार पर था। तारसप्तक प्रकाशित हो चुका था। प्रगति और प्रयोग को लेकर साहित्यिक खेमों में काफी बहस छिड़ी हुई थी। दुष्यन्तकुमार तब तक इस बहस से अपरिचित ही थे। उन तक जो साहित्य पहुँच रहा था वह या तो कवि सम्मेलनों के माध्यम से था या उन कस्बों में उपलब्ध साहित्यिक कृतियों और पत्रिकाओं के माध्यम से। यों यह तो कहा जा सकता है कि दुष्यन्त ने आठवीं कक्षा से कविता लिखना शुरू कर दिया था और यह जान भी लिया था कि वे एक कवि हैं और कविता के बीज उनमें पूरी तरह से विद्यमान हैं तब भी उनके कवि का वास्तविक श्रीगणेश आजादी के बाद ही होता है।

उनकी प्रारम्भिक कविताओं की हस्तलिखित कापियों पर जो तारीखें पड़ी हुई है वे 1948-49 की हैं। तब तक उनकी उम्र 16-17 वर्ष की हो चुकी थी और एक किशोर कवि अपनी पूरी ताकत के साथ उनमें हिलोरें ले रहा था। शिक्षा की दृष्टि से तब वे हाईस्कूल के छात्र थे। पढ़ाई के लिहाज से उन्होंने नहटौर के हाईस्कूल में अपना नाम लिखा लिया था और उनकी एक मित्रमण्डली भी तैयार हो गई थी। नहटौर आज भी एक कस्बे से ज्यादा कुछ नहीं है। उन दिनों तो खैर क्या रहा होगा। आजादी की ऐतिहासिक खबर वहाँ तक जरूर पहुँची होंगी। लेकिन जैसा कि तमाम गाँवों के साथ हुआ लोगों ने जुलूस निकाले होंगे, आजादी की खुशियों में नारे लगाए होंगे, सामूहिक रूप से जयहिन्द कहा होगा और खुशी की यह आँधी हमेशा के लिए आई गई हो गई होगी।

निश्चय ही यह एक ऐसी आजादी थी जो गाँवों तक अपने पैदा होने की ख़बर फैलाकर धीरे-धीरे दिल्ली और प्रदेश की राजधानियों तक सिमटने लगी थी। आम आदमी तक पहुँचने लायक अभी इसके पास कुछ न था। कवि दुष्यन्त ने भी आजादी को इसी रूप में पाया और देखा होगा क्योंकि उनकी कविताओं में इतनी बड़ी राजनीतिक घटना का जिक्र बहुत नहीं हैं। हाँ, गाँधी की हत्या के शोकगीत विह्वलताकारी हैं।

साहित्यिक दृष्टि से जैसा कि ऊपर कह चुकी हूँ नए से नए आन्दोलन और कविता के बारे में अधुनातन धारणाएँ जन्म लेने लगीं थी। पर जो कविता छोटे शहरों और कस्बों तक पहुँच रही थी वह यह नहीं थी। बच्चन की 'मधुशाला' तब भी अपनी लोकप्रियता के शिखर पर थी। अंचल, नरेन्द्र शर्मा, शम्भूनाथ सिंह, क्षेम, सुमित्राकुमारी सिनहा रमानाथ अवस्थी और बलवीर सिंह रंग जैसे कवि कवि सम्मेलनों के मंच पर प्रतिष्ठित हो चुके थे। ये सभी गीत लेखक थे और छायावाद की हासोन्मुखी सौन्दर्यवादी रूझान से अत्यन्त ग्रस्त थे। छायावाद ने प्रेम को जिन गहराइयों और ऊँचाइयों तक ले जाकर छोड़ा था वहाँ तक तो इनकी पहुँच नहीं थी पर ये कवि प्रेम को अपने तौर तरीकों से एक विषय की तरह इस्तेमाल कर रहे थे। किसी के लिए वह रूप था, किसी के लिए वासना, किसी के लिए उद्‌गार तो किसी के लिए प्रणय निवेदन। इस प्रकार गीत कविता ज्यादातर प्रेम कविता थी जो उच्छ्‌वासमूलक थी। यह कम आश्चर्यजनक नहीं है कि हिन्दी कविता का संसार जितना विस्तृत और व्यापक हो रहा था ये कवि अपनी जिम्मेदारियों से उतने ही वेखबर थे। कभी-कभी कहीं कोई चिनगारी फूट तो पड़ती थी पर आग बन जाने की ताकत उसमें नहीं थी। इसलिए सारी कविता एक कुएँ की तरह थी जिसमें न तो बाहर की आवाजें पहुँच सकती थीं और न ही भीतर की आवाजें बाहर की दुनियाँ से अपना रिश्ता जोड़ सकती थीं। बड़े चिकने और सुघड़ गीत उन दिनों लिखे गये। पर ऐसा जान पड़ता है जैसे उन दिनों गीत लिखने का मतलब अपने श्रोताओं को झुमाना भर हो। इसलिए उन दिनों के गीतों में प्रदर्शन प्रियता भी कम नहीं थी। गीत जब बर्हिमुख हो जाए तो उसे अपनी प्रमाणिकता के लिए लोकानुभव का सहारा लेना पड़ता है। अपने को सच्चाइयों और समस्याओं की उस धरती से जोड़ना पड़ता है जो उसे प्रासंगिक बनाए रखती हैं। पर उन गीतों में शायद इस ओर ध्यान नहीं दिया गया। वे कवि

नामधारी एक व्यक्ति के उद्‌गार होकर रह गये और यही उद्‌गारमूलकता बाद में आलोचकों के लिए निशाना बनीं।

छायावादी गीत केवल उद्‌गारमूलक नहीं है। उनमें भावना की तीव्रता और अनुभवों की गहराई बराबर मिली हुई है जबकि इन गीतों में अनुभवों की गहरी जड़ों का कोई खास अता पता नहीं है। वे एक व्यक्ति के अनुभव बनकर रह गये हैं, इसलिए उनमें एक विशेष प्रकार की स्थानिकता है।

दुष्यन्त ने जो गीत लिखे हैं उनकी जमीन को समझने के लिए यह पृष्ठभूमि बहुत जरूरी है। चूँकि वे गाँव से चलकर आये थे, कस्बे में पढ़ रहे थे इसलिए उनकी मानसिक दुनिया बहुत बड़ी थी। उनके सामने अपने पिता की रुचि के मुताबिक चन्द उर्दू शायरी रही होगी और कवि सम्मेलनों में गाये जाने वाले ये गीत तो रहे ही होंगे। इसलिए उन्होंने कविता और संगीत को बिना छेड़े छाड़े उठा लिया होगा।

एक नए कवि की समस्या कई प्रकार की हो सकती है। ऐसा भी हो सकता है कि वह तमाम स्थापित रूपों को अस्वीकार कर दे और नए सिरे से अपनी राह बनाए। और ऐसा भी हो सकता है कि उसे अपनी बात कहने की इतनी बेचैनी हो कि वह सहज उपलब्ध माध्यम को ज्यों का त्यों स्वीकार कर ले। दुष्यन्त ने यह दूसरा रास्ता ही अपनाया। उनके लिए उनकी बात ज्यादा महत्त्वपूर्ण थी। इसलिए उन्होंने इस ओर ध्यान ही नहीं दिया कि बात कहने के तौर तरीकों में भी फेरबदल किया जाना चाहिए या नहीं।

वास्तविकता तो यह है कि वे एक सहज कवि थे। अभिव्यक्ति के अनायास और सहज बने रहने के विश्वासी थे। उनका यह स्वभाव बाद की भी कविताओं से भी पुष्ट होता है। कला को कला के लिए न प्रयुक्त करते हुए उसे उन्होंने ज्यादातर जीवन के करीब लाकर प्रयुक्त करने की कोशिश की।

जहाँ तक उनके प्रारम्भिक गीतों का सवाल है उनके सन्दर्भ में यह कहना कुछ कठिन ही है कि दुष्यन्त जीवन का मतलब क्या समझते हैं और अगर समझते भी हैं तो जीवन सचमुच क्या वही है। उनके इन गीतों में प्रेम एक प्रधान और अनिवार्य विषय है। बल्कि यह कहना अधिक सच होगा कि उनके ये गीत अधिकतर रोमानी प्रेमगीत ही हैं। इसके अलावा कुछ नहीं। उनकी सारी कोशिश, छटपटहाट, आसक्ति, उमंग, उल्लास, आशा-निराशा, पश्चाताप सबके पीछे उनके किशोर प्रेम की सफलता असफलता काम कर रही है।

इन गीतों को सामने रखकर सबसे पहले जो पंक्तियाँ उद्धृत की जा सकती हैं वे इस तरह हैं–

गीतों की छाया में मेरे
जीवन का यौवन पलता है
नित्य किसी के आने के पल
मेरे श्वास गिना करते हैं

इस बन्ध में हमारा ध्यान दो बातों की ओर जाता है। पहली है– "जीवन के यौवन का गीतों की छाया में पलना" और दूसरी बात "किसी के आने" की उत्सुक प्रतीक्षा। प्रारम्भिक गीतों के जन्म और विकास के आधार के रूप में ये दोनों ही तथ्य काम कर रहे हैं। 'गीत' यहाँ प्रकारान्तर से कवि के कैशोर उद्‌गार को प्रकट करने के एक अनिवार्य माध्यम हैं। इस माध्यम को कवि ने जिस रूप में ग्रहण किया है उससे उसके जीवन में भी फर्क तो उपस्थित होता रहा है। क्योंकि वे कोरे गीत नहीं है, वे उसकी साँस-साँस के बिम्ब-प्रतिबिम्ब भी हैं। इन गीतों में उसकी सौन्दर्य-लालसा सबसे प्रमुख है। इससे जान पड़ता है कि प्रेम को अब तक उसने कल्पना के स्तर पर ही जाना है। वही उसकी भावना के रूप में उसके गीतों में विद्यमान है। आँसू (प्रसाद) आदि कृतियों में प्रेम की जो गहरी अनुभूति प्रकट हुई है वह बहुत कुछ सुनिर्धारित और सुस्पष्ट है। प्रेमिका के रूप और स्वभाव वर्णन के अतिरिक्त वहाँ अनुभव सिद्ध प्रसंगों का भी अंकन मिलता है। किन्तु वह एक प्रौढ़ होते हुए कवि की रचना है। जबकि दुष्यन्त के ये गीत उनके कवि के प्रारम्भिक स्वरूप को निर्दिष्ट करते हैं जिसमें कवि अपनी स्थिति स्वयं स्पष्ट करता है–

"अमित कामनाओं का मेरे अन्तर में सागर लहराता
आज तलक मैं उनके पथ में आशाओं के दीप जलाता
विश्वासों पर ही जीवित है मेरा हँसना मेरा गाना
प्रबल झकोरों में पतझर के मेरा दीप न बुझने पाता
मेरे पागल श्वास किसी के आने के पल क्षण गिनते हैं
पा न सका हूँ लेकिन उनको पाने का विश्वास लिए हूँ।
मैं प्राणों में प्यास लिए हूँ।

ये गीत वस्तुतः कामनाओं की इसी प्यास के गीत हैं। कवि की यह

स्वीकारोक्ति कि 'पा न सका हूँ लेकिन उनको पाने का विश्वास लिए हूँ मैं प्राणों में प्यास लिए जैसी पंक्ति सिद्ध करती है कि कवि अभी केवल प्रेम की इच्छाओं का समारोह भर मना रहा है। उसके जीवन में यथार्थतः कोई घटना घटित नहीं हुई है और यदि घटित हुई भी हो तो उसकी कोई प्रमाणिक जानकारी इन गीतों के माध्यम से नहीं मिलती।

इन्हीं प्रेमगीतों में कवि की वह सहज दार्शनिक रूझान भी मिलती है जहाँ वह संसार की सुख दुखात्मक प्रकृति का विवेचन करता हुआ अपने अभावग्रस्त मन को आश्वस्त करता है। किन्तु यह दार्शनिकता उसकी निराशा से पैदा हुई लगती है। ऐसा लगता है कि दुष्यन्त की प्रेयसी उर्दू शायरी की माशूका की तरह लापरवाह और वेवफा है। उसमें उस तरलता और सहृदयता का एकान्त अभाव है, जिसकी कि इस युवा कवि को अपेक्षा है। वह न तो समझना चाहती है और न ही इस ओर ध्यान देना चाहती है।

इस रूप में दुष्यन्त का प्रेमी मन नितान्त अकेला और उलझनों से भरा है। कभी-कभी तो लगता है। सारा प्रेम काव्य एकालापी है– 'तुम क्या जान सकोगी अन्तर की तड़पन कैसी होती है', जैसी पंक्तियों में कवि ने अपनी यही मनःस्थिति व्यक्त की है। कुल मिलाकर इन प्रेम गीतों में दुष्यन्त की एक विरह पूरित छबि हमारे सामने है। वे एक निराश प्रेमी के रूप में अन्तिम दम तक अपनी प्रेयसी से निवेदन करते रहते हैं। वे उससे आश्वासन चाहते हैं। पर यह सारा प्रसंग एक तरफा जान पड़ता है। उनकी कविता में प्रेयसी उवाच कहीं है ही नहीं। इस दृष्टि से दुष्यन्त एक असफल प्रेमी जान पड़ते हैं। और उनकी यह असफलता उन्हें कभी भूली नहीं। 'जलते हुए वन का वसन्त' में जो उनकी प्रौढ़ वय का संकलन है, याद का एक गीत संकलित है जिसमें प्रेम की सारी मार्मिकता अपनी पूर्ववर्ती गूँजों के साथ प्रतिध्वनित होती दिखाई देती है।

गीत की पंक्तियाँ इस प्रकार है–

अब उम्र का ढलान उतरते हुए मुझे
आती है तेरी याद तुझे कैसे भूल जाऊँ
फैले हुए सवाल सा सड़कों का जाल है
यह शहर है उजाड़ या मेरा ख़्याल है

सामने-सफ बाँधते धरते हुए मुझे
आती है तेरी याद तुझे कैसे भूल जाऊँ।

जीवन के अत्यन्त गहरे और तल्लीन क्षणों में दुष्यन्त को यह टीस सालती ही रही पर उम्र के इस ढलान पर भागादौड़ी और अस्तव्यस्तताओं ने इस टीस को काफी पीछे छोड़ दिया था। कवि ज्यादातर सामाजिक समस्याओं और परेशानियों से अपनी कविता को रचता रहा है।

जिन प्रारम्भिक गीतों का जिक्र किया गया है उनमें ऐसे गीतों की संख्या भी कम नहीं है जो कवि की यथार्थवादी रूझान को हमारे सामने करते हैं–

'मिट्टी में ही जाने खपने वाले ओ इन्सान
तुझको अपनी मिट्टी सोना तेरे कौन समान
या
सुधि की हथेलियों पर
चिन्तित माथा न धरो
जो दीप जल रहे हैं
अब उनकी बात करो।
या
दीवाल दरारें पड़ती जाती हैं इसमें
दीवाल दरारें बढ़ती जाती हैं इसमें
तुम कितना प्लास्टर औ सीमेन्ट लगाओगे
कब तक इन्जीनियरों को दवा पिलाओगे
गिरने वाला क्षण दो क्षण में गिर जाता है।

पंक्तियाँ कवि के यथार्थबोध को प्रकट करती है। धीरे-धीरे वह अपने समय के प्रति अधिक सजग हो रहा था और कोरे सपनों की भाषा से अपने रिश्ते तोड़कर प्रत्यक्ष व्यवहार की भाषा और दुनियादारी की और लौट रहा था। उसके इन गीतों में क्रमश: चिन्तन की जमीन भी उभरने लगी है जहाँ वह सोचने विचारने की में मुद्रा हमारे सामने है। वह अब समझने लगा है कि–

जिन्दगी के स्वप्न पर विश्वास क्या
एक झोंके में बदल जाती अचानक

जीवन की इस अस्थिरता और परिवर्तन धर्मिता को तो वह सहज स्वभाविक

मान कर स्वीकार लेता है। किन्तु समकालीन मनुष्य की स्वार्थ वृत्ति को लेकर वह काफी चिन्तित है। 'ओ सेमल के वृक्ष' शीर्षक कविता में वह लिखता है–

तेरे पत्तों की हरिताभ छटा को लखकर
तेरी सघन डालियों के नीचे क्षण भर
कभी-कभी तो बैठे बसेरा कर लेते हैं
थके विहंगम:
नहीं किसी से तेरा कोई यद्यपि नाता
फिर भी सबक काम खुशी से है तू आता,
पर मेरे तो इस धरती पर सब अपने हैं
मानव होकर प्यार न मानव को कर पाता।

ओ सेमल के वृक्ष
खड़ा मेरे समान ही तू धरती पर
तू जड़ मैं चेतन कहलाता !!!

इस गीत में कवि दुष्यन्तकुमार समकालीन मानव चरित्र की अमानवीय प्रवृत्ति का उल्लेख करते हुए समस्त मानव समाज की ओर से चिन्ता व्यक्त करते हैं। जिस कवि ने स्वप्नों वाले प्रेमगीतों से अपनी यात्रा प्रारम्भ की थी वही सामाजिक जीवन की कठोर धरती पर धीरे-धीरे अपने पाँव रख रहा था।

यही वह जमीन है जहाँ से कवि दुष्यन्तकुमार की कविता में नया मोड़ आता हुआ दिखलाई देता है जो बाद में 'सूर्य का स्वागत' जैसे संकलनों में प्रकट हुआ। दुष्यन्तकुमार के इन प्रारम्भिक गीतों में कवि के कई उपनाम अंकित है असंकलित रचनाओं की एक पाण्डुलिपि के पहले गीत 'कौन किसी के साथ रहा' में रचयिता का नाम डी. एन. सिंह 'नवादिया' अंकित है। इससे पता लगता है कि उनका नाम तब तक दुष्यन्तकुमार त्यागी न होकर दुष्यन्त नारायण सिंह था। और 'नवादा' तो उनका अपना गाँव था ही। यह उनके मिडिल स्कूल का नाम था। बाद में वे दुष्यन्तकुमार हो गये थे जैसा कि रवीन्द्रनाथ त्यागी ने अपने संस्मरण में लिखा है।

इन गीतों को लिखते हुए उन्होंने 'नवादिया' उपनाम फिर कभी नहीं प्रयुक्त किया। इसके बाद वे 'परदेशी' उपनाम से लिखने लगे थे। कवि सम्मेलनों में भी वे इसी नाम से जाने गये और यह उपनाम उनके प्रारम्भिक साहित्यिक जीवन का जाना पहचाना नाम बन गया था। कहना न होगा जब वे चंदौसी से इण्टर पास कर इलाहाबाद गये तब भी इसी 'परदेशी' नाम को लेकर।

कवि के इस प्रकार के गीतों की संख्या दो अलग-अलग पाण्डुलिपियों को मिलाकर सैकड़ों में है। ये सारे गीत अनुमानतः ढाई-तीन साल के बीच ही लिखे गये थे। आजादी के बाद सन् 49 की तिथियाँ उनकी रचनाओं के नीचे मिलती हैं, पर ऐसा जान पड़ता है कि इसके पहले से ही अर्थात् 47, 48 से ही उनका कवि सक्रिय हो चुका था। कस्बे में रहने के कारण साहित्य की नई हलचलें और आन्दोलन उन तक पहुँचे नहीं थे पर कवि सम्मेलनों और छायावादी कविता का शोर वहाँ तक जरूर पहुँच चुका था। इन गीतों में महादेवी और उत्तरछायावादी काव्य शिल्प की गंध पूरी तरह से है। उदाहरण के लिए एक गीत की कुछ पंक्तियाँ इस प्रकार है–

मैं विरही की प्यास अमर हूँ
प्राण तुम्हारे पथ में मैंने
विश्वासों के जाल बिछाए
सजल प्रतीक्षा करते-करते
ये गीले लोचन पथराए
ज्वालामुखी सा अपने उर में
मैं दाबे उच्छ्‌वास अमर हूँ

इसमें 'अमर प्यास', 'सजल प्रतीक्षा, 'गीले लोचन', 'अमर उच्छ्‌वास', आदि पद ठेठ छायावादी हैं जो आसानी से कवि पंत और महादेवी वर्मा के गीतों में हमें मिल सकते हैं। इसलिए यह कहा जा सकता है कि दुष्यन्त के इन गीतों में अनुकरण धर्मिता की बहुलता है। त्रिलोचन शास्त्री ने बातचीत के प्रसंग में एक दिन कहा था कि दुष्यन्त की प्रारम्भिक रचनाएँ अनुकरण मूलक हैं और उन्हें देखकर किसी मौलिक प्रतिभा का अंदाज़ लगा पाना कठिन लगता है।

छायावाद के उतार पर आवेगों का ताप कम हो चुका था और बाहरी रचाव तथा सौन्दर्य प्रियता ही कविता की पूँजी मान ली गई थी। रहस्य की शैली

कवियों के लिए अत्यन्त प्रिय हो चली थी। दुष्यन्तकुमार के गीतों पर ये प्रभाव आसानी से देखें जा सकते हैं।

जहाँ तक उनकी छन्द व्यवस्था और संगीत परकता का प्रश्न है दुष्यन्त इन गीतों को गुनगुनाते हुए लिखते थे। अत: एक सहज लय समन्वित संगीत उनके प्रत्येक गीत में स्वत: विद्यमान है। शब्दों की कोमलता और चिकनाहट के मूल में यही कारण है। उनकी भाषा अत्यन्त माधुर्य युक्त और प्रासादिक है। भावों को गूढ़तर करने या गोपनीय रखने में उसकी कोई रुचि नहीं। वह अपने आपको अत्यन्त उन्मुक्तता से खोलती चली गई है। इस खुलने में ही उसका सौन्दर्य है।

निष्कर्षत: कहा जा सकता है कि ये गीत दुष्यन्त को भले ही किसी सम्भावनाशील कवि के रूप में प्रतिष्ठित न करें पर उनकी तात्कालीन साधना के एक अनिवार्य सीढ़ी के रूप में हमारे सामने रहेंगे। इन्हें भले ही हम कवि की उपलब्धि न मानें पर उसकी शुरुआत को इनके बिना समझना कठिन ही नहीं, असम्भव भी है।

निष्कर्षत: कहा जा सकता है कि दुष्यन्त के प्रारम्भिक काव्य में हल्के प्रेम और रोमांस की जो छवियाँ प्रकट हुई हैं वे एक भावुक और द्रवणशील मन की उपज हैं। यह भी स्पष्ट है कि उनमें कोई वैचारिक उद्वेग या गहरी अनुभूति नहीं है। पर ज्यों-ज्यों वे इन प्रेम गीतों में उदास और निराश होते गये हैं वैसे-वैसे उनकी कविता में सोच-विचार का धरातल जन्म लेता और विकसित होता चला गया है। इस विकास के क्रम में सबसे उल्लेखनीय बात यह है कि कवि में अटूट आस्था और अखण्ड विश्वास का स्वर प्रमुख स्वर के रूप में गूंजता है–

तिनके सा अस्तित्व मगर में
हिमगिरि का विश्वास अमर हूँ

यहाँ जो बात कही जा सकती है वह यह कि इस 'आस्था' और 'विश्वास' का व्यावहारिक स्वरूप तब भी हमारे सामने स्पष्ट नहीं है। पर इस प्रकार के छन्द कवि दुष्यन्त को उस संघर्ष वृत्ति से जोड़ते हैं जो बाद में 'सूर्य का स्वागत' में पूरे मनोयोग और सुनियोजन के साथ प्रकट हुआ है।

टिप्पणी

कवि दुष्यन्त पर शोध कार्य करती हुई अनुभा दत्त ने जब यह आलेख लिखा था, तब तक दुष्यन्तकुमार रचनावली प्रकाशित नहीं हुई थी। तब तक उनके कुछ गीत ही इस लेखिका के देखने में आये थे। आज तो लगभग समूचे दुष्यन्त हिन्दी के पाठकों के सामने हैं

दुष्यन्त रचनावली के सम्पादक ने उनके जीवन के कई प्रामाणिक तथ्य भी जिज्ञासु पाठकों के लिए परोस दिए हैं। जैसे कि छायावादियों में दुष्यन्त सबसे ज़्यादा कवि श्री सुमित्रानन्दन पंत से प्रभावित थे। उन्हें अपना द्रोणाचार्य और स्वयं को उनका एकलव्य मानते थे।

उनके कुछ गीतों की रचना के पीछे नहटौर– काल की कोई एक सहपाठिनी भी थे जिसे वे प्रकट तौर पर प्यार करते थे और उससे विवाह भी करना चाहते थे।

दुष्यन्त के रोमानी गीतों के अलावा उनके राजनीतिक विषयों वाले गीत भी कम नहीं हैं। वे खेती, किसान, मन्त्रियों के पाखण्डों पर भी लिखते रहे हैं। बाद में तो वे एक सजग समाजिक और राजनीतिक कवि के रूप में ही जाने गये और प्रतिष्ठित हुए।

आज तो यह भी कहा जा सकता है कि अगर उनमें यह सजगता न होती तो 'साये में धूप' की ग़ज़लों तक आते ही नहीं।

–सम्पादक

दुष्यन्त की कविताएँ

डॉ. कान्तिकुमार

दुष्यन्तकुमार त्यागी को नई कविता का कवि कहा जाता है। इसका अर्थ सामान्यत: यही लगाया जाना चाहिए कि दुष्यन्त का कवि-जीवन नई कविता के चरम उन्मेष के युग में प्रारंभ हुआ था और वे अपनी कविताओं में सफल हुए थे। किन्तु जैसे बालकृष्ण राय, केदारनाथ अग्रवाल, भवानी प्रसाद मिश्र नए कवि न होते हुए भी नई कविता के श्रेष्ठ उदाहरण हैं वैसे ही दुष्यन्तकुमार भी नई कविता के आन्दोलनकर्त्ता कभी नहीं रहे किन्तु उनकी कविताएँ नई कविता की महत्त्वपूर्ण उपलब्धि कही जा सकतीं हैं। कोई भी संवेदनशील एवं सावधान कवि अपने समय के काव्यगत और ऐतिहासिक दवाबों से मुक्त नहीं रह सकता। न मैथिलीशरण गुप्त छायावादी संस्कारों से बचे रह सके, न 'निराला' प्रगतिवादी काव्य की आवश्यकताओं से। दुष्यन्त नई कविता के आन्दोलनकर्ता कभी नहीं रहे। नई कविता के आन्दोलनगत उत्साह के अतिरेक से दुष्यन्त ने स्वयं को संयमित रखा। यही कारण है कि वे नई कविता की स्वस्थ एवं संतुलित प्रवृत्तियों का उदाहरण प्रस्तुत कर सके और उनकी कविताएँ अच्छी नई कविताएँ ही नहीं, अच्छी कविताएँ भी सिद्ध हुईं।

दुष्यन्त लिक्खाड़ कवि नहीं हैं। उन्होंने थोड़ा लिखा किन्तु जो भी लिखा उसमें एक स्तर की रक्षा सदैव की। यही कारण है कि दुष्यन्तकुमार की एक निश्चित कालखंड की विभिन्न रचनाओं को पढ़ते हुए, उनके विभिन्न काव्य संकलनों की अनेकानेक रचनाओं से गुजरते हुए हमें किसी विखंडित प्रतिक्रिया से होकर नहीं गुजरना पड़ता। आन्दोलन कर्त्ता का उत्साह और दृढ़ता आन्दोलन की सफलता के प्रति आवश्यक हो सकती है किन्तु रचना के लिए वह सदैव उपयोगी एवं हितकारी नहीं होती। दुष्यन्तकुमार की कविता पढ़कर हमें नई कविता

के संबंध में वैसी धारणा बनाने का अवसर नहीं मिलता जैसी नई कविता के विरोधी झुनझुने की तरह बजा-बजा कर व्यक्त करते हैं। यह बहुत आश्चर्य ही बात है कि व्यक्तिगत जीवन में विवादास्पद रहने वाले और कई बार जान-बूझकर विवादों को जन्म देने वाले या विवादों को आमन्त्रित करने वाले दुष्यन्तकुमार काव्य-सृजन के क्षेत्र में निर्विवाद बने रहे हैं।

दुष्यन्तकुमार का काव्य रचना काल लगभग अठारह वर्षों की अवधि में फैला हुआ है। सूर्य का स्वागत के कवि के रूप में वे 1957 में हमारे सामने आये थे। उसके पहिले वे 'परदेशी' के नाम से रोमेंटिक गीत लिखा करते थे। 'आवाजों के घेरे' उनका दूसरा कविता संग्रह है जो 1963 में प्रकाशित हुआ। नौ बरसों बाद उनका तीसरा काव्य संग्रह 'जलते हुए वन का वसन्त' पाठकों को 1972 में मिला। और 'साये में धूप' जो दुष्यन्त का अन्तिम संकलन सिद्ध हुआ 1975 में प्रकाशित हुआ। इन चार कविता संग्रहों के माध्यम से दुष्यन्त का काव्य विकास एवं माध्यम की उनकी तलाश साफ देखी जा सकती है। 'परदेशी', जैसा नाम से ही स्पष्ट है रोमेंटिक भावनाओं का कवि है, किन्तु किशोर वय की रूमानी कविताओं का वह दौर बहुत नहीं चला। वैसे 'सूर्य का स्वागत' की कविताओं में रूमानियत अभी शेष है और कवि अपने दायरे से बाहर निकलने के लिए बेचैन है गो वह निकल नहीं पाता है। इस संग्रह की कविताओं में आक्रोश और बेचैनी तो मिलती है किन्तु यह आक्रोश और बेचैनी किसी सामाजिक बोध के कारण नहीं अपितु आन्तरिक द्वन्द्व के परिणाम स्वरूप है। 'सूर्य का स्वागत' के कवि की सबसे बड़ी और एकमात्र आकांक्षा आत्माभिव्यक्ति ही है। इस आत्माभिव्यक्ति की आकुल आकांक्षा ने ही गीतों की सृष्टि की हैं।

'सूर्य का स्वागत' का कवि गीतों का कवि है और इन गीतों के केन्द्र में कवि स्वयं है। इन गीतों में कवि के व्यक्ति का कोई निश्चित आकार या रूप उपस्थित नहीं होना। एक बात सारी कविताओं से निचुड़ कर अवश्य हमारे सामने आती है– वह यह कि कवि में अभी क्षोम और जलन तो है किन्तु वह पराजित नहीं है। 'सूर्य का स्वागत' एक आस्तिक कवि की रचनाओं का संग्रह है। 'आवाजों के घेरे' की कविताओं में दुष्यन्त ने अपने ही बनाए हुए घेरे को तोड़ने में सफलता प्राप्त की है। इस संग्रह में घायलों और पीड़ितों की आवाजें देखी जा सकतीं हैं। कवि स्थान-स्थान पर अंधकार की हदों को चीरता हुआ दिखाई पड़ता है।

'साये में धूप' की अनेक कविताओं के पूर्व स्वर 'आवाजें के घेरे' की कविताओं में सुने जा सकते हैं। कवि सूर्य का स्वागत के आत्मबोध से आगे बढ़कर स्वयं बोध की स्थिति में पहुँच चुका है, किन्तु समाज बोध अभी भी दूर है।

मैं तो बस जल भींगा कपड़ा हूँ
जिसको निचोड़कर मेरी ये कविताएँ
उष्ण जल इस धरती के ऊपर छिड़क देती हैं
कविताएँ माध्यम है शायद

'आवाजों के घेरे' की कविताओं में वैयक्तिक परिवेश से निकलकर सामाजिक परिवेश में पहुँचने की बेचैनी एकदम साफ है।

'जलते हुए वन का वसन्त' दुष्यन्त का सर्वाधिक महत्त्वपूर्ण काव्य संग्रह है। दुष्यन्त को प्रसिद्धि और ऐतिहासिक महत्ता 'साये में धूप' से मिली किन्तु 'साये में धूप' 'जलते हुए वन का वसन्त' का अनुगायन मात्र है। दुष्यन्त 'आवाजों के घेरे' से सीधा 'साये में धूप' तक नहीं पहुँचे हैं बल्कि 'जलते हुए वन में वसन्त' का अनुभव कुछ-कुछ वे 'साये में धूप' में कर रहे हैं। इस संग्रह की सभी कविताएँ समान भाव से महत्त्वपूर्ण नहीं हैं। 'देश प्रेम' नामक खंड की तरह कविताओं में दुष्यन्त के कवि का एक निर्भ्रान्त और छटपटाहट से भरा रूप सामने आता है। 'ईश्वर को सूली' वह कविता है जिसमें दुष्यन्त वैयक्तिक बोध को सूली पर टाँगकर सामाजिक बोध के मसीहा बन जाते हैं–

इतिहास
विद्यमान काल की परिधि में
दीवारों से टिके हुए
इन मुर्दा लोगों की पीढ़ी को माफ करे
(सहनशील जनता न्याय संगत नहीं होती)
इतिहास न्याय करे
मुझ जैसे चन्द बदजबान और बेशऊर लोगों के साथ
जो खुद आगे बढ़ आये
अपनी कमजोर और सीमित भुजाओं में भर
लेने के लिए
कि एक बाँध अपने कगारों पर टूट रहा है।

'जलते हुए वन का वसन्त' की कविताएँ जैसे किसी कवि ने नहीं, नज़मी ने लिखीं हों। 1977 के चुनावों के सन्दर्भ में 1972 के पहिले लिखी यह कविता देखिए–

आओ देखें–
एक छोटी-सी पगडंडी
कहाँ पहुँच सकती है!
भय की जमीन पर
निश्चय की ईंट
कैसे एक सृष्टि रच सकती है ?
आओ सोचें–
कैसे घरों में बन्द विद्रोह के तर्क
बाहर आ जाते हैं,
और लोकतन्त्र के स्वागत में
सफल वातावरण बनाते हैं।
आओ–अंजलि में भर लें–
पराजित चहरों के मुँह से निकलता हुआ झाग।
देखें–
लौह पुरुष बनकर पुजने वाला पुतला मोम का निकला
एक फूँक से बुझ गया
सूरज समझा जाने वाला चिराग।

'साये में धूप' की अनेक कविताएँ छन्द के अन्तर से 'जलते हुए वन में वसन्त' में ज्यों की त्यों विद्यमान हैं :

मैं एक भावुक सा कवि
इस भीड़ में गाते गाते चिल्लाने लगा

(जलते हुए वन का वसन्त)

कैसे मंजर सामने आने लगे हैं
गाते गाते लोग चिल्लाने लगे हैं

(साये में धूप)

कविता के लिहाज़ से 'जलते हुए वन का वसन्त' में संकलित मुक्त छन्द

की रचनाएँ ज्यादा अच्छी हैं वैसे उनकी लोकप्रियता की कोई सम्भावना नहीं हो सकती। 'कितने भयानक भ्रम में जिये हैं।' बीस वर्ष दुष्यन्त को अपनी कारगर अभिव्यक्ति के लिए ग़ज़लों के पास ले जाते हैं। 'जलते हुए वन का वसन्त' तक दुष्यन्त एक कवि है। 'साये में धूप' में वह जनकवि बन जाता है। उसने समझ लिया था कि जन-जन में बसी हुई छटपटाहट और मोह भंग को वाणी देकर उसे पुनः यदि जन-जन तक पहुँचाना है तो माध्यम भी ऐसा तलाश करना होगा जो सामान्य आदमी की जीभ पर चढ़ जाए। दुष्यन्त की दिलेरी की दाद देनी पड़ेगी कि उसने ग़ज़ल जैसे सुकुमार और चटख माध्यम को अपनी छटपटाहट की सनद के लिए चुना। सामान्यतया नितान्त वैयक्तिक शिकवा-शिकायत के लिए लिखी जाने वाली ग़ज़ल दुष्यन्त के हाथों राष्ट्रीय आरोप पत्र का प्रारूप बन गई। दुष्यन्त और किसी बात के लिए याद किया जाए या न किया जाए, इस बात के लिए हमेशा याद किया जायेगा कि उसने ग़ज़ल को मर्सिया बना दिया।

इस दिल की बात कर तो सभी दर्द मत उँडेल
अब लोग टोकते है ग़ज़ल है कि मर्सिया

दुष्यन्तकुमार के काव्य में वैविध्य नहीं है। किन्तु यह बात तथ्य के रूप में कही जा रही है, शिकायत के रूप में नहीं। जीवनानुभवों की विविधता और काव्य-विषयों का विस्तार महाकवियों के लिए अनिवार्य हो सकता है, श्रेष्ठ कवियों के लिए वह सदैव आवश्यक नहीं होता। दुष्यन्तकुमार जीवन के एक निश्चित दायरे के कवि हैं– अपने काव्य की चौहद्दी उन्होंने स्वयं खींची है और उसके लिए न तो वे हीनताबोध से ग्रस्त हैं और न ही सफाई देते हैं। एक संवेदनशील और जागरूक नागरिक चेतना संपन्न व्यक्ति का जो दायरा हो सकता है वही दायरा दुष्यन्तकुमार की कविताओं के विषयों का है। कवि के काव्य में आधुनिक व्यक्ति मन की अनेकानेक चिन्ताएँ, कुण्ठाएँ, वर्जनाएँ और आशंकाएँ कुलबुलाहट मचाती हैं किन्तु कविधर्म की बाध्यता के कारण नहीं, नागरिक धर्म की बाध्यता के कारण। कवि दुष्यन्त की सम्वेदना का अंग बनकर नागरिक दुष्यन्त की संवेदना का अंग बनकर नागरिक दुष्यन्त की चिन्ताएँ, आशंकाएँ इतनी संप्रेषणीय और असरदार बन जाती हैं कि दुष्यन्त कविता का प्रयोग माइक की तरह करने लगते हैं। दुष्यन्त के काव्य में यह नागरिक बोध एक अनिवार्य तत्त्व की तरह विद्यमान रहता है। एक संवेदनशील प्रबुद्ध नागरिक की तरह दुष्यन्त

समसामयिक समस्याओं के प्रति जागरूक रहते हैं किन्तु उनकी संवेदनशीलता कभी पलायन, समझौते या भय का रूप ग्रहण नहीं करती। वे समसामयिक जीवन की समस्याओं का साक्षात्कार करते हैं किन्तु कभी उनसे आक्रान्त नहीं होते। उनकी वे कविताएँ जो समसामयिक स्थितियों की प्रतिक्रियावश लिखी गई हैं, इसका प्रमाण तो हैं ही, 'एक कण्ठ विषपायी' जैसी रचनाएँ भी इसका उदाहरण प्रस्तुत करतीं हैं। दुष्यन्तकुमार पुराण का प्रयोग भी वर्तमान के सन्दर्भ में ही करते हैं। 'एक कण्ठ विषपायी' दक्ष और शंकर की ही कथा नहीं है– वह सत्ता और अभिजात्य के दंभ में डूबे हुए हमारे युग के शासकों की मदांधता को चुनौती देने वाले प्रतिपक्षियों की भी कथा है।

दुष्यन्तकुमार के काव्य में नागरिक बोध की अनिवार्य परिणति सामाजिक चेतना में होती है। यह सामाजिक चेतना उसे इतिहास से नहीं, राजनीति से प्राप्त होती है। दुष्यन्त इतिहास या पुराण का कवि नहीं, वह राजनीति और संविधान के भ्रष्ट हो जाने के विरोध का कवि है। दुष्यन्त के काव्य को हम 'नोट अफ डिसेंट' का काव्य भी कह सकते हैं। स्वतन्त्र भारत के आम नागरिक को जिन अन्यायों, अत्याचारों या कदाचारों से मुकाबिल होना पड़ा था, दुष्यन्त स्वयं को एक कवि के रूप में उनके मुकाबले में खड़ा पाते हैं। प्रवीरचन्द भंजदेव की राजनीतिक हत्या से भी वे उतने ही क्षुब्ध होते हैं, जितना संविधान की हत्या से। निहत्थे, घिरे हुए, बेजुबान आदमी को दुष्यन्त अपनी कविताओं से हथियार, कवच और जुबान देते हैं। निर्भीकता और अनुभूतिगत ईमानदारी उनके काव्य का एक महत्त्वपूर्ण गुण है। ईश्वर, युद्ध, चुनाव, मन्त्री पर लिखी गईं दुष्यन्त की कविताएँ इसीलिए उनके पाठक को उद्वेलित करतीं हैं।

दुष्यन्त अनुभूतियों के कवि हैं, चिन्तन अथवा कल्पना उनके अस्त्रागार के उल्लेखनीय उपकरण नहीं हैं। वे अपनी कविताओं के सृजन में अनुभूति का प्रमुख उपयोग करते हैं और अनुभूति का ताप ही उसके कथ्य को पाठकों तक बिना किसी 'अटकाव या संभ्रम के सीधे बिल्कुल लक्ष्य तक पहुँचा देता है।

दुष्यन्त की कविताओं में जीवन की असाधारण घटनाएँ, फैंटेसियों या उदात्त जीवन प्रसंग नहीं हैं। आम आदमी की जिन्दगी में रोजमर्रा जो घटनाएँ घटती हैं दुष्यन्त उन घटनाओं को नहीं, उन घटनाओं के 'इंप्रेशन' को अपने काव्य का कथ्य बनाते हैं। उनकी कविता से ऐसा लगता है कि वे हमारे जाने

पहिचाने जीवन का बखान अपनी कविता में कर रहे हैं किन्तु कविता का अन्त करते-करते वे अपनी ओर से ऐसा निष्कर्ष प्रस्तुत कर देते हैं कि सारी स्थिति को एक नई अर्थवत्ता प्राप्त हो जाती है और वे एक प्रबुद्ध, जागरूक प्रगतिशील कवि के रूप में हमारे सम्मुख उभर आते हैं।

दुष्यन्त आज के औसत भारतीय के दोमुँहेपन, चतुराई एवं काइँयेपन को बखूबी जानते हैं। आज के औसत भारतीय का विभक्त व्यक्तित्व दुष्यन्त की कविताओं में बार-बार उभरकर सामने आता है। जीवन के उदात्त मूल्यों की उपेक्षा कर आम भारतीय का भौतिक सुविधाओं एवं समृद्धि की नहर काटकर अपने आँगन तक ले आने की उसकी बेताबी और बेशर्मी हमारा हर दिन का सामान्य अनुभव है। फलतः आम भारतीय को इस दोमुँहेपन, स्वयं की बेईमानी का निरन्तर अहसास, उसे सीनातान कर, माथा ऊँचा कर जीने की शक्ति नहीं देती अपितु उसे समझौताकारी और 'टैक्टफुल' बना देती है। आम भारतीय बुद्धिजीवी को इसी तरह 'टैक्टफुल' हो जाने का परिणाम है कि वह बौने नेताओं की जयजयकार करता है और घटनाचक्र के बदलते ही आसानी से और बड़ी सफाई से करवट बदल लेता है। कल तक जो आपातकाल का समर्थन कर रहे थे, वही आज समग्र क्रान्ति का बिगुल लिए घूमते हैं। यह चतुराई जिसे दुष्यन्त 'अस्तित्व का तर्क' कहते हैं–आम भारतीय को कैसा संवेदनाहीन और मिथ्याचारी बनाता है–दुष्यन्त ख़ूब जानते थे। उनकी कविताओं में ऐसे आदमी को बिना किसी आक्रमकता के बेपर्दा किया गया है–

जैसे उस दिन दीवार गिर पड़ी थी एक बच्चे पर
किसी ने कहा, आओ देखें
मैंने घड़ी देखी, नौ बजकर तीस हो चुका था मेरा चैक बैंक में रुका था।

काव्य पड़ाव और प्रस्थान

विजय बहादुर सिंह

मध्यवर्गीय कुण्ठा, मानसिक अवसाद लघुमानववाद और आत्मदया के काव्य-सन्दर्भ के बीच गीतकार दुष्यन्तकुमार 'परदेशी' 'सूर्य का स्वागत' की कविताएँ लेकर जब छठवें दशक में नई कविता के कवि के रूप में आये, जुझारू और स्वप्नदर्शी मध्यवर्ग के एक तबके ने राहत की साँस ली। आजादी के सात-आठ सालों बाद ही निराश होकर शेष बची उत्तरशती को अंधकारपूर्ण, लूली-लँगड़ी इच्छाओं और मूल्यशून्यता की शती मान लेने को दुष्यन्त जैसे कवि तैयार नहीं थे। वे लोकतन्त्रवादी थे इसीलिए तन्त्र के प्रभावहीन चेहरे या विकृत रूप से क्षुब्ध होकर बौखलाहट की भाषा बोलने के बजाए अभी भी उस 'जन' के प्रति आस्थाशील थे जिसकी नई पीढ़ियाँ बारिश के बाद दीवारों पर लगी काई को खुरच डालने का सहज स्वभाव लिए हुए आगे आ रही थीं। अपने अन्य कई समकालीनों की तरह वे यह मानने को राजी नहीं थे, कि हमारे पास कोई मूल्य बचे ही नहीं हैं और दो-दो महायुद्धों के बाद विश्व लगभग स्वप्नहीन हो उठा है। वे इस मायने में उन आधुनिकतावादियों से काफी अलग-थलग थे जिनके सारे सपने भुने हुए पापड़ों की तरह टूट चुके थे। दुष्यन्त जैसों के पास सिर्फ सपने नहीं थे। सपनों को बरकरार बनाए रखने वाले तर्क भी थे और इसमें उनकी परम्परा और स्वाधीनताबोध निरन्तर उनकी मदद करते चल रहे थे। इसलिए जब वे 'सूर्य का स्वागत' करते हुए आये, नई हिन्दी कविता एक नए जीवन-बोध के उल्लास से भर गई।

ये दुष्यन्तकुमार, कमलेश्वर ही थे जिन्होंने उन दिनों के परिमलवादियों के ठीक समानान्तर प्रगतिशील युवा लेखकों का एक संगठन इलाहाबाद में खड़ा किया था। वस्तुतः यह काव्य-मूल्यों अथवा सौन्दर्य-मूल्यों की लड़ाई नहीं थी।

जीवन आदर्शों की लड़ाई भी थी। ये वे लोग थे जो शहरी मुहल्लों या कस्बाई बस्तियों से नहीं, विशाल और विराट ग्रामीण जीवन-समूहों के बीच से चलकर आये थे और आदमी के अनथक संघर्ष के हामीकार थे। वैचारिक कायरता और भावक्षीणता इन्हें किसी भी स्थिति में स्वीकार्य नहीं थी। इनका मानना था कि अगर मनुष्य इतिहास के नियंत्रण में है तो इतिहास भी मनुष्य के बहुरूपी पुरुषार्थों की ही परिणति है। इतिहास ऐसी कोई निरंकुश सत्ता नहीं है, कि मनुष्य हर पल उसके सामने लाचारी या दीनता का बोध करने पर मजबूर हो। इतिहास अगर कुछ मायने में मनुष्य का विधाता है तो मनुष्य भी इतिहास का विधाता है। उसमें अकूल पौरुष और अनन्त सम्भावनाएँ हैं। निराशाओं के अन्तिम छोर से वह आशाएँ लेकर लौटने की सनातनता से बाकायदा वाकिफ रहा आया है।

इतिहास ने इन युवा लेखकों को द्वन्द्व की सनातनता से ही परिचित नहीं कराया, मनुष्य की कभी भी न खत्म होने वाली जिजीविषा का अहसास भी कराया। इसलिए यथार्थ के प्रति एक सहज चौकसी दुष्यन्त के प्रारम्भिक काव्य में मिलती है।

दुष्यन्त के करीब रहे हर वरिष्ठ या कनिष्ठ का यह आम खयाल है कि वे बहुत बेचैन किस्म के आदमी थे। मुनीर नियाजी के ठीक इस मिस्रे की तरह 'जिस शहर में भी रहना उकताए हुए रहना।' साहित्य की प्रत्येक बस्ती उन्हें अपनी ओर खींचा करती थी और वे खिंचते हुए चले जाते थे, पर जल्दी ही उन्हें वहाँ उकताहट सी महसूस होने लगती थी और वे किन्हीं और बस्तियों की ओर प्रस्थान कर जाया करते थे। कविता की तमाम प्रचलित शैलियों में उनकी आवाजाही लगभग एक खिलाड़ी की तरह थी, पर उस्तादी हासिल करने तक की धीरता उनमें शायद ही कभी रह पाई हो। वे जाते थे और दो-दो हाथ करके लौट आते थे। इसी क्रम में पहलकदमी सी करते हुए उन्होंने एक कण्ठ विषपायी जैसा काव्य-नाटक लिख डाला। 'छोटे-छोटे सवाल' और 'आँगन में एक वृक्ष' जैसे साफ-सुथरे कथाधर्मी उपन्यास लिखे, गाहे-बगाहे आलोचनाएँ लिखीं, सत्ता और साहित्य के सम्बन्धों को लेकर गरमागरम बहस की शुरुआत की।

यही वक्त है जब दुष्यन्त नई कविता और नवलेखन के जाने-पहचाने रास्तों को अलविदा करते हुए एक बेहद पारम्परिक किन्तु गहरे रोमानी 'फार्म' की तरफ आ गये। यह ग़ज़ल की बस्ती थी और इसके पहले के बाशिन्दों में मीर

और गालिब ही नहीं, फैज़ और फ़िराक भी थे। याद करें तो दुष्यन्त सबसे पहले एक गीत कवि के रूप में उभरे। 'परदेशी' उनका तख़ल्लुस था। नई कविता और मुक्तछन्द की बस्ती में रहकर भी उनकी गीत-प्रवृत्ति एकदम से समाप्त नहीं हो गई थी। बल्कि वह जब-तब झाँक जाती थी। सूर्य का स्वागत, आवाजों के घेरे और जलते हुए वन का वसन्त। सन् 1975 की अनेक कविताएँ गीतात्मक रुझान लिए हुए हैं। और कुछेक तो शुद्ध गीत ही हैं। 'जलते हुए वन का वसन्त' की आखिरी दो कविताओं में से सबसे अन्तिम कविता एक मार्मिक गीत है– 'अब उम्र का ढलान उतरते हुए मुझे, आती है तेरी याद तुझे कैसे भूल जाऊँ।' इससे पहली ग़ज़ल है जिससे यह ख़बर तो लग ही जाती है कि नई कविता के संसार में सक्रिय रहते हुए भी दुष्यन्त ने यह पूरी तरह क़बूल नहीं कर लिया है कि गीत और ग़ज़ल जैसी विधाएँ निःशेष हो चूकी हैं और उनमें नया करने को कुछ बचा नहीं है। विपरीत इसके उनका विश्वास यह था कि पुराने में नया प्राण फूँक सकना भी प्रतिभा की एक पहचान है। पुराने और नए के सम्मिलित सहकार से ही तो कालिदास, तुलसीदास आदि कवियों ने अपना कालजयी काव्य रचा है। परम्परा निरन्तर माँजी जाती रहे तो घिसती नहीं, बल्कि कुछ अधिक ही निखरती और चमक उठती है।

सवाल यह भी है कि क्या ग़ज़ल भी दुष्यन्त की परम्परा में शामिल थी? क्या हम हिन्दुस्तान और हिन्दी (रखते) के लोग इसे अपनी विरासत के दायरे से बाहर की चीज़ मान पाएँगे? भले ही दुष्यन्त को इन सवालों को उठाने का अवसर नहीं मिल पाया, पर गीत की दुनिया से चलकर नई कविता के अगीत तक आनेवाले शिल्पी दुष्यन्त को इन बातों का अहसास था। एक तो वे अति साहसी किस्म के जीव थे और उनकी बच्चों जैसी बेफ़िक्री इसमें काफी मदद किया करती थी। वे अगर 'प्लान्ड पोयट' होते तो ग़ज़ल जैसी चीज़ की ओर बढ़ने से पहले दस क्या, हजार बार सोचते पर कवि जितने थे, उससे कई गुना ज्यादा वे आदमी थे। भरे-पूरे आदमी, तमाम सारी खूबियों और खसलतों के साथ उनका सारा अस्तित्व उस पारे-सा हो चुका था जिसकी चर्चा एक गीत में उन्होंने की भी है–

अधरों में आग, राग
अनमनी दिशाओं में

पार्श्व में, प्रसंगों में
व्यक्ति में, विधाओं में
साँस में, शिराओं में
पारे सा ढाल गया
कौन यहाँ आया था
कौन दिया बाल गया।

खड़ी बोली में लिखते हुए भी वे 'बोली' को कभी भूले नहीं। अगर भूल चुके होते तो इस गीतांश के अन्तिम प्रयोग में दिया बालने जैसा प्रयोग कैसे करते ? दिया बारना, बोलियों में तो प्रयुक्त होता है। खड़ी बोली दिया जलाती है, बारती नहीं। पर दुष्यन्त की परम्परा उन्हें सचेत करती रहती थी कि केवल लिखित भाषा के बलबूते पर कभी भी भरोसा नहीं करना।

गीत के इस टुकड़े पर सोचता हूँ तो इसी भोपाल में दुष्यन्त की दूसरी पुण्यतिथि (1978 दिसम्बर) पर भवानी प्रसाद मिश्र का यह कथन याद आता है– 'वह जला तो जलता ही चला गया।' ढेर सारे कवियों-लेखकों और बौद्धिकों की उपस्थिति में उन्होंने यह कहना जरूरी माना कि–' मुहूर्त भर में भभककर जल उठना, ज़िन्दगी भर धुँधुआने से कहीं अधिक अच्छा है।' दुष्यन्त अपनी ग़ज़लों में आग लेकर उतरे थे और समय के दुखद अधकार में मशाल की तरह जल रहे थे–

मेरे सीने में नहीं तो तेरे सीने में सही
हो कभी भी आग लेकिन आग जलनी चाहिए

सिर्फ हंगामा खड़ा करना मेरा मकसद नहीं
मेरी कोशिश है कि ये सूरत बदलनी चाहिए

उनकी ग़ज़लें इसी बेचैनी और बदलाव की मुनादी बनकर आईं। यही कारण है कि अपने समय के राजनीतिक कुशासन से तंग आ चुके अवाम ने इन्हें अपनी आवाज़ माना और दुष्यन्त हिन्दी की उस परम्परा से जुड़े माने गये जिसमें भारतेन्दु, मैथिली शरण गुप्त, माखनलाल चतुर्वेदी, सुभद्रा कुमारी चौहान और नवीन ही नहीं आते, प्रसाद निराला जैसे छायावादियों की भी कई जानी-मानी कविताएँ आती हैं। यह खड़ी बोली की लोकजागरण मूलक धारा थी जिसमें

सामूहिक जातीय (राष्ट्रीय) भावों की गहरी अन्तर्ध्वनियाँ और उलट-पुलटकर डालने वाले उद्यत मनोवेग थे।

'हिन्दी नवलेखन' की अतिबौद्धिक कसरतों के बीच, मध्यवर्ग के चन्द पढ़े-लिखे कविता-द्वीपों की दुनिया से काफी दूर यह एक ऐसी कविता थी जिसका वास्ता अवाम से था। कभी मीर जैसे शायरों ने कहा था– "गो मेरा शेर है ख़वास पसन्द / पर मेरा वास्ता अवाम से है।' दुष्यन्त कविता के ख़वास पसन्दों के इस संसार से काफी दूर निकल आये थे, जहाँ उर्दू और हिन्दी दो लिपियों की कैद से बाहर निकलकर खड़ी हो जाती हैं। वे भाषा की इस साम्प्रदायिकता के ख़िलाफ़ थे। उनकी परम्परा में जितने मैथिलीशरण गुप्त, प्रसाद-निराला आदि शामिल थे उतने ही मीर, ग़ालिब नज़ीर और फैज़-फ़िराक भी। उनकी चेतना की रंगों में ये सब एक साथ धड़का करते थे।

अपनी ग़ज़लों को उन्होंने अरबी-फारसी की रवायतों से बचाया और खड़ी बोली की खूबसूरती से भरते चले गये। तालाब, कमल, पत्थर, यहाँ तक कि रेल और पुल से लेकर ऋतम्बरा जैसे शब्दों तक उन्होंने एक साथ गीत, नई कविता और पारम्परिक कविता की कतिपय ध्वनियों को भी एक घाट पानी पिलाने का ख़तरा मोल लिया। यह सिर्फ भाषागत प्रयोगों का ख़तरा नहीं था। इस भाषा में उलट-पुलट कर डालने वाले अर्थों का उथल-पुथलकारी संगीत भी था। इसे पढ़ते हुए यह भुला पाना मुश्किल होगा कि कविता का एक काम उस नए संसार का निर्माण भी है जो नई मानवता के विद्रोही स्वभाव और क्रान्तिकारी सपनों की पहचान बन सके।

तथ्य है कि उन्हीं दिनों गुजरात और बिहार में चली आती सरकारों के मुखौटे छीने जा रहे थे और सर्वोदय से अलग हुए जयप्रकाश नारायण के नेतृत्व में सम्पूर्ण क्रान्ति का आन्दोलन निज़ाम की असफलता के विरुद्ध राष्ट्रीय स्तर पर एकजुट कर रहा था। दुष्यन्त की कविता ने उस वातावरण में आग में घी का काम किया। जहाँ-जहाँ चिनगारी मात्र थीं, वहाँ-वहाँ लपटें उठने लगीं। पूरा हिन्दी प्रदेश इसकी लपटों और आँच में तपने लग गया। कविता और राष्ट्रीय जीवन के रिश्ते नए सिरे से पुनर्परिभाषित हुए। कवि दुष्यन्त आलोचकों के ड्राइंगरूम से उठकर अपने पाठकों और श्रोताओं के बीच आ खड़े हुए थे और अपने शब्दों की तासीर को समझने की कोशिश में लगे हुए थे।

उर्दू के मशहूर शायर ताज़ भोपाली ने दुष्यन्त की शायरी की हैसियत के बारे में पूछने पर इस लेखक से कहा था– 'यह कमाल तो वही कर सकता था। अच्छा हुआ वह क्लासिक ग़ज़ल नहीं जानता था। नहीं तो हमारी तरह वह भी उसके आतंक के साये में जी रहा होता।' नेमिचन्द्र जैन और मलयज से एक लम्बी बातचीत में ग़ज़ल का प्रसंग आने पर क्लासिक ग़ज़ल के जानकार शायर और हिन्दी कवि शमशेर ने जो कहा था, दुष्यन्त के सन्दर्भ में, आज वह एक दस्तावेज़ है–'मैं यह कह दूँ कि ग़ज़ल एक बहुत ही कठिन विधा है... और इसमें तो यह मान लिया गया है। उर्दू में तो, कि अब ग़ज़ल में कोई नई बात या नए ढंग से कहने वाला मुश्किल है कि आये। जो ग्रेट ग़ज़ल थी, या जो ग्रेट ग़ज़ल लिखने वाले थे महान, उनका दौर ख़त्म हुआ। लेकिन अद्भुत बात यह है... कि हर ऐसे मोड़ पर जब हम यह समझते हैं, कि ग़ज़ल अब ख़त्म हो गई है, तो एकाएक एक नया कवि आता है और वह नए स्वर और नई अभिव्यक्ति के साथ अपनी चीजें लाता है। कन्टेम्परेरी उर्दू पोएट्री में भी ऐसी चीजें मिलती हैं। तो उनका सन्दर्भ स्पष्ट न होने की वजह से हिन्दी पाठकों के सामने या श्रोताओं के सामने उनको स्पष्ट करना मैं समझता हूँ, कि मुश्किल है। लेकिन यह फैक्ट है तो हिन्दी में इस तरह का रुझान एक तो बड़ा प्रारम्भिक लगेगा, यदि उसको बड़ी गम्भीरता से, ग़ज़ल की विधा को लिया जाए। लेकिन वह बड़ा अच्छा लगता है मुझे। मसलन, इधर दुष्यन्तकुमार की ग़ज़लें आईं। पूर्वग्रह अंक-12-13-पृ. 39 (1976)

तथ्य यह भी है कि ग़ज़ल दुष्यन्त के काफी पहले से दबे-छिपे लिखी जाती रही है। पर उसकी परम्परा के प्रवर्तन का श्रेय तो दुष्यन्त को ही है। दुष्यन्त के बाद तो लगा जैसे एक जबर्दस्त बाँध ही नए प्रवाह के रूप में फूट पड़ा। कथा पत्रिका 'सारिका' के सम्पादक कमलेश्वर और धर्मयुग के धर्मवीर भारती ने यह स्वीकार करने का साहस प्रदर्शित किया कि ग़ज़ल पर जितना हक़ ईरान, फ्रांस, पाकिस्तान और अफगानिस्तान का है, उससे कम हक उस हिन्दुस्तान और हिन्दी (रेख्ता) का नहीं है, जो राजनीतिक विभाजनों के बाद सांस्कृतिक तौर पर अविभाजित है। दुष्यन्त की कविता, खासतौर से उनकी ग़ज़ल-इस रूप में समूचे उपमहाद्वीप की साझी विरासत का हिस्सा है। वह उतनी गम्भीर है, जितनी गम्भीर उसे होना चाहिए और उतनी ही लोकप्रिय भी जितनी कि कोई गम्भीर बात होती आई है।

वस्तुतः दुष्यन्त एक बहुमुखी प्रतिभा लेकर आये थे। गीतों, गीतात्मक कविताओं, कहानियों, उपन्यासों, नयी कविता और उसके अत्याधुनिक प्रयोग काव्य नाटक से लेकर, ग़ज़लों तक की उनकी यात्रा बहुवर्णी और बहु-सोपानीय है। उनका गद्य भी उनकी प्रतिभा के अनेक रूप-रंगों के साथ हमें मोहता है। वहाँ रूपक भी है तो साक्षात्कार भी, संस्मरण है तो व्यक्ति चित्र भी। वैचारिकता का सौन्दर्य है तो अनुभवपरकता का आकर्षण भी। बोलचाल के लहजों की अनेक छवियाँ हैं तो चली आती खड़ी बोली की जानी-पहचानी बनावटें भी। यह सर्जना हमें उन सम्वादों तक ले जाती है जिनसे साहित्य और सामाजिक जीवन के भरोसे सघन और दृढ़ हो जाते हैं। और दुष्यन्त की कविता तो हमें जैसे एक अभिलाषित वाणी की तरह मिलती है जिसमें हम अपने जीवन-सौन्दर्य सम्बन्धी सपनों से ही नहीं जीवन-संघर्षों की नई-नई सूझों और तरकीबों का साक्षात्कार कर पाते हैं।

कला और जीवन के सम्बन्धों का सहज स्वाभाविक संगीत यहाँ जिस उद्दीप्त उल्लास और ऊष्मा से रचा गया है। उसके मूल में कवि-प्रतिभा का वह पौरुष सक्रिय दिखाई देता है, जिसमें यदा-कदा के कोमल रागों और सम्वेदनों के बावजूद अपराजेय मनोभावों का मेघ-मल्हार शब्द शब्द में आलाप लेता सुनाई देता है

इंकलाब का पहला कवि

० श्रीकान्त जोशी

चार कविता संग्रह, एक काव्य नाटक, एक नाटक, तीन उपन्यास, एक एकांकी, कुछ अनुवाद और कुछ जरूर अप्रकाशित साहित्य भी होगा। कम-से-कम 2-3 पुस्तकें, इस तरह 14-15 पुस्तकों की दुनिया बसा कर, बयालिस वर्ष और तीन माह की जिन्दगी जी कर दुष्यन्त हमसे बिछुड़ गये। दुष्यन्त की जिन्दगी के दो रूप थे, दोनों साफ थे, इतने ज्यादा साफ कि दूसरे रूप का तिरस्कार करने के लिए पहले रूप का कोई भी, कहीं भी, उपयोग कर सकता था। दुष्यन्त का पहला रूप बिल्कुल बाहरी था। बढ़िया रूप-रंग, खाना-पीना, पहनना पहनाना, प्यार करना और करने देना, बढ़िया नौकरी की तलाश करते रहना, उसके लिए कुछ सही-गलत प्रयत्न करने पड़ें, तो उन्हें भी करते रहना, परिवार को सम्हालना, और एक चौकस सुरक्षित जिन्दगी का सिलसिला बनाए रखना, सत्ता के ऊँचे सिरे से लेकर नीचे के सिरे तक ताल-मेल बैठाये रखना, साहित्यिक हो या राजनीतिक की राजनीति हो, उसके दाँव-पेंच खुलकर खेलना, बने वहाँ तक दूसरों के काम भी आना, अपना भी करवाना और लिखे हुए को ठीक समय पर ठीक जगह से छपने बिकने के जोड़ बैठाना। इस बाह्य जिन्दगी में दुष्यन्त ने कभी किसी स्थूल आदर्शवाद का दिखावा नहीं किया। लोग उसके निकट पहुँचते, हिल-मिल जाते और उसकी तेजस्वी सृजनशीलता के स्थान पर इसी सबकी चर्चा करते। बहुत ही कम लोग थे, जो इस बाह्य को भेद कर भीतर तक पहुँच पाते जहाँ दुष्यन्त का वास्तविक, प्रखर, इस्पात-सा दृढ़, झरने की तरह निश्छल और गतिशील, आँसुओं की तरह संवेदनशील, ध्रुव की तरह स्थिर और आकाश की तरह उन्मुक्त व्यक्तित्व उसके अद्वितीय सृजन में रूपायित होता रहता था। इस दूसरे व्यक्तित्व का सामना करने की जोखिम कम लोग उठाना चाहते थे। अतः

वे पहले व्यक्तित्व से जुड़ कर 'तू तड़ाक ' की भाषा का सहारा लेकर दुष्यन्त की अवमानना करने का गुप्त आनन्द लेते रहते थे। एक गाँधीवादी साहित्यकार (?) जब दुष्यन्त की शोक सभा में बोले, तो यही बोले—बहुत मस्त दिलफेंक था दुष्यन्त, सुरा और सुन्दरी व रूप रूपसियों से घिरा, भरा पूरा। मुझसे मिला, तो कहने लगा, हाँ भाई क्या पियोगे..." ऐसा था दुष्यन्त... इससे ज़्यादा वे कुछ न बोले। प्रशंसा के लहजे में क्रूर निन्दा का यह तरीका हिन्दी वालों का आजमाया हुआ है। जिन लोगों की कलम पुरुषार्थहीन होती है, जो आजीवन गंगादास, जमुनादास का जीवन ढोते चले जाते हैं वे अपनी घृणा को सुन्दर मुखौटा देने के लिए ऐसी वंचनामयी प्रशस्ति का मार्ग चुनते हैं। दुष्यन्त को भी ऐसे प्रशंसकों को सहना पड़ा और अपनी मृत्यु के बाद भी सहना पड़ रहा है।

पर दुष्यन्त एक बड़ी शख़्सियत था, एक बड़ी कलम था, एक जीवट का आदमी था। मनुष्यता, स्वतन्त्रता, अभिव्यक्ति और सौन्दर्य के मूल्यों की न सिर्फ उसे बारीक परख थी, इन्हीं की रक्षा करने की खातिर उसने अपने आपको विसर्जित कर दिया।

दुष्यन्त की जन-ख्याति 'साये में धूप' ग़ज़ल संग्रह से फैली। इस संग्रह की अनेक ग़ज़लें पहले सारिका में और फिर दूसरे प्रमुख पत्रों में जैसे-जैसे छपने लगीं, वैसे-वैसे ही उसके लेखन के प्रति पाठकों में छटपटाहटों से भरी हुई ललक भी जागृत होने लगी। बहुत से व्यक्ति इन ग़ज़लों से पहले उसे जानते न थे और ग़ज़लों के पढ़ने के बाद उसे इस तरह प्यार करने लगे, जैसे अपने आपको दुलार रहे हों। इस देश के लाखों नागरिक उसकी ग़ज़लों से एक विचित्र-सी आत्मतृप्ति पाने लगे। वह अकथनीय सुख पाने लगे, जो गूँगे को वाणी मिलने और अंधे को आँख मिलने पर ही मिल सकता है।

वजह क्या थी ? यही कि जब सत्ता ने वाणी पर और सत्य पर निर्णय की घोषणा की, तो दुष्यन्त का कलाकार तिलमिला उठा। यह उसका दूसरा, वास्तविक और आन्तरिक व्यक्तित्व था जो संकट के क्षणों में मुखर हो उठा। इस जगह वह समझौता नहीं कर सकता था। यह उसके जीवन-मरण का प्रश्न था। कलम को गुलाम देख सकना उसके लिए किसी भी रूप में सम्भव न था। यह उसकी अत्यन्त पवित्र धरोहर थी। इसी पवित्रता के बूते तो वह बड़ी से बड़ी चुनौतियों को झेल सकने की सामर्थ्य पाता था। उसके बाहरी व्यक्तित्व की समस्त

नाटकीयता उसे अस्वीकार न थी, क्योंकि वह जानता था कि उसकी वास्तविक सच्चाई अक्षुण्ण है और जब तक वह अक्षुण्ण है तब तक वो सही करने की ही तरह थोड़ा बहुत गलत करना भी गैरमौजू न मानता था। पर जब सच्चाई पर संकट आ गया, कलम पर ही आक्रमण हो उठा, अभिव्यक्ति पर पहरे बैठाये जाने लगे, तो दुष्यन्त के लिए यह सब असह्य हो उठा। यह उसकी आत्मा का संकट था। एक ओर उसकी कवि-दृष्टि ने जिस सत्य को परख लिया था, उसे व्यक्त करना अब उसे अपना कवि-धर्म प्रतीत होने लगा।

सिर्फ शायर देखता है कहकहों की असलियत
हर किसी के पास तो ऐसी नज़र होगी नहीं।

यहाँ कौन देखता है, यहाँ कौन सोचता है
कि ये क्या बात हुई है जो मैं शेर कह रहा हूँ।"

दूसरी ओर उसने यह भी महसूस किया कि चाहे सामान्य क्षणों का नेतृत्व राजनीतिज्ञों के भरोसे छोड़ा जा सकता हो, किन्तु ऐसे निर्मम क्षणों में जब कि समस्त मानवता दाँव पर लगा दी गई हो, केवल कवि ही अपेक्षित नेतृत्व दे सकता है, क्योंकि उसकी जिन्दगी ईमानदारी से केवल उसकी हो नहीं है–

मुझमें रहते हैं करोड़ों लोग चुप कैसे रहूँ
हर ग़ज़ल अब सल्तनत के नाम एक बयान है।

दुष्यन्त की ग़ज़लें देखते-देखते सारे देश पर छा गईं। लाखों व्यक्तियों को इन ग़ज़लों में अपने दिलों का अक्स दिखाई दिया और उन्होंने महसूस किया कि जो बात आतंक की वजह से वो न कह पाए उसे इस निर्भीक कलाकार ने जबान दी है और अभिव्यक्ति के सारे खतरों को हँसते-हँसते उठा लिया है। बन्दिश के उन दिनों में दुष्यन्त की तड़प देखते ही बनती थी। सुना है, उन दिनों राज्यपाल, शिक्षामन्त्री, ये मन्त्री, वो मन्त्री तथा अनेकों साहित्यकारों और महत्त्वपूर्ण कहे जाने वाले व्यक्तियों से दुष्यन्त ने स्वयम् भेंटे लीं और यह समझाने का यत्न किया कि कितना बड़ा गलत कितनी निर्ममता से घटित हो रहा है, जिसे रोका जाना जरूरी है। पर उसके ये प्रयत्न निष्फल हुए। उसका मजाक उड़ाया जाने लगा, तथाकथित बड़े साहित्यकार, जो अभिव्यक्ति और अनुभूति की बड़ी-बड़ी बातें करते थकते न थे, सत्ता के चरणों में गुलामों की तरह समर्पित हो चुके थे

और फैलते हुए विराट अंधकार की उगते हुए सूर्य के रूप में जय-जयकार करने निकल पड़े थे। फिर वे क्षण लौट आये थे, और गद्दारों की पताका फिर ऊँची उड़ने लगी थी। शायर दुष्यन्त की आत्मा तड़प उठी–

अब किसी को भी नजर आती नहीं कोई दरार
घर की हर दीवार पर चिपके हुए हैं इश्तहार,
इस सिरे से उस सिरे तक सब शरीके-जुर्म हैं
आदमी या तो जमानत पर रिहा है या फरार

जब चारों तरफ झूठे विज्ञापन, झूठे आँकड़ें, झूठे लोगों की प्रशस्तियाँ और झूठे जन्नती ख्वाब चस्पाँ किये जाने लगे, गुँजाये जाने लगे, तो कवि को कहना पड़ा–

रौनके जन्नत जरा भी मुझको रास आई नहीं
मैं जहन्नुम में बहुत खुश था मेरे परवरदिगार।

'साये में धूप' दुष्यन्त का एक स्थाई स्मारक-संग्रह है। इससे हिन्दी और उर्दू दोनों को ही एक साथ समृद्धि प्राप्त हुई है। इस संग्रह में पहली बार हिन्दी ग़ज़ल इश्क की बन्दिशों को तोड़कर अपनी सामर्थ्य का पक्का परिचय देती है। सामाजिक, राजनीतिक और सांस्कृतिक संकट को इस संग्रह में जो अनुगूँजमयी अभिव्यक्ति मिली है, वो बेमिसाल है।

चौंसठ ग़ज़लों का यह संग्रह अपने आपमें आश्चर्य जनक रूप से सम्पूर्ण है। यह अपने समय का एक सांस्कृतिक दस्तावेज़ है। उल्लेखनीय यह भी है कि विघ्टन के अमानवीय संकट को मूर्त करते हुए भी दुष्यन्त की रचनात्मक दृष्टि कहीं शिथिल नहीं हुई। उसने अपने समय को पूरी संजीदगी के साथ महसूस किया है यहाँ।

कैसे मंजर सामने आने लगे हैं
गाते गाते लोग चिल्लाने लगे हैं
एक कब्रिस्तान में घर मिल रहा है
जिसमें तहखाने से तहखाने लगे हैं

उसने अवाम को जता दिया–

ये रोशनी है हकीकत में एक छल लोगो
कि जैसे जल में झलकता हुआ महल लोगो।

उसने संकट से उत्पन्न विवशता को भी सजीव अभिव्यक्ति दी। ऐसी अभिव्यक्ति कि मजबूरियों का दर्द लाखों लाख लोगों में दहक उठा–

मत कहो आकाश में कुहरा घना है
यह किसी की व्यक्तिगत आलोचना है।

या

उफ नहीं की उजड़ गये
लोग सचमुच गरीब हैं।

दूसरी तरफ उसने सत्ता को भी साफ साफ जता दिया–

तेरी जुबान है झूठी 'जम्हूरियत' की तरह
तू एक जलील-सी गाली से बेहतरीन नहीं।

तीसरी तरफ समस्त अत्याचारों को कापुरुषों और दासों की तरह सह लेने वालों की असलियत को भी उघाड़ा, विशेषकर बुद्धिजीवियों की–

जिस तरह चाहो बजाओ इस सभा में
हम नहीं हैं आदमी हम झुनझुने हैं।

या

जिन्दगानी का कोई मकसद नहीं है
एक भी कद आज आदमकद नहीं है।

पर केवल निराशा व्यक्त कर चुप रहना भी उसे ठीक न लगा। उसने चेताने का यत्न किया कि लोग जागें और अपने अधिकारों का महत्त्व समझें और अपनी बुजदिली छोड़ें–

जरा सा तौर तरीकों में हेर-फर करो
तुम्हारे हाथ में कालर हो आस्तीन नहीं।
पक गई हैं आदतें बातों से सर होंगी नहीं
कोई हंगामा करो ऐसे गुजर होगी नहीं।

दुष्यन्त ने समझ लिया कि बुद्धिजीवियों की जमात का बड़ा हिस्सा कुछ भी सुनना नहीं चाहता। वे बन्द दरवाजों को खोलने के लिए अपने दिल के बन्द दरवाजों को कभी खुलने न देंगे–

यह दरवाजा खोलो तो खुलता नहीं है
इसे तोड़ने का जतन कर रहा हूँ।

उसे यह भी कह देना पड़ा–

दोस्तो अब मंच पर सुविधा नहीं है
आजकल नेपथ्य में सम्भावना है।

हंगामे की उकस पैदा करते हुए भी दुष्यन्त जानता था कि मात्र हंगामा व्यर्थ। उसका उद्देश्य स्पष्ट होना जरूरी है–

सिर्फ हंगामा खड़ा करना मेरा मकसद नहीं
मेरी कोशिश है कि यह सूरत बदलनी चाहिए।

यह तभी संभव है जबकि सत्य के पक्ष में विद्रोह की आग बराबर धधकती रहे–

मेरे सीने में नहीं तो तेरे सीने में सही
हो कहीं भी आग लेकिन आग जलनी चाहिए।

उसका विश्वास, सब कुछ देखने-सुनने के बाद भी अपनी जगह कायम था–

दस्तकों का अब किवाड़ों पर असर होगा जरूर
हर हथेली खून से तर और ज्यादा बेकरार।

आतंक युग ने दुष्यन्त को दहला दिया था। उसने इसकी कभी कल्पना न की थी कि ऐसा भी होगा। उसकी अपेक्षाएँ दूसरी ही थीं। जबरदस्त 'डिसइल्यूजन' ने दुष्यन्त को लगभग उन्मत्त ही बना दिया था। अन्यथा सत्ता और शोषण के संबंधों से तो वह शुरू से ही सुपरिचित था। 'एक कण्ठ विषपायी' में सर्वहत कहता है–

आप लोग शासक हैं
और शासकों को कहीं
रक्त की कमी हुआ करती है ?

वह यह भी कहता है–

क्योंकि यह विधाता के
नियमों की विडम्बना है
चाहे न चाहे
किन्तु शासक की भूलों का उत्तरदायित्व
प्रजा को वहन करना पड़ता है

इसी खंडकाव्य की एक पात्र वीरणी नाटकीय व्यंग्य की शैली में कह उठती है–

आह मैं समझ गई
दुर्दिन जब आते हैं
तो पहले
व्यक्ति का स्वतन्त्र-बोध, चिन्तन
और प्रज्ञा हर लेते हैं।

'एक कण्ठ विषपायी' का प्रकाशन 1963 में हुआ था। सर्वहत की कही पंक्तियाँ देखिए तो सन् 75-76 मूर्त्त हो उठेंगे–

कौन कहता है
यहाँ कुछ भी नहीं है शेष
यहाँ शेष ही तो है
देखो
सारे नगर में ताजा जमा हुआ रक्त है
और सड़ी हुई लाशें हैं
मुड़ी हुई हड्डियाँ हैं
क्षत-विक्षत तन है
सिर्फ लोग नहीं तो क्या हुआ
लोगों के होने न होने से
क्या कोई दृश्य की महत्ता
कम होती है?

दुष्यन्त के पास ऐसी ही तीक्ष्ण दृटि थी, सत्य को व्यक्त करने के लिए अपेक्षित सामर्थ्यमयी भाषा भी थी। पर जब नई वेशभूषा लेकर संकट आया, तो उसे नई कविता का लहजा अपर्याप्त प्रतीत हुआ। इसमें बचने की जगह रहती है बिंब और प्रतीक में सब कुछ छिप जाता है। तभी अपनी बात को करोड़ों दिलों तक पहुँचाने की बेचैनी ने उसे ग़ज़ल के माध्यम में कहने को विवश किया। वह पहला कवि था इंकलाब का जिसने 'कर कुठार आगे यह शीशा' कहते हुए अपने को निहत्था झोंक दिया। इन क्षणों में दुष्यन्त अपने दुहरे व्यक्तित्व को जीत चुका था। अब जो वो बाहर था वही भीतर था। वर्षों पहले उसने 'आवाजों के घेरे' में प्रार्थना की थी–

दो खण्डों में बाँट न यह

व्यक्तित्व अधूरा ।
ईश्वर मेरे, मुझे कहीं
होने दे पूरा ।

यह संस्कृति वह पा चुका था। आश्चर्य नहीं कि विदा होने से पहले उसकी यह आकांक्षा भी पूर्ण होकर रही–

कुण्ठित शस्त्र भले हों हाथों में
लेकिन लड़ता हुआ मरूँ मैं।

आने वाले समय में प्रौढ़ता की ओर बढ़ते इस युवा कवि को उसी तरह याद किया जाता रहेगा जैसे शैली और कीट्स को उनकी सौन्दर्य और विद्रोही चेतना के लिए आज तलक याद किया जाता है। भाषा की बोझिल नजाकत से परे, संगीत और लय से परे, निरी कल्पना से हट कर जीवन-यथार्थ और जिजीविषा से जुड़ी हुई दुष्यन्त की प्रेरक वाणी बार-बार दुहराई जाती रहेगी। उसने गलत नहीं कहा था–

मुझमें ही डूबा था सूर्य कभी
सूर्योदय मुझमें ही होना है।

और सम्भव है, आने वाला समय उसके इस सपने को प्रतिबिम्बित भी करे–

मैं कल देखूँगा यही सूर्य
ज्योति किरणों से भरा पूरा
धरती के उर्वर अनुर्वर आँगन में
जोतता बोता हुआ
हँसता, खुश होता हुआ

... (सूर्य का स्वागत)

दुष्यन्त की ग़ज़लों की अपराजेय विरासत

कमलेश्वर

सन् 1975 आपात्काल की घोषणा! दमनकारी दौर की शुरुआत। एकाएक मध्यप्रदेश की राजधानी भोपाल में एक साहित्यिक ज्वालामुखी फट पड़ता है। साहित्यिक दुनिया के नीचे की धरती में भयानक हलचल होती है... सतह के नीचे जमी हुई भाषा, सौन्दर्यशास्त्र, मानमूल्यों, रचनाशास्त्र की चट्टानें गड़गड़ाती हुई टकराती हैं... ज्वालामुखी के दहाने से आग की ऊँची-ऊँची लपटें, धुएँ के बादल और सोच के पिघले हुए लावे की चादरें निकलती हैं और साहित्यिक सृष्टि की धरती की शक्लो-सूरत ही बदल जाती है। फिर सृजन की दुनिया का परिदृश्य वैसा नहीं रह जाता, जैसा पहले था। साहित्यिक परिदृश्य के स्वरूप को बदल देनेवाले इस विस्फोटक ज्वालामुखी का नाम था–दुष्यन्तकुमार! जो आजाद भारत में मानव मूल्यों, मानवाधिकारों, अभिव्यक्ति की आजादी की रक्षा और राजनीतिक दमन के विरोध में कविता की अजस्त्र ऊर्जा लेकर फट पड़ा था... यदि चाहें तो यह भी कह ले लीजिए और यह सब, जब कि वह विनत-मस्तक, आज्ञापालक विंध्याचल की तरह सरकारी तन्त्र में चुपचाप खड़ा हुआ था।

दुष्यन्तकुमार ने विस्फोटक गजलें लिखकर हिन्दी कविता का रचनात्मक मिजाज और मौसम ही बदल दिया। हालांकि इसे हमारे बौद्धिकताग्रस्त रचनावादी छद्म कलावादी और साहित्य के सवर्ण कवि अभी खुलेआम स्वीकार करने की मुद्रा में नहीं हैं, पर वे जानते हैं कि उनके पैर तले की जमीन खिसक चुकी है। हमेशा से हिन्दी साहित्य का सवर्ण अभिजात्य साहित्य के अनुशीलन और इतिहास पर गुंजलक मारकर बैठा रहा है। इसने लोक-स्वीकृति को हल्का बनाने के लिए उसी के वजन पर एक शब्द गढ़ा है– लोकप्रियता, और इसे हेय माना गया है। यह रवैया उन्हीं अभिजात वर्गीय साहित्यकारों का है जो साहित्य

के सवालों पर बड़ी रेशमी बहसें करते हैं लेकिन अपने समय के सवालों का सामना नहीं कर पाते। ये लोग अपने ड्राइंगरूमों या मुर्दा सभागारों में 'रचना का लोकतन्त्र' स्थापित करते रहते हैं और जरूरत पड़ी तो बहुत सोच-समझकर, आगा-पीछा देखकर सार्वजनिक सवालों पर जारी किए जानेवाले जनहितवादी बयानों पर अपना नाम देने की अनुमति भी दे देते हैं लेकिन शब्द-सृष्टि के यह वे उपजीव हैं, जो अपने संकुल समय की स्मृति की स्वीकृति न पाने के बावजूद 'साहित्य के लिए' किताबों से किताबों में जीवित बने रहने के गैर-साहित्यिक उपक्रम करते रहते हैं।

लेकिन हिन्दी साहित्य का इतिहास साहित्यवादियों का इतिहास नहीं है। यह उन लेखकों-कवियों-मनीषियों की परम्परा है जो साहित्य के साँचों में ढलने को मोहताज नहीं होती, बल्कि जिनकी रचनाशीलता को आत्मसात करने के लिए साँचे स्वयं मोहताज रहते हैं। नए साहित्य को साँचों की जरूरत नहीं, सार्थक और संगत बने रहने के लिए साँचों को नए साहित्य की जरूरत होती है। अमीर खुसरो, कबीर, मीराबाई, जायसी, तुलसीदास से लेकर भारतेन्दु, प्रेमचन्द, निराला, नागार्जुन, रेणु, रघुवीर सहाय, मुक्तिबोध, धूमिल और दुष्यन्तकुमार तक यह गैर-साहित्यवादियों की परम्परा चली आ रही है, जिन्होंने अपने समय के सामूहिक सवालों को अपने व्यक्तिगत अनुभवों की आग में शोधित किया और फिर जब अपनी अन्तरात्मा से उस अनुभव के यथार्थ-सत्य का अनुमोदन मिल गया, तभी उन्होंने लिखा। इन जैसे साहित्यकर्मियों (क्योंकि यह साहित्यकार बाद में बने या स्वीकृत हुए) का आत्म और समय-संताप ही इन्हें हमारे लिए संगत बनाता है। समय-संगत होने की कसौटी या निकष है– लोकस्वीकृति! और इस लोकस्वीकृति (लोकप्रियता नहीं) के कारण ही कबीर-तुलसीदास से लेकर प्रेमचन्द निराला की परम्परा के लेखक कवि हमारी स्मृति का हिस्सा हैं। और धूमिल, दुष्यन्तकुमार तक, यह वे लेखक और कवि हैं, जो बुझने के बाद हमें और ज्यादा रोशनी दे रहे हैं।

दुष्यन्तकुमार किताबों में कैद कवि नहीं हैं। उसकी गजलों का एक-एक अशआर लोगों की जुबान से लौटकर उसकी किताब तक अपने अर्थ तलाशने के लिए आता है, और फिर अवाम की पसमंदा जुबान तक लौटकर उनकी आवाज और मनोकामनाओं की पुरजोश अभिव्यक्ति का वाहक बन जाता है। तब वे

दुष्यन्तकुमार के अल्फाजों को नहीं, अपनी दिली तकलीफ और प्रतिवाद को दर्ज करने के लिए उन अशआरों का सहारा लेते हैं, जो इत्तिफाक से दुष्यन्तकुमार जैसे महत्त्वपूर्ण कालजयी शायर ने लिखे हैं।

ऐसा नहीं है कि गजल विधा की परम्परा हमारे पास न रही हो, यह अमीर खुसरो से लेकर भारतेन्दु, निराला और शमशेर बहादुर सिंह और बलवीर सिंह 'रंग' तक हमें मिलती है, लेकिन गजल हिन्दी काव्य परम्परा की मुख्य विधा उन कवियों के बावजूद नहीं बन सकी। लेकिन दुष्यन्त ने पहली बार, विभाजन की त्रासदी और उर्दू पर लगाए गये देशद्रोही होने के कलंक के बाद, जिस ईमानदारी और साहस से हिन्दी-उर्दू की साझा विरासत को अपनी गजलों में पेश किया है, वह ऐतिहासिक, साहित्यिक और साहसिक कारनामा है।

दुष्यन्त मामूली कवि नहीं है, वह हमारे दौर का एक बहुत बड़ा कवि है जो हमारी चिन्ताओं और सपनों अरमानों से हमें रू-ब-रू करवाता है और इस दुनिया की स्थितियों को बदलने के लिए प्रेरित करता है। साथ ही यह भी कि लोक स्वीकृति प्राप्त यह साहित्य हमें बेहतर दुनिया बनाने के इरादों से लैस करता है। इसीलिए दुष्यन्त की अपराजेय गजलें हमारी स्मृति का जरूरी हिस्सा बन चुकी हैं। संसद से लेकर आमसभाओं तक दुष्यन्तकुमार को आज उतना ही 'कोट' किया जाता है जितना कि कभी तुलसीदास और कबीर को कोट किया जाता था।

दुष्यन्त की उपस्थिति मात्र साहित्य के लिए नहीं, निरन्तर और अधिक संवेदनहीन और मनुष्य-विरोधी होते जा रहे समय के लिए भी है। दुष्यन्त ने फैज अहमद फैज की तरह हिन्दी में गजलें लिखीं और इस बात को साबित किया कि हमारी हिन्दी और उर्दू की सांस्कृतिक साँसें एक हैं, चाहे हम दो लिपियों में उन साँसों की तासीर बयान करते रहे हों। और हमें यह जानकर आश्चर्य नहीं होना चाहिए, जो कि मुझे हुआ, जब मैं अभी पाकिस्तान गया। साहित्य और संस्कृति के मामलों में गहरी रुचि रखनेवाले कई लोगों ने मुझसे कहा कि फैज अहमद फैज के साथ हमें भारत का एक दुष्यन्तकुमार भी चाहिए, ताकि हम जम्हूरियत (लोकतन्त्र) की मुकम्मल लड़ाई लड़ सकें...

तो साहित्य की दुनिया से ऊपर उठकर देखें तो दुष्यन्तकुमार की गजलों ने एक बड़ी और ऐतिहासिक भूमिका निभाई है, और वह है सांस्कृतिक और इंसानी मूल्यों के एकीकरण और भाषाई सरमाए को साथ लाने की भूमिका!

दुष्यन्तकुमार की गजलों ने हिन्दी और उर्दू की जुदा कर दी गई विरासत को जोड़ा है। यही काम प्रेमचन्द ने किया था, जब वे उर्दू की आहफहम सादगी को लेकर संस्कृत-निष्ठ हिन्दी के मैदान में उतरे थे और प्रेमचन्द की परम्परा का यही काम दुष्यन्तकुमार ने किया, जब वे उर्दू की अरबी फारसी दुरूहता को नामंजूर करते हुए, जटिल और संस्कृतनिष्ठ हिन्दी को भी नकारकर, अपनी गजलों के जरिए मिली-जुली भाषा को लेकर साहित्य के फलक पर आये थे। यह मात्र साहित्यिक विशेषता का प्रमाण नहीं, सांस्कृतिक समन्वय का भी ऐसा पहलू और सृजनात्मक सरमाया है, जो राजनीतिक कारणों के बावजूद हमें अपनी और सरहद पार की इंसानी सच्चाइयों से जोड़ता है। विभाजन की त्रासदी प्रेमचन्द के जमाने में नहीं थी, इसे उनके बाद के लेखकों ने भुगता है और दुष्यन्तकुमार ने भारतेन्दु और प्रेमचन्द की इंसानी साहित्यिक परम्परा को जीवित रखके एक नई सांस्कृतिक उम्मीद को विभाजन के बाद के भीषण समय में भी जीवित और जागृत रखने का उपक्रम किया। उसी बड़े इंसानी फर्ज को निबाहने के लिए उनकी 52 गजलों का संकलन 'साए में धूप' आया था।

लेकिन इससे पहले दुष्यन्त की रचनात्मक मनोभूमि लगभग बन चुकी थी। यह छायावादोत्तर नई कविता और प्रयोगवाद का दौर था, जब साहित्यवादियों द्वारा साहित्य के प्रयोजन और सरोकारों का निषेध किया जा रहा था। बच्चन, नरेन्द्र शर्मा, शिव मंगल सिंह 'सुमन', जानकीवल्लभ शास्त्री, गिरिजा कुमार माथुर, शम्भुनाथ सिंह, नीरज आदि के बावजूद गीत परम्परा श्लथ पड़ रही थी और कविता संवेदना के सौन्दर्य की धरती छोड़कर बुद्धिजीविता और एकांतिक व्यक्तिवादिता की ओर उन्मुख हो रही थी। यह भारतीय आशयों, संवेगों और प्रतीकों की भाषा और देशज छवि से भी पलायन कर रही थी। कविता ने मनुष्य का साथ तो छोड़ा ही, वह खुद कवि का साथ भी न दे पाई। जब तक कवि स्वयं अपना नाम लेकर कविता का पाठ न करे, यह जानना कठिन हो गया कि वह किस कवि की है ? कविता का अन्त कहाँ और क्यों हो जाता है, इसे पहचानना भी दुष्कर हो गया था। साहित्य की ऐसी विषम परिस्थिति में बौद्धिक और शास्त्रीय व्याख्याएँ तो हो रही थीं, पर कोई व्याख्या कविता के केन्द्रीय प्राणतत्व की प्रतीति नहीं दे पा रही थी। यह कवि की निजता को भी स्थापित नहीं कर पा रही थी । स्वयं अपने ही शब्द-प्रासादों से कवि निर्वासित थे। ऐसा

नहीं है कि अपवाद नहीं थे, पर वे बहुधा विरल थे।

ऐसे में कवि और कविता की सत्ता, उसके प्रयोजन, सरोकारों और संवेदनात्मक क्षमता का सर्वथा नया सर्जनात्मक उद्घोष दुष्यन्त की गजलों ने किया। दुष्यन्त ने एक झटके में कविता के तकाजे बदल दिए। उसने अपनी आत्म-पीड़ा को समय की पीड़ा से कुछ इस तरह और इतने सर्जनात्मक कौशल और संयम से जोड़ा कि वह सार्वजनीन पीड़ा का दस्तावेज बन गई। उसकी गजलें समय और समाज के सतत् साहित्यिक पहरेदार की तरह लोकतान्त्रिक सरहदों की निगहबानी भी करती रहीं. ताकि राजनीतिक तानाशाही ताकतें जनता के मानवीय और जनतान्त्रिक अधिकारों, मर्यादाओं का अतिक्रमण न कर पाएँ। मैं नहीं समझता कि मानवाधिकार और जनतन्त्र के मूल्यों पर मंडराते खतरों से रक्षा करने का इतना अहम ऐतिहासिक क्षण किसी पुरातन या आधुनिक कवि के सामने आया हो। यहाँ तक कि विद्रोही कवि नागार्जुन भी भ्रमित रहे, लेकिन दुष्यन्तकुमार ने उस आपात्कालीन आपदा और खतरे का जिस तरह शब्द की शक्ति से सामना किया, वह उसे हिन्दी कविता की विद्रोही-मानवीय परम्परा की सारणी में एक जलती मशाल की तरह स्थापित करती है और वह मशाल आज भी हमें रोशनी दे रही है। निराला, मुक्तिबोध, अज्ञेय ने स्वतन्त्रता के पच्चीस साल बाद आये इस तरह के आपात्काल का सामना नहीं किया था, विरोध करते भ्रमग्रस्त नागार्जुन के बिखरे हुए नुकीले शब्दों के होते हुए भी, दुष्यन्त ने अकेले दम प्रतिरोध और परिवर्तन की आकांक्षा की एक बड़ी भूमिका तैयार की थी।

आपात्काल के सारे प्रावधानों और राजनीतिक तानाशाही द्वारा बाधित किए गये सारे मानवीय सरोकारों की पक्षधरता में हमें हिन्दी का एक ही कवि दिखाई पड़ता है, और वह है 'साए में धूप' का कवि दुष्यन्तकुमार, जिसने कलावादी व्यक्तिवादी दस्ताने उतारकर आग को छूने का साहसिक साहित्यिक उपक्रम किया और यह बता दिया कि गहरे इंसानी आशय और इंसान की सामाजिक-राजनीतिक साँसों की गरमाहट और उसके समस्त जीवन-सौन्दर्य को बचाए रखने की शर्त को पूरा करते हुए भी साहित्यिक सौन्दर्य के नए प्रतिमानों की रचना कैसे की जा सकती है। दुष्यन्त की गजलें आजादी की जंग, उसके बाद आये संक्रमणकाल और मोहभंग के अनुभव की रचनाएँ नहीं, बल्कि राजनीतिक आजादी के बाद खतरे में पड़ गई सांस्कृतिक-साहित्यिक आजादी के आशयों

की घनीभूत पीड़ा की सीधी अभिव्यक्ति हैं। दुष्यन्त की रचना को इस नजरिए से भी देखा जाना जरूरी है कि वह स्वतन्त्र देश के एक स्वतन्त्र नागरिक-कवि की रचनाएँ हैं, जिसने अपनी आस्थाएँ उस जनतान्त्रिक शपथ पत्र में रोप रखी हैं, जिसे आमूलचूल परिवर्तन की शपथबद्ध शर्तों के साथ इस समाज ने अपना संविधान कहकर स्वीकार किया है। ये पंक्तियाँ वही नागरिक कवि लिख सकता था, जो साहित्य की रचनात्मकता का वारिस भी है और साहित्य की सम्भावनाओं का द्रष्टा भी :

जिएँ तो अपने बगीचे में गुलमोहर के तले,
मरें तो गैर की गलियों में गुलमोहर के लिए।

यह 'गुलमोहर' आखिर क्या है ? इस बिम्ब और प्रतीक की ठोस निर्गुणता वही है जो अल्लामा इकबाल के शाहीन पक्षी की है या अरबी साहित्य में मौजूद काल्पनिक पक्षी 'हुमा' की है। इस गुलमोहर को सिर्फ गहराइयों में तरह-तरह से महसूस किया जा सकता है और दुष्यन्त जैसे आधुनिक कवि का यह प्रतीक-बिम्ब प्रत्येक आस्वादक की अव्यक्त, आकांक्षित अपेक्षाओं को उसी के लिए सगुण बना देता है। इस गुलमोहर में स्वतन्त्र देश के समस्त शपथबद्ध आकांक्षित सपनों का सगुण समुच्चय समाहित है। सारे मानवीय मान-मूल्य इस गुलमोहर में मौजूद हैं। गुरुदेव रवीन्द्रनाथ टैगोर का यही वह गुलमोहर है जो भारतीय साहित्य की अक्षुण्ण रचना परम्परा में अपने पूरे सांस्कृतिक-बोध और उसकी सृजनधर्मी अर्थवत्ता लेकर दुष्यन्त के दौर में, उसकी कविता के माध्यम से, दुबारा प्रस्फुटित हुआ है। इसीलिए तो कवि को अपने देश के यथार्थ को दुबारा पहचानना पड़ा और बताना पड़ा कि–

कल नुमाइश में मिला वो चीथड़े पहने हुए,
मैंने पूछा नाम तो बोला कि हिन्दुस्तान है।

और इस यथार्थ-चेतना के दंश के कारण ही उसे कहना पड़ा–

मुझमें रहते हैं करोड़ों लोग चुप कैसे रहूँ,
हर गजल अब सल्तनत के नाम एक बयान है।
सिर्फ हंगामा खड़ा करना मेरा मकसद नहीं,
मेरी कोशिश है कि ये सूरत बदलनी चाहिए।

आप दस्ताने पहनकर छू रहे हैं आग को,

आपके भी खून का रंग हो गया है साँवला।
भूख है तो सब्र कर, रोटी नहीं तो क्या हुआ,
आजकल दिल्ली में है, जेरे बहस ये मुदआ।

तो यह हैं भारतीय लोकतन्त्र के एक जागरूक नागरिक कवि दुष्यन्तकुमार के सरोकार। देखा जाए तो स्वतन्त्रता के बाद लिखते तो बहुत से कवि रहे हैं, पर दुष्यन्त ऐसा अकेला कवि है, जिसने जन-भावनाओं के साथ पूरा तादात्म्य स्थापित किया है। कबीर को यथास्थितिवादियों ने चार सदियों तक रोके रखा, तुलसीदास को बनारस के ब्राह्मणों ने दशकों तक प्रताड़ित किया और नकारा, क्योंकि जनभाषा अवधी में रामायण लिखकर उन्होंने संस्कृताचार्यों से मानव-सोच और कल्पना को मुक्त करके, राम जैसा समन्वयवादी, परिवारवादी महानायक अपनी जनभाषा अवधी में दिया था, जो वाल्मीक के पास नहीं था। तुलसीदास ने जनमानस का समन्वय किया था। आदिवासियों के देवताओं-हनुमान, गरुड़, जटायु आदि को भारत की समन्वयकारी परम्परा के साथ गूँथा था और वैदिक सभ्यता के राम द्रविड़ सभ्यता के शिव को जोड़कर एकाकार किया था। यह सांस्कृतिक समन्वय सम्राट नहीं, साहित्यकार ही कर सकते हैं!

और इसे बड़बोलापन न माना जाए, तो मैं कहूँगा कि यही समन्वय दुष्यन्तकुमार ने विभाजन के लगभग पच्चीस साल बाद सम्पन्न किया, जब उसने अपनी गजलों के जरिए हिन्दी और उर्दू की साझा भाषाई विरासत और सोच को सन् 1975 के आपातकाल के विरोध में, बड़ी रचनात्मक सूझबूझ के साथ मनुष्य के मन में उठते अहम सवालों को, हिन्दुस्तानी सोच के मूलभूत सवालों के साथ जोड़ा था। यह मामूली काम नहीं था। वैदिक काल की संस्कृत भाषा से लेकर मध्य युग की फारसी तक की कविता ने अपनी ही भाषा की यथास्थितिवादी सत्ता से विद्रोह करके परिवर्तन की प्रगति की भी भूमिका निभाई है, उसी पुरातन भूमिका का नवीनीकृत रूप और उसका समर्थ वाहक है हमारी हिन्दी का कवि दुष्यन्तकुमार। और इस सच्चाई को दर्ज करने के लिए हिन्दी के छोटे दिमागों और उर्दू के कट्टर समर्थकों द्वारा-माफ किया जाए तो मैं पूरी सांस्कृतिक और साहित्यिक जिम्मेदारी के साथ यह कहना चाहूँगा, कि हिन्दुस्तान से हमारी उर्दू को उठाकर जो लोग पाकिस्तान ले गये थे, उन्होंने फैज अहमद फैज जैसा आला दर्जे का शायर तो पैदा किया, लेकिन वह शायर अपनी सैकड़ों

साहित्यिक रचनाओं की कोशिशों के बावजूद अपने मुल्क पाकिस्तान के निजाम को नहीं बदल पाया, लेकिन पाकिस्तान के निजाम को दुष्यन्तकुमार की मात्र 52 गजलों ने बदल दिया! इस ऐतिहासिक सत्य को पहचाना और रचनात्मक शब्द की शक्ति को रेखांकित किया जाना चाहिए। नाजिम हिकमत, पाब्लो नेरुदा की कविताएँ अपने देशों में जो और जितना कर सकीं, उससे कहीं ज्यादा दुष्यन्त की गजलों ने भारतीय लोकतन्त्र को बचाने में मदद की है। लेकिन वह हमेशा अपने लेखकों-कवियों की विद्रोही रचनात्मक शक्ति और स्तर को कम करके आँकते रहे हैं।

लेकिन अब हमें इस हीनभावना से बाहर आना पड़ेगा और समझना पड़ेगा कि नागार्जुन, केदारनाथ अग्रवाल, रघुवीर सहाय, धूमिल आदि की वैचारिक असहमति की परम्परा ने कौन से सत्य और मानव-मूल्य हमें सौंपे थे ? दुष्यन्त की ये कविताएँ-गजलें उसी परिवर्तन की गहरी आकांक्षा से जुड़ी हुई हैं, जो आजादी के बाद दशकों से चले आते प्रखर सत्य के साथ अपनी जनवादी आकांक्षाओं को जोड़कर आम आदमी के दुःख-दर्द और उसकी कारगर किन्तु निष्क्रिय सोच को वाणी देती हैं। इसीलिए दुष्यन्त की गजलें आम पाठक और समाज का प्रामाणिक स्वर बन जाती हैं, और आम आदमी की आहत भावनाओं की वाहक भी बन जाती हैं।

साहित्य अपने समाज और समय के लिए जैसे तुलसीदास, कबीर, अमीर खुसरो, दादू, रविदास, मीरा, ग़ालिब और मीर की विरासत को सहेजे हुए हैं, उसी तरह फैज, नागार्जुन, रघुवीर सहाय धूमिल और दुष्यन्तकुमार की इस अपराजेय साहित्यिक विरासत को भी सहेजेगा।

रचना का अन्तः संघर्ष और दुष्यन्त कुमार

डॉ. प्रेमशंकर

रचना एक बिन्दु पर गहरी मानवीय चिन्ता है और इसे अभिव्यक्ति देने के लिए रचनाशीलता बराबर अपने समय के यथार्थ से जूझती रही है। जीवन को देखने, समझने और उसे किसी खास माध्यम से प्रक्षेपित करने के कारण रचना की शक्ल में अन्तर जा जाता है, पर किसी भी अर्थ में सार्थक कही जाने वाली रचना समय से किनाराकशी नहीं कर सकती। दुष्यन्त का यह एहसास कि "यदि लम्बा सफर करना है और रचना को कोई सामाजिक प्रयोजनशीलता देनी है तो अपने समय से भिड़ना-जूझना होगा, मेरे विचार से आनेवाले कल में भी यह अवसर देगी कि हम उसके बारे में बहस-मुबाहसें में उलझ सकें।

दुष्यन्त ने अपनी रचना का आरम्भ एक रूमानी सम्वेदनों वाली दुनिया से किया और उस पर गीतात्मकता के दबाव थे, पर इस अर्थ में वह निजी बिल्कुल निजी संसार नहीं है कि कवि खुद से बातचीत करके समाप्त हो जाए। सचाई यह है कि दुष्यन्त का रचना-संसार एक अजीब तरह के अन्तः संघर्ष, मुठभेड़ और द्वन्द्व से बना और रचा है। एक ओर उनके अपने अनुभव-तन्तु हैं जिन्हें व रचना में इस्तेमाल करना चाहते हैं, दूसरी ओर वे इस अनुभव-संसार को ऐसी शक्ल देने की कोशिश में हैं जहाँ दूसरों की भी हिस्सेदारी हो। कई बार देखने में ऐसा भ्रम हो सकता है कि दुष्यन्त जिस अनुभव-बिन्दु को प्रक्षेपित कर रहे हैं वह उनका अपना बिल्कुल निजी मुद्‌दा है, पर जिस ढंग से उसे प्रस्तुत किया गया है, उसमें काफी लोग सम्मिलित हैं। एक कण्ठ विषपायी का सर्वहत, आँगन में एक वृक्ष का चन्दन, छोटे-छोटे सवाल का सत्यव्रत अपनी अनुभव-परिधि में एक वृहत्तर दुनिया बसाए हुए हैं ।

किसी मायने में रचना का अनुभव-संसार निजी कहा जा सकता है, पर

रचना में यह सवाल भाववादी ढंग से नहीं सुलझाया जा सकता। संवेदनशील ऑंखें जीवन पर पैनी नज़र डालती हैं और किसी मछुए के जाल की तरह उसमें बहुत कुछ समेटना चाहती हैं। पर देख-सुनकर कह-भर देना ही तो रचना नहीं है। सवाल इतना आसान कहाँ है ? हर सार्थक रचना किसी भीतरी कशमकश और रचनात्मक द्वन्द्व से गुज़रती है और दुष्यन्त जैसा कवि जो अपने अनुभव-संसार को तेजी से रचना में रूपान्तरित करने के साथ-साथ मानवीय सरोकार से भी परिचालित है; उसका अन्त: संघर्ष तो और भी तीखा होगा। इस अन्त: संघर्ष की सही पहचान के बिना रचना के बहुतेरे सूत्र उलझे रह जाते हैं और हम उसके अन्तर्विरोधों के भीतर से उपजने वाली मानसिकता से साक्षात्कार नहीं कर पाते। इसी सन्दर्भ में मुक्तिबोध ने व्यक्ति संवेदन और समाज-संवेदन के मेल-मिलाप की बात की है।

दुष्यन्त की रचनाओं में एक स्वप्न-संसार मौजूद है, इससे इनकार नहीं किया जा सकता। कवि एक अपनी मनोवांछित दुनिया बनाना चाहता है, पर वह ऐकान्तिक नहीं है। रचनाकार जीवन-विष पीकर और रिस-रिसकर अपनी यात्रा में अग्रसर होता है। वहाँ रूमानी दर्द की अपेक्षा एक जाग्रत आशावाद दुष्यन्त की सम्वेदनशीलता उनकी रचनाशीलता का केन्द्रीय तत्त्व है और उसे विशेषतया इसलिए सराहना पड़ता है क्योंकि वह एक रूमानी दुनिया के भीतर से विकसित हुई है। 'आँगन में एक वृक्ष' उपन्यास में दुष्यन्त ने अपने अनुभव-संसार का इस सीमा तक उपयोग किया है कि लगता है चन्दन में उपन्यासकार स्वयं मौजूद है। आत्मकथात्मक अंश के होते हुए भी यह उपन्यास सामन्ती परिवेश को उभारने की कोशिश में अधिक सक्रिय दिखाई देता है। इसी प्रकार 'छोटे-छोटे सवाल' में प्राइवेट स्कूलों-कॉलेजों में शिक्षा के व्यापारियों के बीच सत्यव्रत की स्थिति है। बारीकी से देखें तो दुष्यन्त की रचनाएँ निरन्तर अपने ही बनाए गये संसार से भिड़ती दिखाई देती हैं। कवि अपने कल्पित संसार और बेमुरौव्वत जीवन स्थितियों के बीच रचना को सही सलामत रखना चाहता हे और इस अन्त: संघर्ष से गुजरते हुए वह अपने अनुभवों के अनुसार माध्यमों को बदलने में भी संकोच नहीं करता। सूर्य का स्वागत, आवाजों के घेरे, जलते हुए वन का वसन्त उनके कविता संकलन हैं। एक कण्ठ विषपायी काव्यनाटक । 'साये में धूप' ग़ज़लों का संकलन। छोटे-छोटे सवाल, आँगन में एक वृक्ष, दुहरी जिन्दगी उपन्यास,

मन के कोण, मसीहा मर गया नाट्य प्रयोग। इसके अतिरिक्त कुछ फुटकर चीजें भी। माध्यम की तलाश में वे सब रचनाकार इसी तरह भटकते देखे जाते हैं जो अपने अनुभव-संसार को पूरी तीक्ष्णता के साथ रचना में प्रक्षेपित करना चाहते हैं। यों दुष्यन्त ने कविता को अपना कारगर माध्यम माना है। 'जलते हुए वन का वसन्त' की भूमिका में वे कहते हैं : कविता राजनीति, सामाजिक और वैयक्तिक हर स्तर पर, हर लड़ाई में मेरे लिए एक भरोसे का हथियार है'-पर मुझे लगता है कि कविताओं की दुनिया में भी दुष्यन्त नए तेवरों की तलाश करना चाहते हैं ताकि वे अपनी बात पूरे तीखेपन से कह सकें। इसलिए 'परदेसी' का गीतकार 'एक कण्ठ विषपायी' जैसे काव्य नाटक से होता हुआ 'साये में धूप' की तेज़-तर्रार ग़ज़लों तक आ सका। रचनाशीलता की यह विकास यात्रा विशेष रूप से रेखांकित की जायेगी, जबकि कई रचनाएँ या तो चुक जाती हैं, या सिर्फ खुद को दुहराती रह जाती हैं।

अनुभव की रचनाशीलता में रूपान्तरित करते हुए रचना जिस द्वन्द्व से गुज़रती है, उस दर्द को दुष्यन्त ने जाना है। उनमें यह अहसास मौजूद है कि रचना में सिर्फ मुखौटों से काम नहीं चल सकता।

दुष्यन्त ने जिस समय अपनी रचनायात्रा का आरम्भ किया, आधुनिक और नयेपन का बड़ा ज़ोर था। ऐसे में उनकी रचनाएँ नयेपन के फ़ैशन को देखते हुए कुछ पिछड़ी हुई तक कही जा सकती हैं। जलते हुए वन का वसन्त की भूमिका में उनका कहना है : "मेरे पास कविताओं के मुखौटे नहीं है, अन्तर्राष्ट्रीय मुद्राएँ नहीं हैं और अजनबी शब्दों का लिबास नहीं है...।" हर समझदार लेखक बखूबी जानता है कि सिर्फ फैशन के सहारे वह आगे नहीं जा सकता पर कथ्य के अभाव में और क्रमश: अपने अनुभव-संसार की कमजोरी की विवशता में वह इतना ही तो कर सकता है कि मुखौटे लगाए, नारे उछाले और अदाओं पर चले और इस तरह रचना की झुर्रियों पर शिल्प का प्रसाधन लगाकर काम चलाए। जिन्दगी से पलायन न करने का दुष्यन्त का फैसला, उनके सीमित अनुभव-संसार को वह सामर्थ्य देता है कि वे यात्रारत रह सकें– 'कुलबुलाती चेतना के लिए सारी सृष्टि निर्जन और कोई जगह ऐसी नहीं सपने जहाँ रख दूँ, दृष्टि के पथ में तिमिर है, और हृदय में छटपटाहटा जिन्दगी आखिर उठाकर, कहाँ रख दूँ, कहाँ फेकूँ...।'

कविता जब अपनी बात करती है तब भी वह जानती है कि और लोग भी

इसमें सम्मिलित हैं। दुष्यन्त की कविताओं से गुजरने पर मालूम होता है कि बात किसी व्यक्ति के माध्यम से कही जा रही है पर और लोग भी उसमें शरीक हैं। ऐसा तभी संभव है जब मेरा अपना निजी अनुभव ज्यादा बड़े अनुभव संसार में फैल सकने की सामर्थ्य रखता है। अनुमान किया जा सकता है कि इस कवि ने अपनी रूमानी बनावट और गीतात्मक प्रवृत्तियों से कितना संघर्ष किया होगा ताकि वह जीवन-यथार्थ से आँख मिला सके। 'सूर्य का स्वागत' उनका पहला कविता-संकलन है जिसका प्रकाशन 1957 में।

हुआ। यहाँ पर निजी अनुभव से बाहर निकलेनवाली 'सूचना' कविता की पंक्तियाँ हैं : कल माँ ने यह कहा कि उसकी शादी तय हो गई कहीं पर, मैं मुसकाया वहाँ, मौन से दिया किन्तु कमरे में आकर, जैसे दो दुनियाँ हो मुझको, मेरा कमरा और मेरा घर।" पर इसी संकलन में "कैद परिन्दे का बयान" भी है– "पर मैं जियूँगा नई फसल के लिए, कभी ये नई फसल आये न आये, हाँ, जिस दिन पिंजड़े की सलाखें मोड़ लूँगा मैं, उसी दिन सहर्ष जीर्ण देह छोड़ दूँगा मैं।" इसी प्रकार का संकल्प 'तीन दोस्त' कविता में है : 'हम तीन बीज, उगने के लिए पड़े हैं हर चौराहे पर जाने कब वर्षा हो कब अंकुर फूट पड़े। हम तीन दोस्त घुटते हैं केवल इसीलिए, इस ऊब घुटन से जाने कब सर फूट पड़े।

संवेदनशीलता अपने विकसित रूप में प्रक्षेपित हो सके इसके लिए दुष्यन्त ने 'एक कण्ठ विषपायी' काव्य नाटक को चुना। पेशेवर ज्योतिषी की तरह रचना के क्षेत्र में भविष्यवाणी करना खतरनाक होगा, पर अपने समय के अहसास को पकड़ते हुए गहरी मानवीय चिन्ता के कारण यह कृति काफी दिनों तक ठहरेगी, ऐसी आशा की जानी चाहिए। 'एक कण्ठ विषपायी' मैं अपेक्षाकृत एक कम परिचित कथानक है, ख़ासतौर पर रामकृष्ण के चरित्रों को लेकर बुने जाने वाली रचनाओं की तुलना में। जाहिर है कि दुष्यन्त के सामने कठिनाई है। क्योंकि उन्हें प्रचलित पौराणिकता को तोड़कर चरित्रों में नए सन्दर्भ बसाने हैं। कई बार लगता है कि शंकर आज के समय के काफी सार्थक प्रतीक हैं और अन्त: संघर्ष से गुजरते हुए मनुष्य को चित्रित करने के लिए उनका बखूबी उपयोग हो सकता है। चार दृश्यों के इस काव्यानाटक में कहने को तो चौदह पात्र हैं पर कवि की रुचि शंकर, सर्वहत, ब्रह्मा, विष्णु, इन्द्र, दक्ष, वीरिणी की चारित्रिक रेखाओं की ओर संकेत करने में है। इनमें भी शंकर और सर्वहत प्रमुख हैं।

एक कण्ठ विषपायी आज की जमीन पर रचा गया काव्य-नाटक है और इसमें सन्देह नहीं कि उस पर सामयिक दबाव मौजूद हैं। नाटक में संघर्ष और युद्ध की चर्चा है और इसके मूल में महत्त्वाकांक्षियों का अहंकार भी मौजूद है। पहले दृश्य में ही आख़िर दक्ष इसीलिए तो अपने जामाता शंकर को यज्ञ में आमन्त्रित नहीं करते क्योंकि उनका विचार है कि शंकर ने पार्वती का वरण नहीं, अपहरण किया था। दक्ष को अपनी कूटनीति पर भरोसा है और वीरिणी के तर्क उनके आक्रोश को कम नहीं कर पाते। वह कहती है : दुर्दिन जब आते हैं तो पहले व्यक्ति का स्वतन्त्र बोध, चिन्तन और प्रज्ञा हर लेते हैं। अनायास मन की वैचारिक स्थितियाँ, प्रतिबन्धित कर देते हैं, पार्श्व में प्रसंगों में लघुता भर देते हैं...। दक्ष का अहंकार प्रतिशोधभाव, कूटनीति के दाँव-पेंच में उनकी आस्था, असीमित क्रोध सती पार्वती को झुलसा देते हैं और एक नए संघर्ष का जन्म होता है। एक वैयक्तिक प्रसंग को दुष्यन्त एक कण्ठ विषपायी में ज्यादा बड़े संघर्ष से जोड़ते हैं जहाँ इन्द्र शंकर से टकराना चाहते हैं। निश्चित ही युद्ध की विभीषका कवि के अवचेन में मौजूद है, यद्यपि वह उसे प्रखरता नहीं देता, संकेतों से काम चलाता है।

दूसरे दृश्य के आरम्भ में ही संघर्ष का विनाश मौजूद है। विष्णु कहते हैं : जन-संकुल राजमार्ग : नीरव, जन-हीन नगर, चिड़ियों के नुचे हुए पंखों से, सारे घर, सारा क्रम छिन्न-भिन्न, पूरा परिवेश भग्न, और भयावह स्थिति पर प्रजा के प्रतिनिधि पात्र सर्वहत का तीखा व्यंग्य है : कौन कहता है, यहाँ कुछ भी नहीं है शेष, यहाँ शेष ही तो है सब कुछ, देखो, सारे नगर में ताजा, जमा हुआ रक्त है, और सड़ी हुई लाशें हैं, मुड़ी हुई हड्डियाँ हैं, क्षत-विक्षत तन हैं, और उन पर भिन्नाते हुए, चीलों और गिद्धों के झुण्ड, और मक्खियाँ हैं, सब कुछ तो है, देखो ये महल हैं, कंगूरे हैं, कलश हैं, अतिथि भवन हैं, राजमार्ग हैं, सिर्फ लोग नहीं है तो क्या हुआ ? लोगों के होने न होने से, क्या कोई दृश्य की महत्ता कम होती है ?। और इस संघर्ष का कारण केवल दक्ष का अहंकार नहीं है, शंकर की मोहबद्धता भी है जो भगवती सती के अधझुलसे शव को कंधे पर लादे हुए विलाप करते हैं और सती की चेतनता लौटा लाने के लिए देवलोक की सीमाओं पर पहुँच जाते हैं। यहाँ इन्द्र शायद अपने इन्द्रासन को ध्यान में रखकर एक नए संघर्ष की तैयारी करना चाहते हैं। पर ब्रह्मा युद्ध का विरोध करते हैं, कहते हैं

: युद्ध ही प्रजा की रक्षा का एकमात्र उपाय नहीं है और विष्णु प्रणाम-बाण के द्वारा शंकर को मोहमुक्त करने का एक उपाय निकालते हैं। काव्य के अन्त में उद्घोषक प्रजा को समाचार देता है कि महादेव शंकर की सेनाएँ, लौट गईं, सीमा पर रक्तपात, नहीं हुआ, युद्ध हो गया समाप्त। शान्ति स्थापित हो जाती है, पर युद्ध का प्रश्न जैसे अपनी जगह पर कायम है। आखिर संघर्ष होते ही क्यों हैं? यहाँ दुष्यन्त शंकर को भी नहीं बख़्शते और इसीलिए तीसरे दृश्य में शंकर की मोहबद्धता को अतिरिक्त विस्तार मिला है। दक्ष का अहंकार, शंकर की मोहबद्धता, इन्द्र का सुरक्षा भाव सब संघर्ष के बीज हैं। सर्वहत युद्ध को व्यस्तता का नाटक कहकर नेतृत्व पर आक्षेप करता है कि नए प्रश्न से कोई जूझना ही नहीं चाहता।

'एक कण्ठ विषपायी' का राजनीतिक अहसास तीखा है और अपने सामयिक सन्दर्भों से उपज कर भी आगे की बात कहता है। प्रजातन्त्र से जुड़े हुए कुछ महत्त्वपूर्ण मुद्दे और कई जलते हुए सवाल यहाँ आये हैं और इसके लिए दुष्यन्त ने सर्वहत जैसे सामान्य जन के पात्र को चुना है, सर्वहारा का समीपी। इसीलिए सर्वहत लगभग हर दृश्य में मौजूद है। पहले दृश्य में वह पक्षी को मुक्त करता है, दूसरे में वह छाया हुआ है, तीसरे में उसे मोहबद्ध शंकर के सामने गुंजाइश नहीं मिलती और चौथे दृश्य में वह देवलोक के नेताओं पर तीखे व्यंग्य करता है। सर्वहत प्रजा-प्रतिनिधि है, केवल सुनता है, न देख सकता है, न सोच सकता है। कहता है : मैं तो केवल निर्देशक की इच्छाओं का अनुचर था, मात्र भृत्य नेतृत्व पर उसकी तीखी टिप्पणियाँ हैं : और शासकों को कहीं, रक्त की कमी हुआ करती है, आप लोग चाहें तो मेरे लिए, रक्त का समुन्दर भर सकते हैं। दुष्यन्त इस पात्र के माध्यम से एक बड़ा सवाल उठाते हैं–भूख का सवाल है : दुनिया में सब भूखे होते हैं, सब भूखे, कोई अधिकार और लिप्सा का, कोई प्रतिष्ठा का, कोई आदेशों का, कोई धन का भूखा होता है–मुद्रा खाते हैं। पर सर्वहत रोटी का भूखा है, कहता है हम सब मर जायेंगे एक रोज, पेट को बजाते और भूख भूख चिल्लाते, हम सब मर जायेंगे एक रोज, ठूंठें रह जायेंगी, साँसों के पत्ते झर जायेंगे एक रोज। दुष्यन्त ने भूखवाले इस दृश्य को बहुत गहराया है और जीवन-यथार्थ अपनी पूरी नग्नता में यहाँ मौजूद है। इस अवसर पर काव्य-नाटक सारे पौराणिक चरित्रों का अतिक्रमण करता करता हुआ सर्वहत

जीवन के भयावह यथार्थ को उजागर कर देता है। जब दूसरा दृश्य समाप्त होता है तो लगता है सर्वहत आज के सामान्य जन के रोटी के सवाल को हमारे मुँह पर फेंक गया है।

नाटक के अन्तिम दृश्य में वही सर्वहत देवचरित्रों को ललकारता है: शासकों की स्मरण शक्ति दुर्बल हो जाती है, और प्रजा की स्थिति यह है कि हमने उफ् तलक नहीं की। शासन के गलत सलत झाँसों के आगे भी, फसलों से विनयी हम बिछे रहे निर्विवाद, हमारे व्यक्तित्व के लहलहाते हुए, खेतों से होकर, दक्ष ने बहुत सी पडंडियाँ बनाई, कर दीं सब फसलें बरबाद, पर हम नहीं बोले– बिछे रहे, हमने पथ दिया सबको, क्योंकि हम प्रजा थे। सर्वहत जब रोटी के साथ रक्त की बात उठा देता है तब वह क्या चतुर्दिक व्याप्त, संघर्ष और शोषण की ओर इशारा नहीं करता? वह कहता है कि शंकर इसलिए बख्शे जा सकते हैं क्योंकि वे विशिष्ट देवता हैं।

सर्वहत के माध्यम से दुष्यन्त ने सामान्य जन की प्रतिक्रिया को तल्खी के साथ प्रक्षेपित किया है। वह कई प्रश्नों की ओर इशारा करता है, युद्ध-संघर्ष, नेतृत्व-प्रजातन्त्र, रोटी-भूख, परम्परा-विद्रोह, शासक-प्रजा आदि। जब कभी अपने समय को तीक्ष्णता के साथ व्यक्त करने वाले पात्रों की चर्चा होगी तब सर्वहत को भुला देना कठिन होगा। 'एक कण्ठ विषपायी' में वह हमें झकझोरता है, उत्तेजित करता है और देवपुत्रों के बीच अपने मानवीय तेवरों से अलग जगह बनाता है। समय के प्रश्नों से जूझता हुआ एक कण्ठ विषयपायी दुष्यन्त के सामाजिक सरोकार का जीवन्त दस्तावेज है।

लगता है अपनी बात सही ढंग से कह सकने के लिए दुष्यन्त बराबर माध्यमों की तलाश में रहे हैं और इसी क्रम में वे ग़ज़लों की उस दुनिया में पहुँचे जिसके कारण उन्हें बहुत लोकप्रियता मिली। पर यहाँ विचारणीय यह है कि ग़ज़लों को काफी अरसे तक इश्क से जोड़ा जाता रहा यद्यपि ग़ालिब अथवा इकबाल जैसे शायरों ने उसमें जीवन की वास्तविकता और दार्शनिक टुकड़ों को भी प्रस्तुत किया। दुष्यन्त ने ग़ज़ल का माध्यम आख़िर क्यों चुना, जबकि वे जानते थे कि इस सामन्ती दौर के माध्यम में बड़ी-बड़ी प्रतिभाएँ हस्ताक्षर कर चुकी हैं। स्वयं उनका जो वक्तव्य कल्पना में मौजूद है, उससे ज्ञात होता है कि वे आधुनिकता के छ्दम से ऊब चुके थे और व्यर्थ के वाग्जाल तथा सपाटबयानी से उकताकर कोई नया रास्ता निकालना चाहते थे ताकि कविता की एकरसता टूट सके। वे

कविता और पाठक के बीच के फ़ासले को भी कम करना चाहते थे और इसलिए उन्होंने ग़ज़ल का माध्यम अपनाया। उनके रचनात्मक आत्म-विश्वास का पता इस वक्तव्य से चलता है: "मैं ग़ालिब नहीं हूँ, उस प्रतिभा का शतांश भी मुझमें नहीं है। लेकिन मैं यह नहीं मानता कि मेरी तकलीफ ग़ालिब से कम है या मैंने उसे कम शिद्दत से महसूस किया है। इतिहास मुझसे जुड़ी हुई-मेरे समय की तकलीफ का गवाह खुद है।

कोई माध्यम स्वयं में इतना मतलब शायद न रखता हो जितना यह कि आख़िर हम रचना में उसका उपयोग किसलिए करते हैं। दुष्यन्त ने ग़ज़ल को अपने समय के यथार्थ से जोड़ा और उसे आज की खुरदरी जमीन का संस्पर्श कराया। यह काम उन्होंने बिना ज्यादा चीखे चिल्लाए या सिर्फ अन्दाज़े-बयाँ का सहारा लिए हुए किया। सचाई यह है कि उन्होने जीवन यथार्थ के गहरे एहसास के कुछ जानदार टुकड़ों को ग़ज़ल के शेरों में बसा खपा दिया। ग़ज़लों की पिछली ग़ज़लियत से लड़ने-झगड़ने में दुष्यन्त को काफी श्रम करना पड़ा, इसमें सन्देह नहीं। यहाँ उनका अन्तः संघर्ष बहुत गहरे उतरकर आया है, जिसे उन्होंने दुहरी तकलीफ कहा है– व्यक्तिगत भी, सामाजिक भी। इसीलिए ये ग़ज़लें कवि के माध्यम से सबकी व्यथा-कथा कहती दिखाई देती हैं। एक निजी दुनिया अगर गहरे एहसास को लेकर जले तो वह वृहत्तर सामाजिक परिवेश को कैसे उजागर करती है, इसका साक्ष्य प्रस्तुत करती हैं ये ग़ज़लें-ये सारा जिस्म झुककर बोझ से दुहरा हुआ होगा। मैं सज़दे में नहीं था, आपको धोखा हुआ होगा। किससे कहें कि छत की मुडेरों से गिर पड़े, हमने ही खुद पतंग उड़ाई थी शौकिया। जिस तरह चाहो बजाओ इस सभा में, हम नहीं हैं आदमी हम झुनझुने हैं।

अपने सामाजिक-राजनीतिक परिवेश को खुली आँखों देखना-पहचानना उसे ग़ज़ल में बाँध देना और कोशिश यह कि हर शेर अपने में पूरा हो एक कठिन काम है। कम शब्दों में गहरी बात को ढाल देने का दावा करने में बड़े-से-बड़े शायर को भी संकोच होगा। पर दुष्यन्त धीरे-धीरे अपने मुहावरे पर पहुँचते हैं क्योंकि वे अपनी ग़ज़लों को हिन्दी-उर्दू से बीच सेतु भी बनाना चाहते हैं। अपने वर्तमान से जूझता हुआ कोई कवि अगर खुद ज्यादा चीखने-चिलाने लगता है तो कई बार उसका तर्क कमजोर पड़ जाता है। दुष्यन्त की वे ग़ज़लें जो मुकम्मल बन पड़ी हैं, वक्तव्यों तक को बिम्ब की तरह इस्तेमाल कर लेती हैं और वे हमारे अस्तित्व का साक्ष्य बनकर इसमें काफी देर रुकती-ठहरती हैं। यह देखकर कम

आश्चर्य नहीं होता कि ग़ज़लों के माध्यम से दुष्यन्त कितना उद्धरणीय हो गये हैं, विशेषतया अपने समय के सन्दर्भ में : कहाँ तो तय था चिरागा हरेक घर के लिए, कहाँ चिराग मयस्सर नहीं शहर के लिए। कैसे मंज़र सामने आने लगे हैं, गाते गाते लोग चिल्लाने लगे हैं। अब नई तहजीब के पेशे नजर हम, आदमी को भूनकर खाने लगे हैं। इस सहर में वो कोई बारात हो या वारदात, अब किसी भी बात पर खुलती नहीं है खिड़कियाँ / सैर के वास्ते सड़कों पे निकल आते थे, अब तो आकाश से पथराव का डर होता है। कल नुमायश में मिला वो चीथड़े पहने हुए, मैंने पूछा नाम तो बोला कि हिन्दुस्तान है। आदि।

रूमानी दुनिया से चलकर जीवन यथार्थ की खुरदरी जमीन पर आ जाना स्वयं में दुष्यन्त की विकास यात्रा का सबूत है। 'आँगन में एक वृक्ष' में सामन्ती अन्तर्विरोधों और क्रूरताओं पर टिप्पणियाँ हैं और 'छोटे-छोटे सवाल' में शिक्षा के नाम पर व्यापार की चर्चा । इससे संकेत मिलता है दुष्यन्त अपने बाहर भी देखते-सुनते हैं। अपनी अनुभूति पर विश्वास रखकर चलते हुए उन्होंने खुद को कई दिशाओं में फेंकने की कोशिश की और यह उनकी रचनात्मकता की दुखती रग है कि जब वे अपने सोच-विचार को अन्विति देने की प्रक्रिया में थे, तभी वे चले गये।

मेरा विचार है कि दुष्यन्त ने, जहाँ तक कविता का प्रश्न है, ग़ज़लों के माध्यम से, कम से शब्दों में गहरी से गहरी बात कह सकने की जो सामर्थ्य पा ली थी, वह उनकी किसी भी काव्य यात्रा के विषय में हमें आश्वस्त करनेवाली थी। अपने में यह साहसपूर्ण कदम है कि जिसे गैर-यथार्थवादी माध्यम, के रूप में जाना जाता हुआ है, उसमें उन्होंने अपने समय के अहसासों को बसा दिया और इसके लिए वे बराबर याद किये जायेंगे : मेरी जुबान से निकली तो सिर्फ नज़्म बनी, तुम्हारे हाथ में आई तो एक मशाल हुई।

कई बार दुष्यन्त का रचना-संसार बिखरा-बिखरा दिखाई देता है, कभी, जिन्दगी से मुठभेड़ करता हुआ, कभी खुद से लड़ता-झगड़ता, कभी नए माध्यम की तलाश में। पर उसकी सम्वेदनशीलता, जिजीविषा और मानवीय चिन्ता बराबर उसके साथ है। टुकड़ों-टुकड़ों में भी हम उसकी जिजीविषा को उजागर पाते हैं : दस्तकों का अब किवाड़ों पर असर होगा जरूर, हर हथेली खून से तर और ज़्यादा बेकरार।

आधुनिक रचनाकार और माध्यम की तलाश

डॉ. प्रभाकर श्रोत्रिय

अभिव्यक्ति के लिए सही माध्यम की तलाश, चीज को अपने असली नाम से पुकारने की तरह है। आधुनिक रचनाकार के लिए यह सबसे जटिल काम है, क्योंकि आधुनिक रूप तन्त्रमूलक नहीं है, स्वभावमूलक है। मसलन आज कविता ढाँचा नहीं है, धारणा है। वह अनुभूति और वस्तु के अनुरूप एक स्वाधीन शब्द-संयोजन है, उसने आज अनुशासन को अस्वीकृत कर संयम का वरण किया है। ऐसी स्थिति में कविता को कविता के रूप में रचना अत्यन्त दुस्साध्य है। क्रान्तदर्शी प्रतिभाओं ने अन्य विधाओं के ढाँचे भी बुरी तरह ध्वस्त कर दिए हैं। भले ही रचनाहीन लोग इसे खुली छूट का लाइसेंस समझें, लेकिन कलाकार जानता है, कि रूढ़ियों की सुविधा छोड़कर उसने स्वयं एक बहुत ही दूभर उत्तरदायित्व अपने सिर पर ले लिया है। आज प्रत्येक कृति उसके लिए एक नई चुनौती है, एक नया माध्यम है। एक ही विधा में रची विभिन्न रचनाएँ भी जब कलाकार की कसौटी बन जाती हैं, तब यदि वह अपनी मौलिक विधा से भिन्न किसी दूसरी विधा में प्रवेश करे, तो वास्तव में वह एक धारणा से दूसरी धारणा में प्रवेश करता है, जिसके कुछ गहरे और सौन्दर्यमूलक कारण होते हैं। जैसे, कई बार बदली हुई वस्तु और अनुभवभंगिमा अपने लिए किसी अनुरूप विन्यास की माँग करती है तो कभी बहुत ही उद्दीप्त और प्रखर प्रतिभा क्षणों में रूप और वस्तु एक ही साथ सहसा प्रकट होती है। लेकिन कई बार कुछ विसंगतियाँ भी घटित होती हैं 1 मसलन, सम्भव है जो कृति हमें किसी विशिष्ट विधा में प्राप्त हो, वह वस्तु और अनुभव की अपरिहार्य माँग का परिणाम न हो, वह विधा के रूप में पहले से ही गढ़ी जा चुकी हो और लेखक ने सिर्फ उसके खाँचे भरे हों। अथवा यह भी सम्भव है कि किसी संरचना का आधार गैर-सृजनात्मक हो।

दुष्यन्तकुमार को ही लें। उनका रचनाकार गीत में आँखें खोलता है, कविता में वयस्क होता है, काव्य-नाटक में कालाटन करता है, उपन्यासों में मार्गान्तरित होता है और गजलों में खिल उठता है। प्रश्न यह है कि रचना के ये रूप-परिवर्तन स्वाभाविक हैं या आरोपित ? आकस्मिक हैं या अभिकल्पित ? ऐसा तो नहीं है, कि इन बदलावों के पीछे कोई सृजनेतर प्रेरणा और कारण हो ?

मैं दुष्यन्त की तमाम रचनाओं की बुनावट को समझने की कोशिश करता हूँ। इनकी बहुरूपता का जो रहस्य मुझे मिलता है, उसका साक्ष्य भाषा की उस गोपन शक्ति में भी पाना चाहता हूँ जो सचेत अनुशासन की परवाह न करती हुई उस रहस्य को खोल देती है, जो रचनात्मक बदलावों की प्रेरणा है। मुझे यह संकेत यों मिलता है–

मैं नया बनने के लिए खराद पर चढ़ रहा
लड़ता हुआ
नई राह गढ़ता हुआ।

(सूर्य का स्वागत, मापदण्ड बदलो)

मैं फिर कहूँगा, कि यह उदाहरण नहीं, संकेत है। लगता है कि इतिहास और परिवेश के मर्म को सार्थक ढंग से पकड़ने और सत्य का अन्वेषण करने के वास्तविक संघर्ष की तुलना में यह कृतिकार नया बनने की लड़ाई को प्राथमिकता देता है, जो उसकी रचना-प्रक्रिया को एक भिन्न ढंग से प्रभावित करती है। कई बार हमारे सोचने-समझने और लड़ने-भिड़ने की पद्धति भी हमारे व्यक्तित्व को निर्धारित करती है। मनोविज्ञान की कुछ खोजों ने सिद्ध किया है, कि हम अपने मनोवेगों के अनुरूप ही बाह्य चेष्टाएँ नहीं करते, बल्कि हमारी प्रयत्नसाध्य आंगिक चेष्टाएँ भी हमारे संवेगों में परिवर्तन ला देती हैं। इसी परिप्रेक्ष्य में यह कहना भी गलत न होगा कि नया बनने के लिए ठानी गई लड़ाई ने दुष्यन्त की सृजनात्मकता में महत्त्वपूर्ण भूमिका निभाई है 1 किन्हीं अन्य कारणों से मिलकर, एक स्तर पर, इस संघर्ष ने उनके उत्कर्ष का वरण किया, तो दूसरे स्तर पर भयानक सृजन-विरोधी भूमिका भी निभाई।

यदि दुष्यन्त के रूपात्मक विकास क्रम को देखें तो हमारा आमना-सामना सबसे पहले उनके गीतों से होता है। गीत का भावपरकता से स्वाभाविक सम्बन्ध है। कवि पर गीतिमत्ता का दबाव जितना अधिक होता है, उतना ही उसका अनुभव

और चिन्तन आवेग से ढक जाता है। वह आधुनिक वैज्ञानिक दृष्टि नहीं उपजती जो प्रेक्षण, अनुभूति और कल्पना की निस्संग शल्य क्रिया करती है। भावबोध के साथ मूल्य-बोध की दोहरी तत्त्व-चेतना, जो कारण की जटिलता का अन्वेषण करती है, गीत की अभिवृत्ति नहीं है। इसलिए गीतकार प्रायः उद्वेग, आकर्षण, लालसा, मनस्ताप, करुणा आदि की काल्पनिक अनुभूति से ग्रस्त रहता है। गीत के रूप-तन्त्र से मुक्त होकर एक रचनाकार काल्पनिक अनुभूतियों के दाबव से भी किसी हद तक उबर जाता है, या यों कहें, कि इनसे उबरने के लिए उसे गीतिबन्ध से अनिवार्यतः मुक्त होना होता है। यदि रूप-चेतना, शिल्प के चयन और परित्याग का विवेक है तो तत्त्व-चेतना एक ऐसी अपिरिहार्य माँग है जो अपने आकार, काट और स्वभाव के अनुरूप विन्यास की खोज करती है। दुष्यन्त को लेकर यह प्रश्न पैदा होता है, कि क्या जीवन के प्रति एक निस्संग बौद्धिक विवेक, जटिलताओं के प्रति साक्षीभाव और अन्वेषणमूलक तत्त्व दृष्टि उनमें मूलतः उत्पन्न हुई, जिसने उनके भाव-परिवेश को बदला, या उन्होंने संरचना को बदलकर आधुनिकता के वरण की पहल की? मेरे विचार से दुष्यन्त में दृष्टि का बदलाव रूप के बदलाव की परवर्ती प्रक्रिया है। इससे प्रतीत होता है कि उनकी लड़ाई कितनी कड़ी थी। क्योंकि यदि दुष्यन्त की कविताओं से एक सीधा सवाल किया जाए कि उनकी मार्मिकता और उत्कर्ष का रहस्य क्या है, तो शायद वे प्रच्छन्न और गहरी भूमिका स्वीकार करें।

लेकिन इसका यह अर्थ नहीं है कि गीत से कविता का बदलाव दुष्यन्त ने ओढ़ा हुआ है । वह वास्तव में संघर्ष के जरिये कमाया हुआ है। कवि भले आत्मसंहार न कर सका हो, लेकिन उसने अपने खिलाफ सख्त लड्ढाई तो लड़ी ही है। तभी न वह समान प्रकृति के कवियों की अपेक्षा इतनी जल्दी और इतने अर्थपूर्ण ढंग से अपने को नए कवि के रूप में खड़ा कर सका। इसका एक सक्रिय कारण भी मौजूद है। उन दिनों दुष्यन्त अपने जीवन में वास्तविक संकटों का सामना कर रहे थे, जिससे आत्म-स्थापना का उनका संघर्ष जीवनानुभव से पुष्ट हुआ। कोहरा छँटने लगा और उत्कट जिजीविषा सृजन के धरातल पर सक्रिय हो गई। नतीजे में जो चोट जीवन पर पड़ती थी, उसकी गूँज कविता में सुनाई देती थी। लेकिन जब जीवन-संघर्ष शिथिल हुआ और मात्र जिजीविषा की उत्कटता बाकी बच रही, तव दुष्यन्त कुमार की रचनाशीलता में वास्तविक पठार आ गया।

यहीं मैं स्पष्ट करना चाहता हूँ कि लेखन का गतिरोध सृजन का गतिरोध नहीं है। रचनाकार कुछ न लिखने पर भी सृजनशील बना रह सकता है। यदि उसके भीतर खोजबीन जारी है तो इसका मतलब है कि उसकी अन्तःप्रज्ञा, अन्तर्दोभ के उन क्षणों की प्रतीक्षा कर रही है, जिनमें कृति रूपायित होती है। 'लियोनादों दा विंची' सात दिन-सात रात कैनवास के सामने खड़ा रहा। आठवें दिन उसने एक अविस्मरणीय चित्र बनाया– 'द लास्ट सपर'। रंग, तूलिका और फलक को न छूते हुए भी पिछले दिनों वह अपनी रचना में जारी था। अर्थात् कलाकार का कुछ समय के लिए या काफी समय के लिए खामोश रहना, सृजन का अन्तराल या गतिरोध नहीं कहा जा सकता। वास्तविक अन्तराल तो वह है, जिसमें अन्तस्तत्त्व निष्क्रिय हो जाता है, जिसका प्रमाण कवि की अगली प्रस्तुतियों में मिलता है। यह भी आवश्यक नहीं है कि अनवरत लेखन का अर्थ सृजन की निरन्तरता ही हो। लिखना और बात है और सृजन करना और बात।

दुष्यन्त लिखते रहे, लेकिन रचनाकार के रूप में प्रायः थम गये। 'सूर्य का स्वागत' की सृजनशीलता 'आवाज़ों के घेरे में' प्रायः अपना कौमार्य खो चुकी थी। वह तन्वंगी, पृथुला गृहस्थिन हो गई। सूच्यग्र लेखनी घिसी हुई कलम में तब्दील हो गई थी। आवर्त, स्फीति, श्लथता और अनुर्वरता यहाँ साफ देखी जा सकती है, वैसी महीन सम्वेदनशीलता; सहज, सीधी और मार्मिक अभिव्यक्ति, अनुभूति की सूक्ष्मता उत्पन्न पारदर्शिता, संयति, ताजगी और वैविध्य इस कृति में लगभग अदृश्य हो गये, और यह सब संरचना के स्तर पर भी लक्षित होता है। कविताओं में बारीक काट और नाटकीय सक्रियता के बजाए लयात्मक एक-सा पन आ गया और वे भारी-भरकम हो चलीं। नए कवि ने छन्द के बन्धन और लयात्मक एकरूपता को इसीलिए तोड़ा था कि वह वस्तु और भाव-भंगिमा को उसकी आन्तरिक प्रकृति के अनुरूप शब्द, लय और पंक्ति की काट दे सके। रूपात्मक मर्म की यह पहचान 'आवाजों के घेरे में' से प्रमाणित नहीं होती। छन्द और वाक्-विस्तार का आग्रह 'गौतम बुद्ध से' जैसी अनेक लम्बी कविताओं में है।

कविता का लम्बी होना अपने-आपमें दोष नहीं है, यदि वह अभिव्यंजना की वास्तविक माँग हो। अनुभूति के अवर्ज्य दबाव और जटिलताओं के अनवरत प्रत्यक्षीकरण के कारण कई बार कवि के लिए अपनी रचना को सीमित कर पाना असम्भव हो जाता है। वस्तु और भाव के ऐसे दबावों के कारण ही मुक्तिबोध

की कविताएँ लम्बी होती चली जाती थीं। लम्बी होने के बावजूद न तो उनमें रिक्तता है, न वाक्-विस्तार और न सम्वेदन की निष्क्रियता। वे बाहर से जितनी खिंचती चली जाती हैं, उतनी ही भीतर से भी गत्यात्मक सम्वेदनों और वैचारिक सक्रियता से गुँथती चली जाती हैं। बिना किसी ऐसी माँग के कविता में शब्दों की लम्बी सैरों के क्या माने हैं?

'आवाजों के घेरे में" पठार के इन कुछ संकेतों के बाद अब मैं पुनः इस प्रश्न की ओर लौटना चाहूँगा कि आखिर रचनाशीलता के बीच पठार क्यों आते हैं? या दुष्यन्त के साथ ऐसा क्यों होता रहा है ? जबकि उनका प्रारम्भ ही इतना उत्कर्षशील है। प्रसंगवश मैं धर्मवीर भारती का उल्लेख करना चाहूँगा, क्योंकि वे भी दुष्यन्तकुमार की तरह गीतिपरक रोमांसमूल के कवि हैं और प्रारम्भ में पीछे रहते हुए भी आगे निकल जाते हैं। यह बेझिझक कहा जा सकता है, कि दुष्यन्त का उठता-उभरता कवि भारती की तुलना में अधिक चाक्षुष, दीप्त और प्रखर है। अपनी प्रथम प्रस्तुति 'ठण्डा लोहा' में भारती राग को खोलने-बाँधने में ही व्यस्त हैं जबकि 'सूर्य का स्वागत' में दुष्यन्त अपनी गीति-भावना से एक हद तक उबरकर परिवेशगत अर्थों को समझने और आँकने की कोशिश करते हैं। वे प्रकृति और मनुष्य के रागात्मक और चैतन्य सम्बन्धों की पड़ताल भी करने लगे हैं। 'दिग्विजय का अश्व' जैसी कविताओं में वे पारम्परिक प्रसंग को प्रतीक में बदलकर अपनी विद्रोही चेतना को क्रीड़ा-भाव के निराले अन्दाज में रचते हैं। फिर भी वे अपनी आगामी कृति में भारती की तुलना में न केवल पिछड़ जाते हैं; बल्कि निराश भी करते हैं। इसका मुख्य कारण है कि भारती को काफी अर्से तक सृजनात्मक पठार का सामना नहीं करना पड़ा, साथ यह अकारण नहीं है।

विश्व-साहित्य में ऐसे विलक्षण स्रष्टा तो गिने-चुने ही होते हैं जिनकी प्रतिभा अजस्र होती है। सामान्यतः अविकल प्रतिभा-स्रोत दुर्लभ है। लेकिन एक प्रज्ञावान कलाकार उर्वर क्षणों के दुष्काल में भी उन खोजों, चिन्ताओं, मंथनों, प्रेक्षणों और अनुभवों में सक्रिय रहता है, जिससे सृजन द्वीप, अन्तरीप में बदल जाते हैं। इसके विपरीत यदि कोई कृतिकार किसी नवीन दुर्लभता की चिन्ता में ही अपने को खपाता रहे और भीतर से समृद्ध और पुष्ट होने की अधिक चिन्ता न करे, तो उसकी रचनाओं में वास्तविक और लम्बे पठार टाले नहीं जा सकते। क्योंकि सहजानुभूति का तिलिस्म तो कभी-कभार ही खुलता है।

नए माध्यम की खोज कभी-कभी रचनात्मक पठार को ध्वस्त करने के तीव्र क्षोभ से प्रेरित होती है। कविता को छोड़कर काव्य-नाटक जैसी नई विधा को सिद्ध करने के बहाने दुष्यन्तकुमार रचनाकार की इस त्रासदी से उबरना चाहते थे। यह दुष्यन्त की आन्तरिक अदम्यता का तकाजा था। क्योंकि उन्होंने इस कृति के रूपायन के लिए अपने सारे सम्वेदन, भाषिक क्षमता, परिवेशबोध और कालव्यापी दृष्टि को नई यात्रा की एक दुर्दम्य तैयारी के रूप में एकत्र कर लिया था। मिथक के सांस्कृतिक प्रारूप को प्रासंगिकता देने के ब्याज से उन्होंने अपने रचनाकार को ही प्रासंगिकता देने की कोशिश की।

लगता है, 'एक कण्ठ विषपायी' के रचना-परिप्रेक्ष्य में सबसे पहले दुष्यन्त के रचना-मानस में आसन्न युद्ध की प्रतिक्रिया उपजी। फिर उन्होंने युद्ध के कारणों और परिणामों को समझने का प्रयत्न किया। उसे रूपायित करने के लिए किसी व्यतीत प्रसंग के साथ-साथ किसी दुर्लभ स्थापत्य की खोज की। रचना की यह प्रक्रिया मात्र अनुमानित नहीं है। चिन्तन, वस्तु और स्थापत्य के जोड़ कहीं-कहीं इतने ढीले और बिखरे हुए हैं, कि यह मानने का कोई कारण नहीं है कि वे अन्वित रूप में आविष्कृत हुए हैं।

उस समय युद्ध-मानस की ढेरों कविताओं से आकाश गूँज रहा था। अन्तःप्रज्ञा और विचारशीलता से छूछे कवियों को युद्ध के बाहरी धक्के ने विक्षिप्त कर दिया था। लेकिन विचारवान् कवि स्तब्ध थे और उस तूफान का अन्तर्परीक्षण कर रहे थे। दृष्टि-सम्पन्न थोड़ी-सी कृतियों में युद्ध के प्रभाव को गहराई से जाँचने की कोशिश की गई थी। उनमें 'एक कण्ठ विषपायी' का भी अपना स्थान है। लेकिन यह प्रश्न फिर भी तात्कालिक था। युद्ध की जटिलताओं और कालव्यापी प्रभाव को तटस्थता से जाँचने और सृजन के स्तर पर उतारने जैसी स्थिति तब आई नहीं थी। इसीलिए 'एक कण्ठ विषपायी' की वैचारिकता में अपेक्षित गहराई की कमी है। सत्ता के प्रतिस्पर्धी अहंकार से उत्पन्न युद्ध उस आदमी को तबाह कर देता है, जिसे युद्ध से कुछ लेना-देना नहीं है। कुल मिलाकर यही कथ्य इस काव्य-नाटक का है, जिसे बहुत मौलिक नहीं कहा जा सकता। कथा के रूप में 'रुद्र संहिता' के पौराणिक मिथक का ग्रहण द्विआयामी काल-चेतना की अन्विति के मौलिक प्रश्नों से तात्त्विक रूप में टकराता नहीं लगता। शिव एक चरित्र ही नहीं, सांस्कृतिक प्रतीक भी है। दो रूपों के एक साथ

निर्वाह की कोशिश में नाटक जटिल.हो गया है। नाटक का पहला और मार्मिक दृश्य आगे जाकर आधुनिक विचारों के अतिरिक्त दबाव में खो सा गया है युद्ध के परिदृश्य में अनुपस्थित लेकिन फिर भी युद्धोत्तर पीड़ा भोगने को अभिशप्त आदमी का मार्मिक प्रतीक 'सर्वहत' ब्रह्मा को युद्ध करने के लिए उकसाने वाली आम आदमी की भीड़ के सन्दर्भ में कितना निरर्थक हो गया है ? पुराणों से ली गई शिव की स्तुति का बोझिल और उबाऊ हिस्सा मानवीय रूप में शिव की संरचना को ही बाधित कर देता है। ज्वलन्त आत्माभिमान की रक्षा के लिए सती का आत्मदाह इतना भव्य प्रतीक है कि उसके 'शव' को, व्यक्तित्व से काटकर 'मरी हुई परम्परा' का प्रतीक बताना मानवीय और सांस्कृतिक बोध को धक्का पहुँचाता है। यदि कथा पर कथ्य थोपा न जाता और वह उसी में से रिसा होता तो कदाचित ये गड़बड़ियाँ पैदा न होतीं। कुछ समकालीन मुहावरे और शब्द, कृति में इतने अवाँछित हैं कि उनसे आरोपित कृत्रिमता स्पष्ट हो जाती है। वरुण का यह कहना—

प्रभु,
क्या लोग 'नये' को ऊपर आने नहीं देना चाहते?
या ब्रह्मा का यह कथन :
क्या यह लौकिक नेताओं का प्रजातन्त्र है
जो जब चाहें
इच्छाओं से परिवर्तन कर
नियमों को अनुकूल बना लें।

(एक कंठ विषपायी)

क्या काल और परिप्रेक्ष्य अर्थपूर्ण प्रतीति का सूचक है ? दूसरी ओर रूपतन्त्र की दृष्टि से इस रचना में अनुभव के नाटकीय बिम्ब और भाषा की चाक्षुष भंगिमा लगभग अनुपस्थित है। यहाँ तक कि सती के शव को वहन करनेवाले सबसे प्रभावशाली दृश्य के विस्तृत सम्वादों में पहले से ही सूचना उसकी ताजगी को नष्ट कर देती है। इस सांकेतिक विश्लेषण से मुख्यतः यही निष्कर्ष निकलता है कि माध्यम की परिपक्वता या कमजोरी वस्तु विचार और दृष्टि की परिपक्वता या कमजोरी को ही प्रतिफलित करती है। दूसरे शब्दों में, माध्यम की पूर्णता तत्त्व के सार्थक दबावों के बिना उपलब्ध नहीं हो सकती।

कभी-कभार कृतिकार अपनी एकरसता तोड़ने के लिए या मानसिक विश्राम के लिए किसी अवान्तर विधा को उठा लेता है, ताकि उसका रचना-क्रम न टूटे। ऐसी स्थिति में वह विधा को गम्भीर रूप में नहीं लेता और न अपनी प्रतिष्ठा दाँव पर लगाता है। ऐसी ही मन:स्थिति में दुष्यन्तकुमार ने 'छोटे-छोटे सवाल' उपन्यास लिखा होगा, जिसमें समाज, शिक्षा और राजनीति में व्याप्त पक्षपात, भ्रष्टाचार, चालाकी और कमीनापन एक कथा के अन्दाज में बुन दिया गया है। हिन्दी उपन्यासों की प्रगति को देखते हुए उसे कोई नया प्रयोग नहीं कहा जाता सकता। लेकिन दूसरा उपन्यास 'आँगन में एक वृक्ष' स्पष्ट ही निजी संपृक्ति और आत्माभिव्यक्ति की प्रेरणा से लिखा गया है। माध्यमगत कुशलता और भाषायी तराश अपने अन्वित प्रभाव में यहाँ उपलब्ध है। फ्यूडल चरित्र के अन्तर्विरोध को व्यक्त करनेवाला और खुले रोमानी अन्दाज में लिखा यह उपन्यास दुष्यन्त के कृतित्व में नजरअन्दाज नहीं किया जा सकता। इसका सहज स्राव और सुथरा शिल्प सिद्ध करता है, कि इसमें कृत्रिमता नहीं है। यह अभिव्यक्ति की स्वाभाविक माँग का प्रतिफल है।

गजलों के माध्यम से दुष्यन्तकुमार फिर से काव्य की अपनी केन्द्रीय भूमि पर लौट आते हैं। यों निराला से शमशेर तक अनेक आधुनिक कवियों ने गजलों के प्रयोग किए हैं लेकिन गजलों की उनके कृतित्व में कभी केन्द्रीय भूमिका नहीं रही। दुष्यन्तकुमार ने गजलों में अत्यधिक रचनात्मक उत्साह अनुभव किया और उसमें अपनी प्रतिष्ठा की लड़ाई लड़ी। नई चेतना के एक कवि द्वारा माध्यम के रूप में गजल अपनाने से कई प्रश्न उत्पन्न होते हैं। क्योंकि गजल की मूल प्रकृति गीतपरक और रूमानी है। यद्यपि कविता और मनुष्य के बीच सबसे अधिक स्वाभाविक रिश्ते रूमानियत के होते हैं, लेकिन सबसे सच्चे, सबसे जागरूक और सबसे उत्तरादायी नहीं।

हिन्दी की नयी कविता मुख्य रूप से मनुष्य के प्रति एक उत्तरदायी ग़ैर-रूमानी संसार की कविता है। स्वयं दुष्यन्त ने किसी समय इसी लक्ष्य को पाने के लिए गीतों से छुटकारा पाकर कविता के भीतर सूर्योदय की सम्भावना देखी थी। ऐसी स्थिति में उनका ग़ज़लों की ओर लौट आना क्या गीति की ओर प्रत्यावर्तन था ? इस सन्दर्भ में मुझे मुक्तिबोध की चर्चा प्रासंगिक लगती है। उन्होंने अपने काव्य-शिल्प के रूप में फैंटेसी का उपयोग किया था, जबकि वह स्वप्नदर्शियों,

रोमांसिकों और कलावादियों का कल्पना-विधान रही है। लेकिन मुक्तिबोध ने अपनी कविताओं में फैंटेसी की अभिवृत्ति और उसका आचरण बदल दिया। परिणामस्वरूप वह अदृश्य अभिसन्धि और जटिल यातना-प्रक्रियाओं की साक्षी बन गई। यानी माध्यम के अपने स्वरूप के बावजूद रचनाकार का उसके प्रति आचरण और रचनापरक उपयोग उसे एक नयी संगति और नया आयाम देता है, अपने विशेष रंग और अन्दाज की शक्ति उसमें होती है, लेकिन उसका अभिप्राय और प्रयोजन बदल जाता है। इसी रचनात्मक क्षमता का परिचय दुष्यन्त ने ग़ज़लों के सृजन में दिया–

यहाँ कौन देखता है, ये कौन सोचता है–
कि ये बात क्या हुई है जो मैं शेर कह रहा हूँ।

या

वे कर रहे हैं इश्क पे संजीदा गुफ्तगू
मैं क्या बताऊँ, मेरा कहीं और ध्यान है।

(साये में धूप)

इसलिए मैं दुष्यन्त की ग़ज़ल को ग़ज़ल न कहकर 'ग़ज़ल के प्रयोग' कहना चाहूँगा।

दुष्यन्त की ग़ज़लों से साफ लगता है, कि वस्तु और रूप एक साथ दुष्यन्त के काव्य-मन पर अवतरित हुए। अन्यथा उनमें इतनी परिपक्वता, प्रभावशीलता और ऐसी अन्विति सम्भव नहीं थी। इसका प्रक्रियागत कारण यह है, कि ग़ज़लों में स्वयं दुष्यन्त का अपना सम्पूर्ण काव्य-मानस पूरी तरह अतरित हुआ है। यानी रागपरकता, गीतिमत्ता, वाक्स्फीति, आवर्त, प्रत्याशा और चक्रीय उत्तेजना के प्रति उनकी मनोवैज्ञानिक ललक, विरोधाभास की लाक्षणिक भंगिमा और अन्ततः लोक-सम्वेदना और आत्म-यातना भी। इतनी सम्पूर्णता उन्हें इससे पहले अपने किसी विधान में प्रतिफलित होती नजर नहीं आई। वे नवीनता के लिए अपनी राग और गीति-भावना से लड़ते रहे, सम्वेदना के रूपायन के लिए बौद्धिक जटिलताओं के दरवाजे खटखटाते रहे, सामाजिक छलों की अभिव्यक्ति के लिए उपन्यासों का मुँह जोहते रहे। उन्हें इस समग्रता की अभिव्यक्ति के लिए ग़ज़ल वास्तविक और सम्पूर्ण उन्मोचक प्रतीत हुई। इसमें उनकी अन्तर्वर्ती गीतिमत्ता और परिवेशमूलक मूल्यबोध एकत्र हो गये। इस दृष्टि से मुझे लगता है कि उपन्यास

और काव्य-नाटक की ओर उनका मुड़ना उतना स्वाभाविक और अपरिहार्य नहीं था जितना कि ग़ज़ल की ओर मुड़ना। यदि गौर से देखें तो उनके कृतित्व का सबसे मार्मिक भाग वही है जहाँ रोमांसिकता किसी-न-किसी रूप में सक्रिय रहती है। ग़ज़लों ने दुष्यन्तकुमार को राग-संयम के बजाय राग के उन्नयन का स्वाभाविक मार्ग दिखाया। सामान्य मनुष्य के त्रास की अनुभूति और भाषा के आभिजात्य के बीच जो अन्तराल दुष्यन्तकुमार अनुभव करते थे, उसे पाटने की कोशिश उन्होंने ग़ज़ल के रूप में की और वह भी भाषा के सामान्यीकरणों द्वारा।

जहाँ तक ग़ज़ल के काव्य-शास्त्र का सवाल है, मुझे यही कहना है कि हिन्दी तहजीब की भाषा नहीं है। वह कविता और भाषा की रूढ़ियाँ तोड़ती रही है। उसका सबसे अक्खड़ कवि सबसे महान् कवियों में से भी है। किसी माध्यम को तोड़कर अगर उसकी शक्ति बढ़ाई जा सकती है तो वह उसका महत्त्व ही होगा। हाँ, यह अवश्य देखना होगा कि यह अक्षमता का तर्क तो नहीं है?

अन्त में एक बात और कि शिल्पगत इस मूल्यांकन में एक भिन्न दृष्टि से दुष्यन्तकुमार की कृतियों पर विचार हुआ है। कमियों की ओर जो संकेत किए गये। हैं, वे उनकी उपलब्धियों की सापेक्षता में हैं। कमलेश्वर अगर बुरी कहानी लिखेंगे तो आखिर कितनी बुरी लिखेंगे? और अज्ञेय बुरी कविता लिखेंगे तो वह कितनी बुरी होगी ? ऐसी 'बुरी' रचनाएँ शायद सामान्य लेखक को प्रतिभाशाली ही प्रमाणित करेंगी। इसलिए अज्ञेय की 'बुरी कविता' को बुरी कविता नहीं 'अज्ञेय की बुरी कविता' ही कहा जायेगा।

दुष्यन्त कुमार के उपन्यास

यदुनाथ सिंह

काव्यात्मक संवेदना और सप्रश्न बौद्धिकता के सहकार की कोशिश

"कैसे मंज़र सामने आने लगे हैं, गाते-गाते लोग चिल्लाने लगे हैं।" इस परिस्थितिगत विसंगति और उससे जुड़े हुए आदमी की पीड़ा को गीतों-ग़ज़लों के लघु, व्यक्तिपरक माध्यम में बाँधने वाला कवि जब उपन्यास जैसी व्यापक आधार वाली सामाजिक विधा की ओर उन्मुख होता है तो यह पूर्वानुमान असंगत नहीं लगता कि ऐतिहासिक विकास के किसी ख़ास मुकाम पर आकर परिस्थितिगत विसंगति की पहचान और मानवीय पीड़ा के बोध से सीझा हुआ उसका अनुभव, आत्म-सम्बोधन के संश्लिष्ट रचना-शिल्प के स्थान पर, अपने पुर्नसृजन के लिए व्यापक विश्लेषण और आलोचना की भाषा और रूप-विधान की माँग करने लगा है। संवेदना अधिक बहुआयामी तथा अनुभव-बोध अधिक विवेक संयत बनकर स्वीकृत अभिव्यक्ति माध्यम और रचने के मोटिफ की सीमाओं को चुनौती देने लगे हैं।

ज़िन्दगी को भरपूर गहरी सम्वेदनशीलता और जाग्रत विवेक के साथ जीने के लिए संघर्षशील व्यक्ति और समसामयिक इतिहास के निर्माण की प्रक्रिया में सम्मिलित अग्रणी शक्तियों और उनकी कार्य-प्रणाली की समझ से सम्पन्न कवि दुष्यन्त के विधा-परिवर्तन के मूल में उक्त माँग और चुनौती की मौजूदगी-गैर-मौजूदगी का निश्चय किए बिना न तो उनके उपन्यासों के वस्तुगत आधार तथा संरचना और न ही उनकी देशकालगत संगति-सार्थकता पर कोई राय कायम की जा सकती है। यह देखना जरूरी है कि जिस अनुभव-संसार की उद्‌भावना उन्होंने

अपने उपन्यासों में की है, वह कहाँ तक एक कवि की काव्यात्मक सम्वेदना में प्रतिच्छायित सीमित संसार का अतिक्रमण करके उपन्यास के लिए आपेक्षित सामान्य अनुभव में विस्तार और विशदता को आत्मसात् कर सका है। कहाँ तक उनकी विसंगति की पहचान और मानवीय पीड़ा का बोध, उनके कवि के निजत्व की सीमाओं को तोड़कर परिस्थितिगत बोध के ऐतिहासिक चरित्र और सामान्य अनुभव में भिदी पीड़ा की अन्तर्वस्तु को आत्मसात् करके उनके उपन्यासों को काव्यात्मक संवेदना के प्रति निष्ठावान कवि व्यक्तित्व के आन्तरिक आग्रहों से आगे व्यापक मानवीय सन्दर्भ में और गहरे दायित्व-बोध के साथ जोड़ सका है, आत्मसंबोधन और आलोचना का जरूरी सन्तुलन निर्मित कर सका है।

दुष्यन्त की पीढ़ी के रचनाकारों के साथ दुर्घटना प्राय: यह हुई है कि अपनी गहरी सम्वेदनशीलता और प्रखर विवेक को लेकर वे इतिहास को गलत रास्ते पर ले जाने वाले समय व परिवेशगत दबावों तथा मानवीय सम्वेदन व विचारशीलता को कुन्द बनाने वाले कारणों की त्रासद परिणतियों को समझने और उनके प्रति सशक्त आलोचनात्मक प्रतिक्रिया की जरूरत महसूस करने के बाद भी अपनी निजी परिस्थितियों के दबाव के कारण उनके प्रति, अपने जीवन तथा रचना दोनों में से, कोई साफ रुख अख्तियार नहीं कर पाए। फलत: समय और परिवेश के साथ गहरी संलग्नता के बाद भी वे उस दृष्टि का विकास नहीं कर पाए जो ऐतिहासिक यथार्थ की आग्रहशील यथातथ्यता का अतिक्रमण कर के अन्तर्ग्रथित उन अप्रकट वास्तविकताओं को उद्‌घाटित और पुनस्सर्जित कर पाती जो इतिहास को गलत रास्ते पर ले जा रही थीं और जिन पर सायास निर्मित परिस्थितियों का मोटा आवरण डाल दिया गया था। जीवन परिस्थिति की इस प्रकार की कंडीशनिंग में हिस्सेदार ताकतों की साजिश में शामिल न होने के बाद भी ऐसी दृष्टि के अभाव में हुई रचना स्वयं रचनाकारों के रेचन के लिए या एक विशिष्ट वर्ग के मनोविनोद के लिए तो उपयोगी हुई लेकिन उसमें वह शक्ति नहीं पैदा हो सकी जो रचनाकार के नैतिक बल के ओज से अनुप्राणित होकर अमानवीय ऐतिहासिक शक्तियों की गतिविधियों पर सीधी टिप्पणी का काम करती है। इसके साथ ही इन शक्तियों से आक्रान्त पक्ष को उसकी संस्कारगत आज्ञाकारिता तथा परिस्थिति के प्रति समर्पण की जड़ता से मुक्त करने के लिए एक बौद्धिक वातावरण का निर्माण करती है। साथ ही जरूरी प्रतिपक्ष के

लिए एक वैचारिक आधार निर्मित करती है । समसामयिक पक्षधर लेखन जहाँ विचारधारा विशेष को कार्यक्रम में रूपान्तरित करने के आग्रह में, समय और परिवेश के साथ गहरी संलग्नता और आलोचनात्मक सजगता के अभाव में, प्रभाव की दृष्टि से विपन्न रहा; वहाँ इस प्रकार का आत्मानन्दी लेखन कला की कसौटी पर खरा होने और एक सीमित विशिष्ट वर्ग की भूख मिटाने में सक्षम होने के बाद भी, इतिहास-निर्माण की प्रक्रिया में कहीं कोई भूमिका नहीं अदा कर सका। ऐतिहासिक यथास्थिति के उत्तमांश की जुगाली से अपने समय का अतिक्रमण करने वाली श्रेष्ठ रचना की सृष्टि नहीं हो सकती, जब तक इस तथाकथित 'उत्तमांश' के साथ जुड़े हुए सम्पूर्ण यथार्थ की संवेदनात्मक पहचान और आलोचनात्मक विश्लेषण उसे इतिहास की सही समझ, उसके निर्माण की दिशा का बोध और निर्माण की प्रक्रिया में शामिल ताकतों के वास्तविक चरित्र उनकी कार्य-प्रणाली की पहचान तथा उनके मानव-विरोधी कृत्यों के प्रतिधार के लिए चेतना का संस्कार न करे।

दुष्यन्तकुमार का कथा-लेखन उनकी काव्यात्मक संवेदना के आन्तरिक आग्रहों से प्रेरित-रचना-वस्तु के उत्सों के साथ अबाध अन्तरंगता से उपजी निर्व्याज ममता और उनके स्वरूप को उद्‌घाटित करने की बेचैनी से प्रेरित-लेखन है। इसलिए यह देखना होगा कि कहाँ तक उनके आन्तरिक आग्रह अपने समय और परिवेश की नियामक शक्तियों के ऐतिहासिक चरित्र की पहचान का माध्यम बनते हैं और उससे आगे मानवीय पक्ष में सामान्य अनुभव तथा सोच को यथातथ्य के ऊपरी संश्लेष से विच्छिन्न करके वर्तमान व भविष्य के इतिहास की चिन्ता तथा परिकल्पना से जोड़ते हैं।

दुष्यन्त के दोनों उपन्यास-'छोटे-छोटे सवाल' (1964) और 'आँगन में एक वृक्ष' (1969) उनकी रचना-क्षमता के चरम उत्कर्ष काल में लिखे गये थे। यह वह समय था जब जीवन भी मूलभूत आवश्यकताओं की पूर्ति की गारण्टी देने में अक्षम, विपन्न देश को विदेशी ऋणों और पूँजी विनियोजनों के बल पर उन्नत देशों की औद्योगिक प्रगति की अंधी दौड़ में शामिल करके अन्तर्राष्ट्रीय स्तर पर प्रतिष्ठित करने का स्वप्न देखने-दिखाने वाले इतिहास-निर्माताओं के बड़े-बड़े आर्थिक-सामाजिक-सांस्कृतिक आयोजनों, कार्यक्रमों की कलई खुल चुकी थी और यह बड़ी शिद्‌दत के साथ महसूस किया जाने लगा था कि देश के पुनर्निर्माण

का अभियान गलत राह पर भटक गया है जिस पर चलकर लोककल्याणकारी व्यवस्था की स्थापना के बजाए एक विशेष वर्ग की इजारेदारी को बढ़ावा मिलने के परिणामस्वरूप जीवन-मूल्यों की कीमत पर भौतिक-समृद्धि के लिए एक अंधी दौड़ शुरू हो गई है जिसमें छोटा आदमी और उसके जीवन से जुड़े हुए छोटे-छोटे सवाल पीछे पड़ गये हैं।' सामाजिक-सांस्कृतिक, आर्थिक-राजनीतिक सन्दर्भों में ऐसे संशोधित सामन्तवाद का उदय हुआ है जिसकी बदली हुई शक्ल और कार्य प्रणाली-शोषण दमन, अन्याय-अत्याचार को लोक-कल्याण की छलपूर्ण भाषा तथा कार्रवाइयों द्वारा कायम रखने वाली और बहुसंख्यक जन को इतिहास-निर्माण के महत्कार्य से बर्खास्त रखने वाली व्यवस्था को मजबूत बनाने के प्रयोजन से निर्दिष्ट थी। यों इस सामन्तवादी-पूँजीवादी व्यवस्था के मूल्य-भ्रष्ट जन-विरोधी चरित्र की पहचान अधिसंख्य असंगतियों और अन्तर्विरोधों में व्यक्त होकर सन् 60 के अन्त तक आते-आते जनसाधारण की सोच और संवेदना में, एक सामान्य धरातल पर, व्यवस्था के प्रति असन्तोष, असहमति और अस्वीकार की प्रकृति उत्पन्न होती दिखाई देती है। व्यवस्था से जुड़े हुए और उससे आक्रान्त बौद्धिक वर्ग का अपराध-बोध और क्षोभ उन कारणों पर प्रतिक्रिया में व्यक्त होता दिखता है, जो व्यवस्था के आततायीपन के मूल में थे। पूरा सातवाँ दशक व्यवस्था की चरित्रहीनता पर प्रतिक्रिया के विभिन्न माध्यमों के अन्वेषण का दशक कहा जा सकता है!

व्यवस्था के संचालन के लिए स्थापित प्रतिष्ठानों से जुड़े हुए रचनाकारों को यह सूहिलयत नहीं थी कि वे व्यवस्था के अन्तर्विरोधों को जानते-समझते हुए भी उन पर सीधी चोट कर सकते और उनकी नियामक जन-विरोधी शक्तियों की गतिविधियों की वास्तविकताओं को बेनकाब करते। ऐसे रचनाकारों के आन्तरिक आग्रहों-अपने परिवेश के प्रति गहरी संलग्नता से उत्पन्न चिन्ता और दायित्व बोध ने उन्हें सीधी टिप्पणी के जोख़िम के लिए प्रेरित किया। कथा– रचना के क्षेत्र में ही अधिसंख्य रचना-रूपों और तकनीकों का आविर्भाव ऐसे रचनाकारों की बेचैनी और दायित्व निर्वाह की चिन्ता को प्रकट करता है।

दुष्यन्त कुमार के उपन्यासों में ऐसा कोई विशिष्ट प्रयोग करने की अनिवार्यता से बचने की कोशिश की गई नहीं लगती क्योंकि अपने उपन्यासों में जो विषय-वस्तु उन्होंने उठाई है उसमें परस्पर टकराने वाले दो पक्ष उपस्थित

जरूर हैं लेकिन उनकी टक्कर कुछ ऐसे सीधे-सादे सवालों से जूझने के मोह से आच्छन्न जागरूकता की सृष्टि है, जिनके उत्तर व्यवस्था द्वारा नियति के रूप में निश्चित कर दिए गये हैं और इन उत्तरों को अपनी रचना में निष्पन्न करने के बाद भी रचनाकार पर कोई आँच नहीं आती है। व्यवस्था इतनी छूट अवश्य देती है कि उसके अन्तर्विरोधों को उस सीमा तक उद्घाटित कर लिया जाए जहाँ तक उसकी जड़ों पर कोई घातक चोट पहुँचने की सम्भावनाएँ न विकसित हों और उसकी सर्वोपरिता का डंका भी बज जाए। दुष्यन्त का उपन्यास 'आँगन में एक वृक्ष' तो महज एक रोमांटिक उपन्यास होता यदि उसमें जमींदार परिवार की ठसक, मुकदमेबाजियों, घर जमाई की समस्याओं, निर्धन परिवार से लाई गई बहू पर होने वाले अत्याचारों तथा शराब और रंडीबाजी में अपना जीवन होम कर देने वाले युवक की इकहरी कहानी के साथ भौतिक समृद्धि के मार के नीचे छटपटाते एक विघटित व्यक्तित्व तथा उससे टक्कर लेने वाले अपने सहज मानवीय गौरव की प्रतिष्ठा के लिए संघर्षशील व्यक्तित्व की कहानी न जुड़ जाती। लेकिन 'छोटे-छोटे सवाल' की कहानी का अन्त जिस प्रकार एक आदर्शवादी युवक के क्षोभ में किया गया है वह उपन्यास के भीतर मुख्य कथा से कहीं ज्यादा अर्थवान दो पक्षों की टक्कर की प्रासंगिकता को गौण बना देता है और ऐसा करके उपन्यासकार जैसे यह कहने की गुंजाइश बनाए रखना चाहता है कि उसे इस बात से कोई सरोकार नहीं है कि उपन्यास में प्रसंगवश बन गये पक्ष और प्रतिपक्ष में कौन सही है कौन गलत, कौन जीतता है कौन हारता है। उसका मुख्य उद्देश्य तो उस सत्यव्रत की कहानी कहना है जो थोड़े-से संशोधित रूप में गुलेरी की कहानी 'बुद्ध का काँटा' के रघुनाथ प्रसाद के रूप में प्रस्तुत किया जा सकता है।

उपन्यासकार के ही शब्दों में 'छोटे-छोटे सवाल' 'भविष्य निर्माण के प्राइवेट और पर्सनल कारखानों (यानी प्राइवेट स्कूल-कॉलेजों) की एकदम अछूती और उपेक्षित जमीन पर एक छोटी-सी तामीर' है। कहानी दो अध्यापकों के चयन के लिए इन्टरव्यू से प्रारम्भ होती है। यों इन्टरव्यू के लिए आये हुए उम्मीदवारों की बातचीत से ही उस बात का पता चल जाता है कि अध्यापकों के चयन में पद के अनुसार उनकी योग्यता नहीं बल्कि सेलेक्शन कमेटी के सदस्यों के पास अप्रोच को ही प्राथमिकता मिलनी है। लेकिन दूसरे अध्याय में सेलेक्शन कमेटी

के सदस्यों के परिचय से यह पूरी तरह से स्पष्ट हो जाता है कि कॉलेज के अध्यापकों के चयन ही नहीं उसके पूरे कार्य संचालन को अंजाम देने वाली कस्बे की कुछ ऐसी हस्तियाँ हैं जो कस्बे की जिन्दगी में अपना वर्चस्व कायम रखने के लिए कॉलेज को भी एक माध्यम बनाती हैं। इसका खुलासा तीसरे अध्याय में कॉलेज के एक पुराने अध्यापक जयपाल से मिलता है जो कॉलेज के संचालन में प्रयुक्त अन्य दुर्नीतियों के साथ-साथ उस कृषि योजना का भी परिचय देता है जो कॉलेज के विद्यार्थियों के कल्याण के बजाए कॉलेज की सेलेक्शन कमेटी के अध्यक्ष के व्यक्तिगत लाभ और ग्रामीण विद्यार्थियों के शोषण तथा कॉलेज के शिक्षण का स्तर गिराकर परीक्षा फल के बिगड़ने का कारण बनती है। इसी कृषि-योजना के विरोध, ग्रामीण विद्यार्थियों के और अधिक शोषण के लिए हॉस्टल की स्थापना, हड़ताल और कस्बे की नगरपालिका के चुनावों में कॉलेज के मैनेजमेन्ट तथा अध्यापकों-विद्यार्थियों की हिस्सेदारी आदि से सम्बद्ध घटना चक्र द्वारा उपन्यास की कहानी की रचना होती है और अन्त होता है मैनेजमेन्ट द्वारा एक निर्दोष अध्यापक को बर्खास्त करने के निर्णय तथा उसके त्याग पत्र में।

वस्तुतः उपन्यास का उक्त घटना चक्र त्यागपत्र देने का निर्णय लेने के लिए विवश होने वाले इसी अध्यापक सत्यव्रत के अन्तर्बाह्य संघर्ष को आधार बनाकर निर्मित किया गया है। सत्यव्रत गुरुकुल शिक्षा प्रणाली में शिक्षित और राष्ट्रीय चरित्र के निर्माण की महती आकांक्षा को लेकर सक्रिय होने वाला एक स्नातक है। अध्यापन का व्यवसाय वह इसलिए चुनता है कि अपने आदर्श शिक्षण द्वारा देश के नवयुवकों के गिरते हुए चरित्र के उत्थान में अपना योगदान दे सके और शिक्षण संस्था को चरित्र-निर्माण तथा व्यक्तित्व के विकास का पवित्र स्थान बना सके। वह उन परिस्थितियों से पूरी तरह अपरिचित है जिन्होंने स्कूलों-कॉलेजों को निहित स्वार्थों की पूर्ति के लिए राजनीति के अखाड़े और विद्यार्थियों के शोषण का केन्द्र बना दिया है। अपने कॉलेज की इस दुरवस्था और अध्यापकों विद्यार्थियों के शोषण को लेकर चिन्तित तथा उसके विरुद्ध सक्रिय सहयोगी अध्यापक जयपाल के सम्पर्क में उसे कॉलेज की अन्दरूनी स्थिति-कॉलेज के संचालन में अपने स्वार्थों की पूर्ति के लिए मैनेजमेन्ट के अवांछनीय हस्तक्षेप तथा अध्यापकों छात्रों के इस्तेमाल, अपने आपको सुरक्षित बनाए रखने के लिए अध्यापकों द्वारा मैनेजमेन्ट की चाटुकारिता और छात्रों के हितों के विरुद्ध होने

वाली कार्रवाइयों का पता चलता है। इस प्रक्रिया के समानान्तर इन सब चीज़ों के प्रतिकार के लिए वातावरण भी बनता है। प्रारम्भ में सत्यव्रत कॉलेज में चलाई जाने वाली कृषि योजना, ग्रामीण छात्रों के लिए हॉस्टल की स्थापना, कस्बे की नगरपालिका चुनावों की राजनीति में अध्यापकों-छात्रों के इस्तेमाल की भूमिका में निहित मैनेजमेन्ट के सदस्यों के स्वार्थ पूर्ति के षड्यन्त्र तथा उसके सक्रिय प्रतिकार की अनिवार्यता के बीच कोई तालमेल नहीं बिठा पाता; उसकी अपनी अच्छाई मैनेजमेन्ट की गतिविधियों में कहीं कोई बुराई नहीं देखने देती, यहाँ तक कि मैनेजमेन्ट के एक सदस्य नत्थू सिंह की बेटी को शिक्षा देने में होने वाले अपने प्रत्यक्ष शोषण की चालाकी को भी उसकी सदस्यता बड़े सहज रूप में स्वीकार कर लेती है।

ऐसे आदर्शवादी पात्र के समानान्तर जिसका प्रत्येक विचार और आचरण समसामयिक जीवन-परिस्थिति में असंगत प्रतीत होता है। जयपाल के रूप में समसामयिक परिस्थिति के प्रति जागरूक तथा सामान्य अनुभव के प्रति संवेदनशील पात्र की उद्‌भावना और सत्यव्रत तथा जयपाल के बीच एक लम्बी बहस की सृष्टि करके कथाकार उपन्यास की कथा-वस्तु को किसी विशेष कथ्य के लिए संघटित करता प्रतीत होता है। सत्यव्रत के चरित्र की अस्वाभाविकता शोषित वर्ग के प्रतिनिधि पात्र को रूप देती प्रतीत होती है और जयपाल परिस्थिति के अन्तर्विरोधों का सजग व्याख्याता वर्गीय स्थितियों की समझ को प्रखर बनाने वाला और मानव-विरोधी शक्तियों के षड्यन्त्रों के प्रतिकार का प्रतीक बनता दिखाई देता है। जयपाल का व्यक्तित्व तब और प्रखर प्रतीत होता है जब हम देखते हैं कि अपनी व्यक्तिगत जीवन-परिस्थिति की प्रतिकूलता के बावजूद अपनी गहरी संवेदनशीलता, वैचारिक प्रखरता और अपने दायित्व के प्रति निष्ठा से उत्पन्न नैतिक बल के कारण वह सामर्थ्य में अपने से बहुत बड़ी हस्तियों के विरुद्ध निरन्तर संघर्षरत उनके व्यूह के भीतर उन्हें चुनौती देता रहता है। 'विषस्य विषमौषधम्' की उक्ति को चरितार्थ करता हुआ वह परिस्थिति की गहरी समझ और प्रतिरोध के लिए जरूरी तैयारी के साथ उनके चक्रव्यूह के स्तम्भों को ही उनके प्रतिरोध का माध्यम बनाता है।

उपन्यासकार सत्यव्रत को भी आत्म प्रवंचना तथा आत्म संघर्ष से छुटकारा दिलाते हुए वास्तविकताओं की समझ तथा उनके स्वीकार और जयपाल के

विचारों तथा गतिविधियों से सहमति की मानसिक बनावट देता हुआ एक सशक्त प्रतिपक्ष तैयार करता प्रतीत होता है। उपन्यासकार सत्यव्रत के रूपान्तर के साथ ही यह भी स्पष्ट करता चलता है कि निहित स्वार्थों की राजनीति में शोषण और दमन के लिए जिस कार्य-पद्धति का इस्तेमाल किया जाता है उसके प्रतिकार के लिए उसकी जरूरी समझ का विकास और सुनिश्चित के तहत संगठित सक्रियता अनिवार्य है। यह अनिवार्य है कि इन स्वार्थी तत्वों के आतंक और प्यार में दमन और इस्तेमाल भी दोहरी रणनीति की चालों को समझकर उनसे विवेक, धैर्य और साहसरहित उस शोषित वर्ग को मुक्त किया जाए जो इन तत्त्वों की सदस्यता और सर्वशक्ति सम्पन्नता के छलावे में बराबर उनकी स्वार्थ सिद्धि का मोहरा बनता है और अपने छोटे-छोटे हितों की रक्षा के लिए अपनी अस्मिता को गिरवी रख देता है। उपन्यास में शास्त्री जी के प्रिंसिपल बनने न बनने की चर्चा के दौरान जयपाल की इस टिप्पणी का कि "ये कुपढ़ और अनपढ़ धुने-जुलाहे और अंसारी-पंसारी जब हमारे भाग्य विधायक हो सकते हैं तो फिर होने को आश्चर्यजनक कुछ भी नहीं रह जाता है।" संकेत इसी ओर है। स्पष्ट है स्वार्थी तत्त्वों द्वारा इस्तेमाल किये जाने वाले पौरव के यही हाथी अपने वर्ग के विनाश का कारण बनते हैं– "उत्तमचन्द जिस स्थिति में है उससे बच निकलने के लिए ही वह विवेक और अविवेकपूर्ण हर तरह के हथकण्डे काम में लाता है। वह प्रिन्सिपल बनना चाहता है और इसीलिए मैनेजमेन्ट की कृपा और दया प्राप्त करना चाहता है। साथ ही उसे यह भय भी बना रहता है कि कहीं उसका कोई आलोचक उसकी बुराई करके सफलता के मार्ग में रोड़ा न अटका दे। इसलिए वह विरोधियों और आलोचकों का मुँह बन्द रखना चाहता है। उन्हें अपनी ही चिन्ताओं में उलझाए रखना चाहता है। तो, यह अपने ही ऊपर पड़े जाल से निकलने की कोशिश नहीं तो और क्या है ?... सवाल यह है कि उत्तमचन्द के, मेरे या हम सबके ऊपर यह जाल किसने फेंका है?" और जयपाल यह जानता है कि इन जालों को तब तक नहीं तोड़ा जा सकता जब तक यह न समझा जाए "कि ये स्वार्थ के जाले वस्तुतः शोषण के फन्दे हैं। और पूँजीवाद अपना जाल हमेशा ईमानदारी के रंग में रंगकर फैलाता है। वक्त की धूप में जब ईमानदारी का मुलम्मा उतर जाता है तो चारों तरफ केवल फन्दे-ही फन्दे रह जाते हैं।... शुरू-शुरू में ईमानदारी की ऊपरी चमक ही उसे आकृष्ट करती है और वह इतनी

तेज़ होती है कि वह पूरे विश्वास के साथ शोषण को ईमानदारी ही समझता है।" विडम्बना यह नहीं है कि इस फरेब का शिकार चेतना शून्य निम्न वर्ग है बल्कि यह कि वह सचेतनवर्ग भी है जो राष्ट्रीय जीवन के निर्माण और संचालन में अगुवा की भूमिका अदा करता है और जिसका नैतिक दायित्व है कि मूल्यनिष्ठ और सम्मानपूर्ण मानवीय जीवन की सम्भावनाओं का सम्वर्द्धन करे। लेकिन स्वतन्त्रता के बाद इसी वर्ग की भ्रष्टता का परिणाम है कि जीवन के हर स्तर पर इन सम्भावनाओं का क्षय हुआ है। शोषण, दमन, अन्याय, अत्याचार, आतंक का सर्वग्रासी वातावरण निर्मित हो गया है– "मैं मानता हूँ कि धन की दृष्टि से ये लोग किसी पूँजीपति के पाँव की धूल भी नहीं लेकिन ऐब और हथकण्डे इन्होंने सारे उन्हीं जैसे सीख लिए हैं। मेरा तो ख़याल है कि भारत में जैसे नब्बे फीसदी सरकारी कर्मचारी वर्ग अपने-आपको अफ़सर समझकर व्यवहार करता है, वैसे ही यहाँ का मध्यवर्गीय वणिक भी अपने आपको शत-प्रतिशत पूँजीपति से कम नहीं समझता। वह भी श्रम की उपेक्षा करके शोषण द्वारा धन उपार्जित करना चाहता है। चाहे वह शोषण किसी व्यक्ति का हो या समूह का, समाज का हो या संस्था का, ज्ञान का हो या चरित्र का।"

उपन्यास के सीमित रचना-संसार में उपन्यासकार ने एक व्यापक सन्दर्भ के शोषण-दमन और अनाचार के माध्यम से पूरी समसामयिक व्यवस्था की संधों पर प्रश्नचिन्ह जड़ दिए हैं, उसके दो पक्षों को आमने-सामने लाकर खड़ा कर दिया है। उसने काफी गहरी समझ का परिचय व्यवस्था-पक्ष को उद्घाटित करने में दिया है लेकिन प्रतिपक्ष के निर्माण में वह कोई निश्चित दृष्टिकोण नहीं अपना सका है। जयपाल के संघर्ष, सत्यव्रत के विचार-परिवर्तन, उत्तमचन्द की वापसी, विद्यार्थियों का संगठन, शिक्षकों के संघ का गठन, मैनेजमेन्ट की चिन्ता, और एक गलत व्यक्ति के निष्कासन के बाद तमाम विकल्पों के रहते हुए कहानी को सत्यव्रत के क्षोभ और पलायन की क्रियाहीनता में पर्यवसित कर देने का आशय यही निकलता है कि उपन्यासकार अपने समसामयिक उस बुद्धिजीवी वर्ग की चारित्रिक दुर्बलता का शिकार है जो प्रश्नों से आहत तो होता है लेकिन उनकी बाबत न तो अपने सरोकारों को जाहिर करता है और न मानवीय पक्ष में उनके हल की स्वीकार्य दिशा बतलाता है। परिवेश के ठहराव में वह हलचल जरूर पैदा करता है लेकिन सिर्फ यह प्रदर्शित करने के लिए कि व्यवस्था इतनी शक्तिशाली

है, उसकी कार्य-पद्धति इतनी सुनियोजित है कि उससे टकराकर कामयाबी हासिल करना असम्भव है। कहना गलत नहीं होगा कि उपन्यास परिस्थितिगत सत्य को उपलब्ध तो करता है लेकिन उसकी आग्रहशीलता का अतिक्रमण करके किसी ऐसी दृष्टि का विकास नहीं कर पाता जिसमें भविष्य के निर्माण की सम्भावनाएँ भी उजागर होती हैं। 'पोयेटिक जस्टिस' से बचकर यथार्थवादी परिणति के आग्रह में उपन्यासकार ने सत्यव्रत के व्यक्तित्व की अविश्वसनीयता के अर्थपूर्ण उपयोग के तर्क को स्वयं ही काटकर वह वहीं वापस पहुँचा देता है जहाँ से चलता है। उपन्यास यथास्थिति निरूपक दस्तावेज़ तो बन गया है लेकिन समय के साथ टिक सकने वाला ऐतिहासिक दस्तावेज़ नहीं।

'छोटे-छोटे सवाल' के बजाय दुष्यन्तकुमार 'आँगन में एक वृक्ष' में ज़्यादा ईमानदार दिखाई पड़ते हैं। अपने पहले उपन्यास में जहाँ वे निजी अनुभव के आगे सामान्य अनुभव से जुड़कर और एक निश्चित समाधान की ओर इंगित करके भी ऐसी दृष्टि का विकास नहीं कर पाए हैं जो अनुभव-मीमांसा की तार्किक परिणति कही जा सके वहाँ 'आँगन में एक वृक्ष' में निजी अनुभव के भीतर ही वे वाँछनीय तर्कसंगत विश्वसनीयता पैदा करके एक सामान्य कहानी को विशिष्ट बनाने में सफल हुए हैं पहले विश्लेषण में कहानी एकदम इकहरी लगती है लेकिन वास्तव में वह इकहरी है नहीं।

'आँगन में एक वृक्ष' की कहानी एक जमींदार परिवार के ऐसे नवयुवक की कहानी है जिसके व्यक्तित्व का विकास सहज जीवन परिस्थितियों के बजाए सामन्तीय वातावरण की उन तमाम कृत्रिमताओं के बीच होता है जिनमें सुख-समृद्धि के बाद आडम्बर, वर्जनाओं और कुचक्रों द्वारा सहज मानवीय भावनाएँ, विवेकाश्रित विचार और सक्रियता बराबर बाधित रहती है, वाहूयाचार अन्तः सत्ता को इतना आक्रान्त करता है कि वह विद्रोह की सही दिशा के बजाए गलत दिशा में अग्रसर हो पड़ने की विवशता उत्पन्न हो जाती है। अपने परिवेश के प्रति विद्रोह की घोषणा किए बिना कथा नायक चंदन उस रास्ते पर चल पड़ता है जिस पर मौत बहुत नज़दीक है। हठपूर्वक मौत की ओर उसकी अग्रसरता के समानान्तर उसकी सौतेली माँ और पिता के व्यक्तित्व का जो विकास होता है और उसकी सगी मौसी का जो रूप उभरकर सामने आता है वह सामन्तीय जीवन-पद्धति की सड़ाँध को ही नहीं उद्घाटित करता बल्कि उसके प्रति बदले

हुए दृष्टिकोण को भी रेखांकित करता है। उपन्यासकार के ट्रीटमेन्ट में नयापन यह है कि वह अपनी काव्यात्मक संवेदना के प्रति ईमानदार रहते हुए भी एक निरन्तर जागृत जिज्ञासा तथा सप्रश्नता द्वारा उसे सशक्त बौद्धिक आधार प्रदान कर देता है और उपन्यास रोमांटिक के बजाए यथार्थपरक बन जाता है।

छोटे-छोटे सवालों की नोकों को उपन्यासकार ने भोथरा कर दिया है जबकि आँगन में एक वृक्ष पर हुए आघातों को बेहद पुरअसर बना दिया है। 'छोटे-छोटे सवाल' की वस्तु संघटना और भाषा में भी कथ्य के अनुरूप अपेक्षित शक्ति नहीं है। जबकि 'आँगन में एक वृक्ष' की वस्तु-संघटना भी बाँधती है और भाषा भी। ऐसा शायद इसीलिए है कि दुष्यन्तकुमार अपने कवि की अवहेलना करके उपन्यासकार बनने की कोशिश में तो नाकाम हो गये लेकिन कवि रहते हुए उपन्यासकार जरूर बन गये।

एक बड़े सवाल के लिए हल किये गये दो छोटे-छोटे सवाल

राजेश जोशी

दुष्यन्तकुमार मूलतः एक कवि के रूप में ही जाने जाते रहे हैं। उन्होंने अपनी रचनाशक्ति का सर्वोत्तम अवदान कविता को ही दिया है। लेकिन उन्होंने उपन्यास भी लिखे हैं—दो उपन्यास, 'छोटे-छोटे सवाल' जो सन् 1964 में प्रकाशित हुआ और दूसरा 'आँगन में एक वृक्ष' जो सन् 1967 में प्रकाशित हुआ। इन दोनों ही उपन्यासों को पढ़ते हुए लगातार यह एहसास बना रहता है कि आप एक कवि का गद्य पढ़ रहे हैं। भाषा 'जैसे किसी ने घुँघरूओं से लदे पेड़ की डाली पकड़कर हिला दी हो' और कथा एक सामाजिक परिवेश में चलते-चलते एक बिम्ब में, एक कविता में बदलने लगती है। हमारे आँगन में एक चन्दन का वृक्ष उग आया है, माँ, पिता जी को वह पेड़ दिखलाती हुई खुश हो-होकर उसे सूँघ रही हैं। हरी-हरी पत्तियों की सघन झाड़ी वाला वह छोटा-सा वृक्ष हम सबके आकर्षण का केन्द्र बना हुआ है, किन्तु दूसरे ही क्षण दृश्य बदल जाता है। वह पेड़ सूखने लगता है। माँ की मुस्कराहट गायब हो जाती है। और पिता समझाते हुए कहते हैं... घबराओ मत, कभी-कभी चन्दन को साँपों का विप लग जाता है।

यह काव्यात्मकता गद्य में कहाँ तक सही है और कहाँ तक गलत, इस बारे में मतभेद हो सकता है, लेकिन काव्यात्मकता से विहीन गद्य के उदाहरण साहित्य में बिरले ही होंगे। प्रेमचन्द के 'गोदान' और हेमिंग्वे जैसे विशुद्ध गद्य के रचनाकार के 'ओल्ड मैन एण्ड दि सी' तक में काव्य की शक्ति उभरती है।

दुष्यन्त के उपन्यासों में भी उनकी कविता बार-बार हस्तक्षेप करती है, लेकिन एक स्पष्ट सामाजिक और राजनैतिक दृष्टि जितनी उनके गद्य में दिखाई

देती है, उतनी कविता में नहीं है। 'एक कण्ठ विषपायी' जैसे काव्य-नाटक में भी, जिसमें देवता अचानक राजनैतिक नेताओं में परिणत होने लगते हैं, यह दृष्टि उतनी साफ नहीं है।

हमारे देश में सामन्तशाही का एक लम्बा दौर रहा है और पूर्ण रूप से यह समाप्त नहीं हुआ है। ब्रिटिश साम्राज्यवाद के विरुद्ध राष्ट्रीय मुक्ति आन्दोलन में राष्ट्रीय कुबेरों और सामन्तों दोनों ही ने सहयोग किया, और मुक्ति आन्दोलन की समाप्ति के बाद भी कोई पूँजीवादी, जनवादी क्रान्ति हमारे यहाँ नहीं हुई, बल्कि इसके विरुद्ध सामन्तों और पूँजीपतियों में समझौते की स्थिति ने एक 'यथास्थिति' को जन्म दिया, वर्ग संघर्ष तीव्र होने के बजाए भोंथरा किया जाता रहा और एक अर्धसामन्ती-पूँजीवादी सामाजिक व्यवस्था कायम रही। इसी खिचड़ी व्यवस्था से पैदा विसंगतियों एवं विकृतियों की तसवीर हैं-दुष्यन्त के दो उपन्यास, 'छोटे-छोटे सवाल' और 'आँगन में एक वृक्ष'।

'आँगन में एक वृक्ष' एक जमींदार परिवार के चरित्र की कहानी है–उसकी कुटिलता, क्रूरता, चालाकी, संकीर्णता, आडंबर और ऐतिहासिक प्रक्रिया में उसके निरन्तर हास की कहानी।

इसका एक उदाहरण सामन्तों की क्रूरता और उस पर दुष्यन्त की गहन पकड़ के लिए देना चाहूँगा :

"... वे तो उसी वक्त ताँगा लौटाने को कह रहे थे। मगर मैंने सोचा कि ये तो ठहरे जमींदार, इनका क्या बिगड़ेगा ? जायेंगे और उठाकर दस-बीस बेंत या जूते चमड़े के सर पर दे मारेंगे।"

इस क्रूरता के अलावा जमींदारी हड़पने के लिए पिता द्वारा की जानेवाली तिकड़में और चालाकियाँ, अपनी पहली पत्नी के लड़के के नाम की गईं उनके मौसी 'भैना जी' से छीनने के लिए पिता द्वारा अपनाई हरकतें और साम दाम दण्ड भेद की एक कुटिल कथा इसमें चलती है। इस कथा की अन्दरूनी शक्ल बार-बार पिता और माँ के बीच होने वाले घरेलू झगड़ों में परत-दर-परत खुलती है... "आज ही अगर फसाद न हो गया होता तो देखते शाम से ही बोतल खुल गई होती," या यह लताड़–" मैं भूल सकती हूँ, तुमने ही मुरली नट को बुलाकर कहा था कि वह अपनी लड़की के डोरे में चन्दन को फाँसे रखे।" चन्दन को इसी तरह फाँसते हुए उसका पिता काश्तकार से जमींदार होता है।

जमींदारों की ऐयाशी, क्रूरता, हेकड़ी, रीति-रिवाज, धर्म और जाति को लेकर रूढ़िगत मान्यताओं के सभी पक्षों को दुष्यन्त इस सवा सौ पृष्ठों के उपन्यास में समेटते हैं। उपन्यास का एक पक्ष है पिता और दूसरा शंकर, जो परिवार का बड़ा लड़का है। अपने फक्कड़पन, शिकार की आदत, और खुले हाथ खूब खर्चीले किस्म का व्यक्ति, जिसके साथ नट-नटनियों और शराबखोरी के सैकड़ों किस्से हैं, वह पूरी जमींदारी में चलते किस्सों का नायक है। बेहद लोकप्रिय भी। उपन्यास की कहानी कहने वाले मैं, मण्डावली वाली भाभी, आख्खों भाई, और भिक्खन चमार के पाले शंकर के अलग-अलग किस्से हैं। अलग-अलग यादें। उपन्यास का अन्त शंकर की मौत से होता है। मण्डावली वाली विधवा भाभी को अपने आखिरी पत्र में वह लिखता है–" मैं मरूँगा तो शराब में नहीं, मुहब्बत के समुद्र में डूबकर मरूँगा।"

दुष्यन्त का पहला उपन्यास 'छोटे-छोटे सवाल' उनकी इस भूमिका के साथ प्रकाशित हुआ था कि–'प्राइवेट स्कूल-कॉलेजों पर लिखने की बात मेरे मन में बहुत दिनों से थी'... शायद तब से जब वह विद्यार्थी थे। यह उपन्यास मात्र प्राइवेट कॉलेज के बारे में ही नहीं है। यह उस अर्धसामन्ती, पूँजीवादी व्यवस्था का एक कच्चा चिट्ठा भी है जिसने शिक्षा को भी एक धन्धे में परिणत कर दिया है। इस उपन्यास का मुख्य स्थल है राजपुर, एक छोटा-सा कस्बा और वहाँ के टुटपुँजिये सेठियों द्वारा चलाया जा रहा 'हिन्दू इण्टर कॉलेज'। यह केवल एक प्रतीक बनता है, जिसमें एक ओर कमेटी मेम्बरों द्वारा 'कृषि योजना' चलाकर किसानों के लड़कों का शोषण होता है और दूसरी ओर कॉलेज की आड़ में कमेटी मेम्बरों के अपने निजी व्यवसाय का काला-पीला ढँकता रहता है। राजपुर में एक और भी कालेज है, 'मुस्लिम इण्टर कॉलेज'। दोनों साम्प्रदायिकता की नींव पर रखी शिक्षा की दुकानें हैं जहाँ अध्यापकों की नियुक्तियाँ अँगूठाटेक व्यापारी, सोर्स, भाई-भतीजावाद, धर्म और जाति आधार पर करते हैं।

उपन्यास सिर्फ कॉलेज की चहारदीवारी में ही समाप्त नहीं होता, वह उसके पीछे चलते राजनीति के व्यापार तक के सारे नाटक को बेपरदा करता है। प्राइवेट कॉलेजों की सरकारी ग्राण्ट लेने के लिए की जा रही तिकड़में, नौकरियों के अस्थायीपन का आतंक, कमेटी मेम्बरों की तानाशाही, मास्टरों की चिलम-भरू प्रवृत्तियाँ, प्रमोशन की धाँधली, ज्यादा रकम पर हस्ताक्षर करवा कर कम पगार

बाँटना, तीन-तीन महीने पगार न देना, छुट्टियों की तनख्वाह काट लेना आदि वे सभी छोटी से लेकर बड़ी बुराइयाँ जो आज भी प्राइवेट स्कूल-कॉलेजों का स्थायी चरित्र बनी हुई हैं। इस सबको दुष्यन्त ने बहुत बारीकी से पकड़ा है।

लेकिन ज्यादा महत्त्वपूर्ण कार्य उसके मूल कारणों की जाँच-पड़ताल है। उस जड़ को जानना है, जिसके कारण यह विषवृक्ष टिका हुआ है। और दुष्यन्त अर्थतन्त्र की उस बुनियाद तक पहुँचते हैं। घोर आदर्शवादी, ईमानदार, आर्यसमाज में पूर्ण निष्ठा रखनेवाला मास्टर 'सत्यव्रत' चार बार जयप्रकाश और राजेश्वर ठाकुर द्वारा समझाने पर भी कमेटी मेम्बरों की शोषक और कुटिल चालों को नहीं समझता। हर आदमी को अच्छा और हर बात में एक अच्छाई देखने के हवाई आदर्श लिए जो लगातार पूरी निष्ठा और लगन से एक आदर्श स्थापित करना चाहता है–लेकिन अन्त में? हड़ताल, कमेटी मेम्बर का होटल बन्द होना और सारी अव्यवस्था के आरोप उसी के सिर पर थोप दिए जाते हैं। चूँकि उसका कोई सोर्स नहीं है, अतः वह बर्खास्त कर दिया जाता है। यह अन्त सामाजिक और राजनैतिक दृष्टि से विहीन एक खोखली आदर्शवादी ईमानदारी का है। दूसरी ओर जयप्रकाश और राजेश्वर ठाकुर हैं जो पूरी व्यावहारिकता के साथ, विद्यार्थियों को संगठित करते हैं। टीचर्स यूनियन का गठन करते हैं, और लड़ाई लड़ते हैं।

विशिष्ट गद्य-लेखक भी थे दुष्यन्त

विजय बहादुर सिंह

यह कहना कठिन है कि दुष्यन्तकुमार की पहली रचना कोई कविता थी, अथवा कहानी। उनकी स्कूली कापियों और रजिस्टरों को देखने पर यह धारणा जरूर बनती है कि मूल रूप से वे कवि थे और अपनी निश्छलता और भाव-प्रवणता के चलते काव्य-सर्जना उनके इस स्वभाव के बेहद करीब थी। किन्तु किशोर-काल में लिखी 'आघात' शीर्षक उनकी कहानी और यौवन काल में लिखे उपन्यास, संस्मरण और गम्भीर विचारात्मक गद्य-साहित्य आलोचनाएँ यह सूचित और साबित करने के लिए पर्याप्त हैं कि दुष्यन्त की गद्य प्रतिभा भी असामान्य थी।

रेडियो में अपनी नौकरी के चलते फीचर लेखन का काम तो उन्हें जब-तब करना ही पड़ता था, जिन दिनों वे मध्यप्रदेश के आदिमजाति कल्याण विभाग में अनुसंधान अधिकारी थे आदिवासियों, खासतौर से बस्तर के आदिवासियों पर लिखे उनके रूपकों में उस तत्वाभिनिवेशी अन्तर्दृष्टि की झलक मिलती है जिसे कोई एक सजग लेखक और रचनाकार ही अभिव्यक्त कर सकता है। इन रूपकों में आजादी के बाद लोकतन्त्र का वैचारिक अभियान और उसके हाशियों पर खड़े आदिवासी समूहों की यथार्थ जीवन की स्थितियों का प्रामाणिक चित्रण मिलता है।

ऐसा भी नहीं है कि ये सिर्फ देखकर लिखे गये हैं। इन्हें पढ़ते हुए हम आदिवासी जीवन की झाँकियों को बहुत करीब से महसूस कर पाते हैं।

एक कहानी लेखक के रूप में यद्यपि वे कोई नई ज़मीन तोड़ते दिखाई तो नहीं पड़ते-बकौल कमलेश्वर उनमें कहानी-लेखक का धैर्य नहीं था– फिर भी उन्होंने प्रत्यक्ष अनुभवों और यथार्थ के मेल से जो चरित्रमूलक कहानियाँ लिखी हैं वे सोद्देश्यमूलक और रसरंजन प्रधान हैं। उन्हें पढ़ते हुए हम जीवन के कुछ ऐसे अछूते अनुभवों से होकर गुजरते हैं, जो हमारे परम्परागत संस्कारों

और नई जीवन-स्थितियों के द्वन्द्व से हमारा परिचय कराते हैं। इन कहानियों में वे उस मूल्य-प्रधान जीवन के बारे में ऐसी सांकेतिक बहसें खड़ी करते हैं जो सामन्ती समाज और लोकतान्त्रिक जीवन-प्रवाह के असमंजसों को प्रकट करती हैं। मड़वा, उर्फ माड़े उनकी एक ऐसी ही कहानी है जो परम्परागत ग्रामीण समाज, सामन्ती जीवन-व्यवस्था, स्वामिभक्ति, मर्दानगी और अन्ततः उदात्त मनुष्यता-बोध में जाकर परिणत होती है। प्रेमचन्द ने 'महाजनी सभ्यता' वाले लेख में सामन्ती जीवन-मूल्यों और पूँजीवादी समाज के आधारभूत चरित्र की तुलना करते हुए सामन्ती समाज में मानवीय सम्बन्धों की खूबसूरती रेखांकित की है। दुष्यन्त अपनी इस कहानी में उन सम्बन्धों का एक विद्रूप चेहरा भी लक्षित कर सके हैं। मड़वा उर्फ माड़े जो सारी जिन्दगी लोगों की ही नहीं, गाँव भर के पशु-पक्षियों की भूख और प्यास के लिए जीता और मरता रहा, गाँव की नई नवेली बहुओं की डकैतों से रक्षा करता रहा, अत्याचारी पुलिस के लिए संदिग्ध मान जब जेल में डाल दिया गया तो गाँव का कोई एक आदमी भी उसकी मदद को आगे नहीं आया। दुष्यन्त अपनी इस कहानी में गाँव और सामन्ती जीवन के इस बदलाव की ओर इशारा करते हुए कहानी के अन्त में लिखते हैं– "लोग कहते हैं, कि माड़े के जाने के बाद जंगलों में शोर मच गया... रामी बहन और लाली धोबन को किसी ने मज़ाक करते नहीं सुना। पनघट पर निस्तब्धता रहने लगी... पशु-पंछियों के कातर-क्रन्दन से गाँववालों को खबर मिली कि माड़े चल बसा।" औसत ग्रामीण जनों और असहाय स्त्रियों का चित्रण करते हुए दुष्यन्त की सहृदयता यहाँ अछोर हो उठी है। यह वही करुणा है जिसे हम क्रौंच-वध के पलों में भारत के आदि कवि में पाते हैं।

दुष्यन्त के कथात्मक गद्य का एक चेहरा उस विद्रूप यथार्थ का भी है जिसे उन्होंने उपहासमूलक दृष्टि से अभिव्यक्त किया है। उनकी लिखी 'मिस पीटर' और 'सर्वे साहब' ऐसी ही कहानियाँ हैं जिनमें दुष्यन्त के गद्य का एक हास्य-व्यंग्यपूर्ण चेहरा सामने आता है।

सर्वे साहब एक स्कूल के प्रिन्सिपल और शेरो-शायरी के बेहद शौकीन हैं, किन्तु काव्य-प्रतिभा से हीन। पर घनघोर नकलची, लन्तरानियाँ हाँकनेवाले और अपनी प्रिन्सिपली के रोब-दाब से कवि-सम्मेलनों के मंचों पर कविता पढ़ने की जबरन आदतों से भरपूर। यहाँ तक कि बड़े कवियों के नाज-नखरों और

अभिमान की नकल कर अपना रुतबा झाड़नेवाले। पर एक दिन वे अपने इसी नाटक के शिकार हो गये। उनके भानजे 'मतवाला' ने उनकी लिखी रचना ही मंच से पढ़ दी जिसे वे दसियों बार अपनी कह सुना चुके थे।

कवियों के स्वाभिमान का बखेड़ा खड़ा कर जिस मंच से उतर वे नीचे आ खड़े हुए थे, उसी मंच से जब भानजे 'मतवाला' ने उन्हीं की रचना अपने नाम से पढ़ दी तो उनकी तिलमिलाहट का कोई अन्त न रहा। सम्मेलन समाप्ति पर वे अपने घर लौटते हुए भानजे पर कुछ यूँ बरस रहे थे– "मैं भीड़ में बिल्कुल सामने ही खड़ा था। मगर तुमने मेरी तरफ आँख उठाकर देखा तक नहीं। कवि जो बने थे। वार-बार इशारा किया कि ये कविता मत पढ़ो। इसे मैं यहाँ दस बार तो कम-से-कम अपने नाम से सुना ही चुका हूँ। मगर तुम्हें अपने मामा की इज्जत का ध्यान हो तब न। आखिर नाक कटवा ही दी मेरी।" ये वही सर्वे साहब थे जो दूसरे बड़े शायरों की शायरी को अपने ढंग से तरमीम (उलट-पुलटकर) कर अपने नाम से सुनाने की कला में माहिर थे। उनकी ऊटपटाँग कल्पनाओं का भी अपना मजा आस-पास के लोग लिया करते थे। असली मिसरा होता था– ये बढ़ते हुए हाथ सीनों की जानिब। और वे अगला मिसरा जोड़ते थे– 'लपकते हुए पाँव जीनों की जानिब।'

गद्यकार दुष्यन्त ने जीवन के इन परस्पर विरोधी चित्रों को उरेहते हुए करुणा और हास्य का जो सम्मिलित संसार रचा है उसे देखकर यह अनुभव कर पाना सहज हो जाता है कि उनकी दृष्टि बहुरंगी और प्रतिभा बहुवस्तुस्पर्शिनी है। वेदना और विनोद जीवन के वे दो सोपान हैं जिनसे यह लेखक अपनी परिपूर्णता प्राप्त करता है।

अपने समय के कई महत्त्वपूर्ण लेखकों-कृष्णचन्दर, रामधारी सिंह दिनकर, कई जाने-माने अभिनेताओं-मनोज कुमार और वहीदा रहमान, कई जाने-पहचाने राजनेताओं-सत्यनारायण सिन्हा और प्रकाशचन्द्र सेठी पर लिखते हुए उन्होंने जैसी बौद्धिक तटस्थता और साहित्यिक शिष्टता का पालन किया है, उसमें उनके व्यक्तित्व की तरलता और उन्मुक्तता का काफी बड़ा योगदान है। इसमें भी कोई शक नहीं कि कभी-कभी वे किसी व्यक्तित्व के चरित्रांकन के बहाने अपने चरित्र की विविध अदाओं को प्रकट करते हैं तो कभी अपने व्यक्तित्वांकन के मार्फत सम्पर्क में आनेवाले चरित्रों की विशिष्टताओं और अद्वितीयताओं का। खासतौर

से कवि दिनकर से सम्बन्धित संस्मरण में उनका अपना व्यक्तित्व कहीं अधिक उभार पा लेता है। दिनकर जी की उपस्थिति तो बहाना मात्र लगती है। प्रसंग यह कि जिन दिनों दुष्यन्त दिल्ली में नौकरी और मेरठ में रहना किया करते थे उन्हीं दिनों उन्होंने एक प्रोग्राम के तहत दिनकर जी से बगैर पूर्वानुमति लिए उनके आने की घोषणा कर दी और एक गाड़ी लेकर उन्हें लिवाने जा पहुँचे। दिनकर जी को उसी शाम विविद्यालय में एक पूर्व निर्धारित प्रोग्राम के तहत जाना था और इधर दुष्यन्तकुमार उन्हें मेरठ ले जाने के लिए प्रत्येक स्थिति में उद्यत थे। दिनकर जी ने झुंझलाकर दुष्यन्त से तड़पते अन्दाज़ में कहा– "मेरा तो एक ही शरीर है... और वह एक ही जगह जा सकता है।"

"तो ठीक है मैंने अपने हिसाब से उनके अन्तिम निर्णय पर सील लगाते हुए कहा– 'आपका एक ही शरीर है और वह मेरठ जायेगा।' हम लोग गाड़ी लेकर आये हैं नीचे खड़ी है! "

"ग़ज़ब मूरख हो भाई।" दिनकर जी झुंझलाहट की पराकाष्ठा पर आवाज़ को सबसे ऊँचे पिच पर ले जाते हुए चीखे– "ये कैसे हो सकता है ?"

मैं एकदम शांत रहा और उसी स्वर में मैंने कहा– "इस बात को आप जानें। बहरहाल मैंने कह दिया है और आपको चलना है।"

प्रसंग का अन्त कुछ इस तरह से होता है– "दिनकर जी ने कुर्ता पहनकर दुपट्टा हाथ में उठा लिया और बाहर निकलते हुए बोले– हे दु:शासन महाराज, कम-से-कम उस भले आदमी को टेलीफोन तो कर दो कि मैं आज यूनिवर्सिटी नहीं आ सकूँगा।"

दुष्यन्त लिखते हैं– उस समय मुझे ख़ब्त सवार था। उन्हें ले जाने की एक जिद थी... एक लड़कपन जिद।... मैं किस अधिकार और किस नाते से दिनकर जी को पन्द्रह मिनट की सूचना पर उठा लाया? और किस बिना पर दिनकर जी उठकर चले आये ?" यह दुष्यन्त का वह संवादात्मक गद्य है जिसमें जितनी बेतकल्लुफी है, उतनी ही ज़िन्दादिली भी। यह सब उन साक्षात्कारों में भी महसूस की जा सकती है जो अपने समय के कई बड़े लेखकों को केन्द्रित कर लिए गये हैं।

दुष्यन्त का गद्य लेखन एक ऐसे खास मोड़ पर तब खड़ा होता है जहाँ वे अपने घनिष्ठ मित्रों और समकालीनों के प्रति कलमबद्ध होते हैं। कमलेश्वर,

मोहन राकेश, राजेन्द्र यादव और दासबाबू को लेकर लिखे गये उनके शब्द-चित्रों में सूक्ष्म अनुभवपरकता, आत्मीयता, अधिकारभाव, भाव-प्रवणता और निर्मम तटस्थता का जैसा प्रसंगोचित् उपयोग किया गया मिलता है, उसके आधार पर यह कहा जा सकता है, कि दुष्यन्त की संवेदना बहुत गहरी, उदात्त और सूक्ष्म है। उनके इस गद्य में आत्मीयता की ऊष्मा और मैत्रीपूर्ण सम्बन्धों का ऐसा उजाला व्याप्त है जिसमें जीवन के विविध रूप और स्तर निथरे हुए जल के गहरे तल की तरह पारदर्शी होकर दिखते हैं।

जीवन-अनुभवों की कठिन इबारतों को पढ़ सकना उस लेखक के लिए प्राय: आसान नहीं होता जिसकी दृष्टि सतही, कामकाजी, किताबी या फिर औपचारिक हुआ करती है। जो जीवन-व्यवहारों की सतहों के भीतर के कारक-प्रेरकों तक पहुँच नहीं पाता। जिसे दुनियावी चहल-पहल और चमक-दमक इतना विमुग्ध किए रहती है कि वह इन्हीं में खोकर या चौंधियाकर रह जाता है। दुष्यन्त इस भीड़ से अलग थे। उनकी निगाह इन्हें भेदकर वहाँ पहुँच जाती थी जहाँ जीवन-तत्त्व अपने असली रूप में रहा करते हैं। उनके संस्मरणों, कहानियों, साक्षात्कारों, व्यक्ति-चित्रों और खासतौर से उनके लिखे उपन्यासों में हमें उनकी इस गहरी जीवन-दृष्टि का अनुभव होता है।

अपने जीवन काल में उन्होंने जो उपन्यास प्रकाशित करवाए– उनमें से पहला 'छोटे-छोटे सवाल' (1969) और दूसरा 'आँगन में एक वृक्ष' (1970) था।

गद्यकार दुष्यन्त की बौद्धिक तेजस्विता और प्रखर आलोचनात्मक विवेक का साक्षात्कार हमें तब होता है जब हम उनके द्वारा लिखी गई साहित्य-समीक्षाओं और अपने समय में लिखी गई रचनाओं के पुस्तकावलोकनों (रिव्यूज़) से होकर गुजरते हैं।

दुष्यन्त में, कहा नहीं जा सकता कि रचनात्मक गद्य की प्रतिभा अधिक थी या सृजनशील आलोचना की ? किन्तु आज तो यह इतिहास विदित और सर्वस्वीकृत तथ्य है कि साठ के दशक में कहानी के क्षेत्र में उभरनेवाली प्रतिभाओं पर नई कहानी : 'परम्परा और प्रयोग' शीर्षक ऐतिहासिक समीक्षा उन्होंने 1954 में लिखी जो हैदराबाद से प्रकाशित होनेवाली अति महत्त्वपूर्ण साहित्यिक पत्रिका कल्पना के जनवरी 1955 में छपी। उन्होंने दूसरा सप्तक के कवियों पर भी दो-टूक अन्दाज़ में लिखा। अपने समय की नई कविताओं और कवियों पर भी

वे निरन्तर लिखते रहे। यहाँ तक कि साहित्य, साहित्यकार, सत्ता और समाज के सम्बन्धों पर जैसा निर्मम दो-टूक अन्दाज़ वाला गद्य उन्होंने लिखा, वह अब ऐतिहासिक दस्तावेज़ के रूप में साहित्य की थाती है।

दुष्यन्त के गद्य का एक महत्त्वपूर्ण हिस्सा वे चिट्ठियाँ हैं जो उनके द्वारा लिखी गई हैं। पिता, पत्नी, मित्रों, साहित्यिक मित्रों, समकालीनों, सम्पादकों, राजनेताओं, सत्ता-संस्थानों और पाठकों को उनकी लिखी इन चिटिठ्यों में गद्य-शिल्पी दुष्यन्त विभिन्न मन:स्थितियों और उनकी सर्जनात्मक प्रतिभा की इतनी सारी मुस्कानें बिखरी हुई हैं कि कई असाधारण पत्र लेखकों की याद ताज़ा हो उठती है।

दुष्यन्तकुमार रचनावली के विमोचन समारोह में अध्यक्षीय वक्तव्य देते हुए नामवर सिंह ने कहा– "दुष्यन्त के गद्य को देखकर आप कह नहीं सकते कि वह कविताएँ भी लिखता है और उसकी कविताओं को पढ़कर के नहीं लगेगा आपको कि वह इतना सुन्दर गद्य भी लिखता है।"... दुष्यन्त की चिटिठ्यों में मौजूद गद्य की ओर इशारा करते हुए नामवर सिंह ने कहा– "जिस दिन यह सारा पत्र व्यवहार आयेगा, तब पता लगेगा हिन्दी वालों को कि उर्दू वाले केवल ग़ालिब के खतूत को याद रखते हैं। दुष्यन्त की वे चिटिठ्याँ झलक देती हैं, बताती हैं कि उन चिटिठ्यों में... जो बेतकल्लुफी है, बातचीत के लिए जिस ग़ालिब के खतूत की तारीफ की जाती है अकेले वह गद्य बताता है कि दुष्यन्त कितना बड़ा गद्य लेखक था।"

स्मृति व्याख्यान-दिसम्बर 1978

दुष्यन्त स्मृति समारोह' भोपाल

राजेन्द्र यादव

Yearn अंग्रेजी में एक शब्द है। दुष्यन्तकुमार के सन्दर्भ में बिना ये... तड़ुप सारी बेचैनी .की... ये सब कोश के शब्द थे उसके साथ उसकी आकृति में ये बातें शायद पहली बार मेरी मुलाकात शायद उनसे इलाहाबाद में हुई, पत्र व्यवहार शायद पहले से था बहुत मस्त आदमी, बहुत फक्कड़ कहना चाहिए जिसे हम चाहें तो ये भी कह सकते हैं बहुत फितरती आदमी था। लेकिन एक ऐसा व्यक्ति एक ऐसा मित्र जिसको आप याद करने के लिए मजबूर हों। वो मजबूरी वो आपके भीतर पैदा करे इतनी वार्मिका इतनी ऊष्मा और इतना अपनापन साथ ही इतनी ज्यादा यानी आपसी सम्बन्धों की जटिलता ये दो चीजें साथ-साथ दुष्यन्त की दोस्ती में पिछले 25 वर्षों में मेरी मुलाकात जब पहली बार 51-52 में दुष्यन्त से पहली भेंट हुई थी इलाहाबाद में, हम लोग मिले थे। कानपुर रोड के एक कोठी के हिस्से में वो रहते थे मैं मिलने गया था। वे हुक्का लिए हुए थे। जो बिल्कुल पुराने नवाबों की तरह था। वे उस समय यूनिवर्सिटी के विद्यार्थी थे। मेरे लिए ये चौंकाने वाली बात थी कि कोई व्यक्ति इस तरह बैठा हुआ हो। खैर इसके बाद हम मिलते रहे। लड़ते रहे, झगड़ते रहे। यहाँ आत्मीय संस्मरण सुनाने के लिए कमलेश्वर रहते तो ज्यादा ठीक होता क्योंकि दुष्यन्त और कमलेश्वर दोनों साथ-साथ रहे बहुत दिनों तक इलाहाबाद में। मैं उनके निकट आया जब सन् 52 में मैं कलकत्ते से दिल्ली आ गया था वहाँ दुष्यन्त भी थे। हम लोग रोज सुबह-शाम मिलते रहते थे और दुष्यन्त का काम था कोई ऐसा किस्सा छेड़ देना जिससे मुझमें और राकेश में तनाव पैदा हो जाए और उसके बाद हम दोनों मिलकर सफाई देने दुष्यन्त के यहाँ जायें और वहाँ बैठकर उसके बाद वो कहे कि ये तो सब मेरी बदमाशी थी। इसके बाद वो बाकायदा बहुत विद्वानों की तरह

हम लोगों को समझाता था। तो अजीब-अजीब सी बातें उस आदमी के बारे में मेरे ध्यान में आती हैं।

बहुत ही ज्यादा गाँव से जुड़ा हुआ व्यक्ति जिसे कुछ हद तक क्रूड (Crude) भी कहना चाहिए और कुछ क्षण ऐसे भी हैं जिनमें नफासत की पराकाष्ठा खासतौर, जैसे खाने में। बल्कि एक बार पता नहीं वो तस्वीर मेरे दिमाग से कभी नहीं निकलती।

एक बार करोलबाग में उसके घर आम खा रहे थे वो जिस ढंग से आम को तराशता था जिस नफासत के साथ और जिस खूबसूरती से वो अभी भी मेरे दिमाग में एक तरह से नक्श है। वही चीज मुझे लगती है कि जो आदमी इतना लड़ने वाला था, इतना बेचैन, इतना रेस्टलेसनेस इतना फितरती सब कुछ होने के बाद कोई ऐसी चीज है जो इसमें है। कोई नफासत है कोई महीन चीज है जो इसको साधे है। इसके हुए साथ लड़ाई के क्षण हैं। इसके बाद 1-2 साल बहुत निकट रहे, कहना चाहिए कि 12 घण्टे में कभी दुष्यन्त के कमरे में कभी मेरे या राकेश के कमरे में मिलना–जुलना-लड़ना ये सारी चीजें होती रहती थीं। इसके बाद दुष्यन्त भोपाल आ गये। जब दुष्यन्त आते थे तो हमें लगने लगता कि अब हमारी और राकेश की बिल्कुल लड़ाई होनेवाली है। वो कोई-न-कोई बात मुझसे या राकेश से जरूर करता था जिससे हम लोग लड़ते थे फिर एक चिट्ठी लिखकर बताते थे कि मैं ये बदमाशी करके आया हूँ। यानी कि वो उम्र के साथ ऐसा मैं उसे समझाता था, लड़ता भी था, डाँटता भी था कहता था देख तू बड़ा हो गया है तेरी बच्चियाँ बड़ी हो गई हैं लेकिन तू ये सब बदमाशियाँ क्यों करता है। लेकिन वो जो एक खास तरह की केयरलेसनैस एक जीवंतता यानी युवा होने की भावना। पर वो उसमें आखिरी वक्त तक वो बेचैनी, तड़प उसमें रही और हमेशा एक हिस्से में वो भावना, वो बेचैनी, वो तड़प जिसे अब मैं समझता हूँ वो अपनी एक अभिव्यक्ति तलाश करने की। जिस अभिव्यक्ति को उसने साहित्य के माध्यम से देखा हो वही सब उसकी बेचैनी थी वही सब जिसको वो शुरू में कविता में, इसके बाद उपन्यास में, फिर गीति नाट्य में इसके बाद ग़ज़लों में फिर वो तरह-तरह के प्रयोग करने के तरीके चाहे वो जिन्दगी के साथ हों चाहे साहित्य के साथ हों अपने को ज्यादा अभिव्यक्त करना अपने को ज्यादा से ज्यादा दूसरों तक पहुँचाना ये तड़प ही मुझे दुष्यन्त के सन्दर्भ में याद

आती है। मैं अपने आपको उससे उतना जुड़ा तो व्यक्तिगत स्तर पर नहीं रहा। जितना कमलेश्वर के पास बहुत से संस्मरण है तो कमलेश्वर ने तो कुछ चुटकुले मजाक और खासतौर पर जाति विशेष के बारें में चुटकुले मशहूर हैं। खासतौर पर इलाहाबाद के, दिल्ली के, जब दुष्यन्तकुमार इन्टरव्यू देने गये, जब दुष्यन्त ने भोजन किया, बीसियों चुटकुले। कमलेश्वर तो हम लोगों को रातभर हँसाते थे। कितने सही कितने गलत वो तो अलग बात है। क्योंकि कमलेश्वर अपने आपमें रचनाकार हैं वो जोड़ने में माहिर हैं। तो उसमें मैं अपने आपको जुड़ा हुआ पाता हूँ, कि मेरी कहानियों की सबसे पहली मान्यता जो पब्लिक रिकागिनेशन कहना चाहिए वो संयोग से दुष्यन्तकुमार की थी। इससे पहले नामवर जी ने कहीं लिखा होगा छोटी-मोटी पत्रिकाओं में। लेकिन कल्पना में नई कहानी पर कुछ मूलभूत सूत्रों को तलाशते हुए, लेकिन वे अन्तिम सूत्र थे ऐसा नहीं कहा जा सकता। लेकिन उनको तलाश करते हुए कुछ नई कहानी की प्रवृत्तियों में दुष्यन्त ने जो लेख लिखा था वो कहानी की नई कहानी की पहचान नामवर से भी पहले शुरू करता है और उसमें विशेष रूप से आधार भी मुझे ही होना चाहिए। लेकिन मैं उसके सामने कहता नहीं था, क्योंकि वो दोस्त था। लेकिन निश्चित रूप से रेखांकित करने के लिए उसने मेरी ही कहानियों को चुना था इसलिए व्यक्तिगत रूप से मैं उसका आभार भी मानता हूँ और इस चीज की आखिरी वक्त तक। उसको अख्सियत रही होगी क्योंकि मेरी साहित्यिक समझ पर उसको ज्यादा विश्वास था। एक उपन्यास उसने लिखा 'आँगन में एक वृक्ष' उसकी पाण्डुलिपि, वो जो भी लिखता था गद्य में उसकी पहली पाण्डुलिपि मुझे भेजता था और एक राकेश को और लिखता था पहली तुम्हीं को दी जा रही है।

कहानी को समझने का सूत्रपात कल्पना के उस लेख से शुरू होता है जो श्रेय बाद में नामवर सिंह को दिया गया क्योंकि वो कवि थे आलोचना ज्यादा नहीं लिखते थे, इस तरफ, उन्होंने चूँकि वह कवि थे और कहानी की आलोचना बहुत ज्यादा नहीं लिखते थे इसलिए नई कहानी के संस्थापकों में उनका नाम नहीं लिया जाता। नामवर सिंह चूँकि लगातार नई कहानी पर लिखते रहे इसलिए उन्हें इसका श्रेय मिला।

और दूसरा संयोग यह है क़ि नई कहानी में हम तीनों को ब्रेकट करने की योजना और पहल दुष्यन्त की ही थी यह शुरुआत भी संयोग से दुष्यन्त ने और

विशेषकर राजो भाभी ने की थी। साप्ताहिक हिन्दुस्तान या धर्मयुग में एक लेख छपा था जिसमें हम तीनों को ब्रेकट किया गया था।

इन व्यक्तिगत संस्मरणों के साथ मुझे जो बातें याद आती हैं वे दूसरी तरह की हैं। हम उनकी स्मृति में समारोह मनाएँ, हम उनकी रचनाओं व पुस्तक में उनके चित्र पर माल्यार्पण करें... यह बहुत जरूरी भी है और मेरा खयाल हैं कि यह आवश्यक कर्त्तव्य भी है। इसके साथ-साथ दूसरी चीज जो मुझे सोचने के लिए मजबूर करती है वह यह कि कभी-कभी हम कवि पर अधिक महत्त्व देने लगते हैं। हमको कुछ बड़े नाम चाहिए। कुछ हीरो चाहिए और हम हीरो बना लेते हैं और उनको पूजने लगते हैं। वो चीज जिन मूल्यों के लिए, भव्यताओं के लिए ... अपने विश्वासों के लिए उन्होंने अपनी जिन्दगी... अर्पित की या जिन विश्वासों के साथ तादात्म्य महसूस किया... वे पीछे पड़ जाते हैं। यह हमारा दुर्भाग्य है कि हम संरक्षण और उन्नति के लिए कुछ नहीं करते, हम व्यक्तियों की पूजा करते हैं। पूजा वाली वृत्ति मुझे लगता है, हमें मूल्यों से हताश व्यक्ति में सीमित कर देती है। दुष्यन्त के सन्दर्भ में यह बात मुझे और भी शिद्दत से महसूस होती है कि हमको एक चीज अपने दिमाग में बहुत साफ रख लेना चाहिए खासतौर से जब शासन में और सत्ता में नए लोग आते हैं जहाँ आर्थिक समस्याओं पर और नीतियों पर पुनर्विचार हो रहा है तो थोड़ा-सा साहित्य पर भी पुनर्विचार हमें करना चाहिए। वह यह कि हमको साहित्य चाहिए या नहीं। समाज में. .. ठीक है प्लेटो की रिपब्लिक की तरह हम कह सकते हैं, कि कवि और साहित्य की हमें जरूरत नहीं है। यह पुनर्विचार का युग है। हमें खेतिहर चाहिए, मजदूर चाहिए जो सीधे पुनर्निमाण में सहयोग देते हैं या कहीं-कहीं सीधी हिस्सेदारी करते हैं। हमको इस वक्त साहित्य की जरूरत नहीं है या फिर सीधा-स्पष्ट दृष्टिकोण यह होना चाहिए और अगर हमको संस्कृति के नाम पर, मानसिक शिक्षा के लिए, आध्यात्मिक प्रशिक्षण के लिए, लेखककार चाहिए, उसके पाठक चाहिए, साहित्यकार चाहिए तो हमको यह देखने की जरूरत है कि हम उनको कौन सा वातावरण देते हैं, कि दुष्यन्त जैसे लोगों के माध्यम से जिसने अपनी सारी साहित्यिक साधना-साधना शब्द बहुत बड़ा हो सकता है दुष्यन्त के सन्दर्भ में, जिसने अपनी सारी जिन्दगी जद्दोजहद के क्षणों, भागदौड़, Yearning, तड़प के बीच जिस तरह आज भी ब्रश करता

है, जिस तरह वह बैठा खाना खाता है उसी तरह कुछ क्षण बहुत विस्तृत को लेकर उन्होंने सारी रचनाएँ की हैं। मूल्यों को वे अपने भीतर समेटकर रखे हुए थे। पर वास्तविक समय के साथ में वे तादात्म्य कितना कर पाए यह सोचने की बात है, हम साहित्यकार, जिसे हम उसकी साधना कहते हैं, उसकी सेवा कहते हैं, मूल्यों के प्रति समर्पित होना कहते हैं ये सारी चीजें हमने इस तरह नहीं रखी हैं कि वह केवल अपने व्यक्तिगत कुछ क्षणों को छीनकर बाकी जिन्दगी से, जद्दोजहद से, बाकी जिन्दगी के संघर्ष से अभी बचाकर, यानी एक तरह से हम जिसे साधना कहते हैं, अपनी दिनभर की व्यस्तताओं से तभी निकालते हैं। बिल्कुल उस तरह से जैसे कि मन के लिए हम व्यस्तताओं में से कुछ ही समय हम निकालते हैं। तो एक तरफ तो स्थिति यह है कि हम साहित्य को वह वातावरण नहीं देना चाहते पर... अभी तक नहीं दे पाए हैं जो उसकी रचनात्मक प्रतिभा के अंकुरण के लिए बहुत जरूरी होता है। दूसरी ओर हम उससे प्रत्याशा करते हैं, कि वह अपनी साधना, अपना सारा समय उसमें लगाए। इस मामले में मैं थोड़ा-सा समय मिले तो मैं कहना चाहूँगा कि अगर इसे कोरी औपचारिकता न समझा जाए तो मैं कहूँ कि इस मामले में म.प्र. ने ही पहल की है। और वह पहल इस तरह से कि जहाँ मुझे लगता है कि जहाँ काफी गतिविधियाँ इस तरह की हैं जो रचनात्मक साहित्य को ऑउटलेट देने के लिए, एक वातावरण देने के लिए हिन्दी प्रदेशों में शायद दूसरी जगह नहीं है। चाहे उत्तर भारत हो, चाहे दिल्ली हो, निर्मम क्षेत्रों की, मन्त्रियों के भाषणों को लेकर बड़ी-बड़ी खूबसूरत पत्रिकाएँ निकलती हैं इतना काम बर्बाद होता है। इतने साधन बर्बाद होते हैं। उत्तर भारत हो चाहे दूसरी जगह मन्त्रियों के भाषणों से लेकर योजनाओं तक बड़े-बड़े आर्ट पेपर पर निकाली हुई बड़ी-बड़ी खूबसूरत पत्रिकाएँ और बड़ी अच्छी-अच्छी-इतना कागज बर्बाद होता है इतने साधन बर्बाद होते हैं, जहाँ तक साहित्य के लिए जिस कल्चरल डिपार्टमेन्ट में श्री लाल शुक्ल जैसे उपन्यासकार हैं, उत्तर भारत में दूसरे लोग हैं कुछ नहीं होता।

यहाँ तो इस तरह की गतिविधियाँ हैं जो बाकायदा मंच देती हैं। साहित्यिक माहौल को समझने में एक पूरा माहौल तैयार करती हैं और इस बात से भी जरूरी है कि जिस तरह से हमने कुछ आर्थिक धरातल पर कुछ एकाधिकारी उद्योगों की तुलना में पब्लिक सैक्टर तैयार किए हैं, ताकि वही सारे अर्थतन्त्र

को वही न संभाले, सारी चीजों को वही कन्ट्रोल न करें। इसी तरह से कहना चाहिए कि कुछ सरकारी प्रतिष्ठान भी उन चीजों को पैरेलल चलाकर रख सकें। ठीक उसी तरह से हमने भी कुछ आज कुछ जो एक तरह से कार्यकारी प्रकाशनतन्त्र हैं, पत्रिकाएँ हैं और जो कुछ इस तरह के क्षेत्र हैं उन पर हमें इस तरह के मंच तैयार करने चाहिए। जहाँ पर साहित्यकार स्वतन्त्र रहकर अपनी रचनाओं को अभिव्यक्त कर सके और आपके सामने रख सके। दिक्कत क्या है हम साहित्यकार को क्यों यह चीज एक बहुत व्यक्तिगत और बहुत आत्मीय एक प्रकार से बहुत गोपन रूप में रखनी पड़ती है। रचनाकार, हम जो रचना करते हैं उसका कोई तात्कालिक उपयोग नहीं है और राजनीति में हर वो चीज सीधे काम की है जिसका तात्कालिक उपयोग है और उसमें होता यह है कि एक पत्रकार राजनीति के आदमी के लिए ज्यादा उपयोगी है फौरन रिटर्न देता है फौरन उसके बदले में उसकी प्रतिक्रिया दिखाई देती है। चाहे उसको कहा यह जाता है कि हमको ये दिशानिर्देश करते हैं चाहे यह कहा जाए कि पब्लिक ओपिनियन फार्म करते हों ये सारी चीजें कही जाती रही हैं लेकिन सही बात यह है कि उसकी एक तात्कालिक उपयोगिता है। मैं उपन्यास लिखता हूँ, मैं कहानी लिखता हूँ, उसकी कोई तात्कालिक उपयोगिता नहीं है। मैं अपने कमरे में गुलदस्ता सजाता हूँ उसकी कोई तात्कालिक उपयोगिता नहीं है। जब हम तात्कालिक उपयोगिता में एक खासतौर के साहित्यकार को अपने व्यर्थ हो जाने का, अपने फालतू हो जाने का, अपने प्रभावहीन हो जाने की जो प्रवृत्ति पत्रकारों की तुलना में दूसरे राजनीति से जुड़े हुए लोगों की तुलना में एक खास तरह की प्रवृत्ति आने लगी है। उस तरह की प्रवृत्ति को निकालना होगा। मैं इस तरह की सारी बातें दुष्यन्तकुमार के माध्यम से इसलिए कह रहा हूँ, कि वे जिस तरह के मूल्य के लिए समर्पित थे, साहित्यिक मूल्य के लिए या जिस तरह साहित्यिक वातावरण के लिए एक जिस चीज को उन्होंने अपने चौबीस घण्टे के क्षणों में आध घण्टे की चीज बना के रखी, वो हम लोगों के लिए, कुछ आनेवाले साहित्यकारों के लिए एक वातावरण के रूप में बन सकी जिससे वे पूरे दिल से, पूरी साधना के साथ, पूरी एकाग्रता के साथ उसमें अपनी सर्वश्रेष्ठ चीज दे सके। होता यह है कि हम लोग बड़ी अच्छी, बहुत तीव्र तेज प्रतिभा लेकर आते हैं। हममें से सारे मित्र। कुछ उसमें से दुष्यन्तकुमार भी अपवाद नहीं है और

जिन्दगी की दूसरी चीजों में उलझकर रह जाते हैं और हमसे शिकायत यह रहती है कि विदेशों में तो ये होता है। फलाँ लेखक ने इतना काम किया, उतना काम किया और हम केवल अपना बचा हुआ दस प्रतिशत हिस्सा ही साहित्य को दे पाते हैं। सर्वश्रेष्ठ हमें ऐसी चीजों में हमें ऐसी भागदौड़ में हमें ऐसी जद्दोजहद में गँवा देना पड़ता है कि जिसमें से कुछ जूठन के क्षण बचाए हुए क्षण, कुछ चुराए हुए क्षण हमको साहित्य के लिए मिलते हैं। वो वातावरण अगर दुष्यन्त को भी मिलता और बाकी चीजों में वो बेचैनी, तड़प सारी चीजों को अगर एक

रचनात्मक अभिव्यक्ति मिलती, तो जो कुछ उन्होंने लिखा है, कहा है शायद उनमें सम्भावनाएँ इससे कहीं अधिक करने की थी। जो एक कण्ठ विषपायी लिख सकता है, वो बहुत देर तक बहुत गहरे में जाकर समझ सकता था। अगर उसे वो मानसिक अवकाश और वो मानसिक निचिंतता, मानसिक सुरक्षा मिलती। बात सारी तो यह हुई कि दुष्यन्त के शब्दों में जब हम सामान्य वातावरण की बात करते हैं, कि मत कहो कि आकाश में... ये सारी बातें कहीं पर किसी व्यक्ति पर शासन पर लांछन जैसे गिरने लगती है। वास्तविकता यही है कि हमको साहित्यिक वातावरण, साहित्यकार की जरूरत है। अगर जरूरत है तो हम उसको क्या सुविधाएँ, क्या साधन, क्या सुरक्षा, क्या चीज हम उसे देने जा रहे हैं। यह जाने बिना कि उसकी कोई तात्कालिक उपयोगिता नहीं है, जो पत्रकार की है एक प्रचारक की जो एक- दूसरे आदमी की है। उसके बाद भी अगर हमें साहित्यकार की जरूरत है तो हमको वह वातावरण पैदा करना चाहिए कि जहाँ हम अपना सर्वश्रेष्ठ दे सकें पूरी एकाग्रता से। केवल पाँच प्रतिशत या दस प्रतिशत नहीं बल्कि अस्सी प्रतिशत, सौ प्रतिशत अपना सर्वश्रेष्ठ दे सकें।

रवीन्द्र भवन,
31.12.1978 भोपाल
दुष्यन्त स्मृति समारोह

दुष्यन्त कुमार' स्मृति समारोह, भोपाल

भवानी प्रसाद मिश्र

जैसा कि राजेन्द्र भाई ने कहा कि ये एक विडम्बना है कि मुझे दुष्यन्त की याद में बोलना पड़े, लेकिन ऐसे खेल दुनिया में चलते रहते हैं। कौन जाने लायक था और नहीं गया, किसलिए बचा लिया गया मालूम नहीं, किसे जाना नहीं था और उठाकर ले जाया गया समझ में नहीं आता। ये सवाल अक्सर हम लोगों के सामने पैदा होते रहते हैं। लेकिन मैं इस सवाल को... कुछ ऐसे वक्त आये हैं जब ये बहुत तीव्रता से मेरे सामने आया और उनमें से एक वक्त ये था जब दुष्यन्त चले गये। मैंने द्विजेन्द्रनाथ राय के नाटक में एक वाक्य पढ़ा था कि अक्सर ऐसी चीजें सामने आती हैं जिनकी हम कभी कल्पना भी नहीं करते। ये बात मेरे मन में आई... मैंने कभी कल्पना नहीं की थी कि जिस दुष्यन्त को अभी 15 दिन पहले खत लिखा है उसके बारे में उसका जवाब न आके रेडियो मुझे कोई खबर देगा या अखबार में खबर छपेगी, ऐसी मैंने कल्पना नहीं की थी।

दुष्यन्त का मेरा बहुत घनिष्ठ परिचय था। मैं उसको दुष्यन्तकुमार नहीं कहना चाहता, इतना घनिष्ठ परिचय था। राजेन्द्र भाई ने बताया लगभग 52 में उनसे उनका परिचय हुआ। (लगभग 2 साल बाद यानी 54 में) 2 मेरा उनसे परिचय आया। बम्बई रेडियो स्टेशन पर से बदला जाकर मैं दिल्ली रेडियो स्टेशन पर जब पहुँचा तो एक संयोग है कि वो मेरे विभाग में कोई 8 या 10 दिन बाद जिसको स्क्रिप्ट रायटर कहते हैं, स्क्रिप्ट रायटर होकर आया। अब ये कोई चीज नहीं होती, स्क्रिप्ट रायटर रेडियो में और कम-से-कम दुष्यन्त तो इस लायकं था ही नहीं कि वो ऐसी जगह भेज दिया जाता। तो हमने दुष्यन्त से कहा कि दोस्त! तुम स्क्रिप्ट रायटर नहीं हो। मैं प्रोड्यूसर हूँ, गोपाल कृष्ण कौल, असिस्टेन्ट प्रोड्यूसर हैं लेकिन तुम हम दोनों के पहरेदार हो। ऐसा साफ देखनेवाला आदमी

था और ऐसा बेलौस चोट करनेवाला आदमी था, उसको ये याद दिलाने की जरूरत नहीं पड़ती थी कि हमसे गलती हो जाए तो तुम हमको बता देना। तो हमने समझ लिया कि उस आदमी को अपनी तरफ से कह दें, ये आदमी कभी चूकेगा नहीं। वैसे तो हमने, ये भगवान की दया है कि लोगों को लेबिल से कभी नहीं पहचाना। किसी को मास्टर कह दिया तो मास्टर नहीं माना, किसी को मिनिस्टर कह दिया तो मिनिस्टर नहीं माना, किसी को स्क्रिप्ट रायटर कह दिया तो उसको स्क्रिप्ट रायटर नहीं माना! दोस्त कह दिया तो दोस्त माना। ये तो बिल्कुल झूठे लेबिल हैं, ये हमने जिन्दगी में नहीं माने और दुष्यन्त को देखते ही समझ गये, जो उसने अपने बालों को ऐसा झटका देकर हमसे बात की, हम समझ गये कि ये आदमी बहुत खतरनाक दोस्त है और इसको दोस्त की तरह हमेशा गले से लगाकर रखना चाहिए, क्योंकि वो आदमी चोट खाने पर माफ नहीं करता था और वो चोट चाहे व्यक्तिगत हो चाहे सामाजिक । आत्माभिमानी आदमी था। आत्माभिमानी आदमी दुनिया में विरल होते हैं। है नहीं आदमी के पास, लेकिन हिलती है–एक पूँछ है। उसके पास पूँछ नहीं थी, बिना पूँछ का आदमी था वो। मैंने उसको ऐसे वक्त ऐसे आदमियों से बात करते देखा है और बाद में कहा मैंने कि क्या करते हो दुष्यन्त। झगड़े मोल लेते हो तो मुझसे कहता था कि भवानी भाई मैं झगड़े का मजा लूँगा। उसको जिन्दगी में सुरक्षा का मजा नहीं था। ये देखिए आपकी सुरक्षा की उस आदमी ने कभी परवाह नहीं की।

मेरे पास दुष्यन्त के खिलाफ कहने के लिए एक लम्बी फेहरिस्त है, क्योंकि मैंने उसे इतने पास से जाना और जब मैंने उसे एक मिनिट में जाना तो! मुझे लगा कि उसे बार-बार हर मिनिट जानना चाहिए। क्या उपाय है। केवल दफ्तर में रहते हुए जानने से क्या होगा? मैंने उससे पूछा उसी दिन, क्यों यार कहीं घर मिल गया? तो उसने कहा कि भवानी भाई, घर तो अभी नहीं मिला। मैंने कहा कि घर तो मुझको भी नहीं मिला है। आज अ़पन दोनों निकलें और घर तलाशें। हम दोनों निकल गये घर तलाशने, घर तो मिलता नहीं, खासकर दिल्ली में तो कई दिन हमने दिल्ली की सड़कों को साथ-साथ छाना और साथ-साथ छने। कई तरह की बातें हुईं। ऐसी बातें हुईं जिनको दोहराया नहीं जा सकता। वह तो खूब जवान था और मैं भी करीब 45 एक साल का आदमी था। तो कई बार वो अपने पाप गिनाता था, दो-चार मेरे पास पड़े थे मैंने भी उसे सुना दिए थे । और

ये सब सड़कों पर होता था। किसी कॉफी-हाउस में बैठकर नहीं होता था। मजा में नहीं होता था, परेशानी में होता था। घूम रहे हैं, बातचीत चल रही है, मजा आ रहा है, मजा नहीं भी आ रहा है। किसी से घर पूछने को गये उससे सौदा नहीं पटा। दिल उदास हो गया, कुछ एक ठहाका उसने लगाया, कोई एक नई बात सुनाई-एक जगह गये थे ऐसा हुआ था और वो जगह ऐसी होती थी, जिसका वर्णन नहीं हो सकता था। तो बात हमने टाल दी फिर मुझे लगा कि ये आदमी... हम दोनों को एक घर में रहना चाहिए। घूमते रहे काफी दिनों तक फिर मुझे एक जगह मिल गई। पहले एक लम्बी कोठरी, उसमें हम दोनों साथ। तब तक मैंने अपने परिवार को बम्बई से नहीं बुलाया था। वो तो अजीब आदमी था। अपने परिवार को बुलाएगा कि नहीं बुलाएगा इसमें मुझे बहुत शक था, और हम दोनों उसमें रहने लगे। हाथ से खाना बनाने लगे। वो उसे नापसन्द था। जैसा कि भाई साहब ने कहा कि वो अजीब आदमी था। ये आटा गूँथना, दाल चढ़ाना नमक डालना और मिर्च तौलना, सब्जी खरीदना ये सब मैं करता था, लेकिन उसकी तरफ से। कन्धों पर झोला डालकर जाता था। शाम को करोलबाग से सब्जियाँ लाता और दुष्यन्त बिना हिचक के कभी हाथ नहीं लगाता था। मैं खाना बनाता था और दुष्यन्त खाता था बैठके, और कहता था भवानी भाई अच्छा खाना बना और मैं दुष्यन्त से कहता था, यार अगर मैं कवि नहीं होता तो मैं रसोइया होता। ऐसे मजे में हमारे दिन कटते चले गये। फिर मैं तो जैसा पारिवारिक आदमी हूँ मैंने उससे कहा कि यार बड़ा मकान ढूँढ़ें तो कहने लगा अच्छी तो कट रही है। मैंने कहा, बच्चे बम्बई में पड़े हैं। तो कहने लगा कि भाभी को आपने ख़त लिखा है जल्दी आने के बारे में। तो मैंने कहा, दोस्त तेरे मन में इतना प्यार है कि बिना खत के काम चल जाता है। मुझे तो ये दिखाना पड़ता है। बड़ा मजे का आदमी था। तो कहने लगा चलो बड़ा मकान ढूँढ़ें। कुछ उसकी इच्छा कुछ मेरी इच्छा। पड़ोस में एक खासा अच्छा मकान मिल गया। तीन कमरे और जो कुछ होना चाहिए था। बाथरूम वगैरह, दालान बगैरह आगे-पीछे। और एक ऐसा कमरा जो घर से ज़रा तीन-चार सीढ़ियाँ नीचे लम्बा कमरा जिसमें दुष्यन्त रह सकते हैं मजे में। और अगर चाहें तो बच्चों को ला सकते हैं। ऐसा एक मकान हमको करोलबाग में लिबर्टी सिनेमा के सामने दिल्ली में मिल गया। अब मैं उसे बीच-बीच में टोकूं कि तू बुलाता क्यों नहीं, राज को क्यों नहीं बुलाता, ऐसा क्यों नहीं

करता? वो कहता, बुलाऊँगा, अब आप रोज-रोज क्यों कहते हैं, बुलाऊँगा। चाहे जिस दिन बुलाऊँगा। एक दिन– फिलहाल मैंने उसको भेज दिया और वो जिस दिन बाल-बच्चों समेत आया तो कैसा पूरा आदमी आया। मैं आपसे कहता हूँ, दुष्यन्त अकेला जितना था परिवार के साथ उससे कई गुना था। वो चाहे जितनी जगह बँटा हो लेकिन जब वो पूरे परिवार के साथ आ गया और परिवार की जब हम लोगों से घनिष्ठता हुई तो मैं दुष्यन्त का वर्णन नहीं कर सकता। और बहुत से थे यहाँ। बहू बैठी होगी। सरला और उसका प्रेम, मेरे बच्चों। का और दुष्यन्त का प्रेम, दुष्यन्त के बच्चों का मेरे बच्चों से प्रेम । हम लोग बड़े घनिष्ठ हो गये। कभी साहित्य की बात नहीं करते थे हम लोग। मुझे याद नहीं आता कि मैंने उसको अपनी कविता सुनाई कभी। या कभी उसने अपनी कविता सुनाई। या साहित्य की चर्चा तो... हाँ इतने किसिम की बातें, वहाँ विचारा साहित्य कहाँ खड़ा होता उनके बीच में। हमको निरर्थक बातों से फुर्सत नहीं थी। ऑफिस में मिलते थे, निरर्थक मिलते थे, घर पर मिलते थे निरर्थक मिलते थे। ऑफिस में हम कुछ नहीं करते थे। दुष्यन्त कुछ नहीं करता था। उसका एक राज है कि अगर ऑफिस में कोई कुछ करने लगे तो कई लोग नाराज हो जाते हैं। गलत है कहना, फिर भी थोड़ी-सी बात कह देता हूँ, कि मैं वहाँ प्रोड्यूसर होकर गया, तो कुछ दूसरे लोग थे जिनको ऐसा लगा था कि हम यहीं के यहीं हैं, हमको प्रोड्यूसर हो जाना चाहिए... अमुक जी चले गये हैं इलाहाबाद। तो हमको प्रोड्यूसर हो जाना चाहिए लेकिन बम्बई से भवानी प्रसाद क्यों बुला लिया गया...तो उनका सोचना बहुत सही था।

बहुत गलत काम होते हैं जाने-अनजाने में... जो इस तरह सोचता था कि वो कोई काम था। काम क्या है। रेडियो स्टेशन पर क्या काम था, मैं पूछना चाहता हूँ, प्रोड्यूसर का उस वक्त भी और आज भी ? जिसको वो नहीं कर सकता था और मैं कर सकता था। तो उसको मेरा आना बड़ा अच्छा नहीं लगा तो मैंने उससे कहा और ऐसा किया। दो कुर्सियाँ मँगवा लीं, एक बड़ी टेबिल। एक प्रोड्यूसर की और एक असिस्टेंट की। तो मैं असिस्टेंट की टेबिल पर जाकर बैठ गया बड़े मजे से। सो उसने कहा कि भवानी भाई, ये तो मेरा टेबिल है। मैंने कहा कि नहीं, ये मेरा टेबिल है। तो मैं काम से मुक्त हो गया। और उसको लगा कि ये आदमी अच्छा है। वो शिड्यूल बनाता था पट्ठा, यही तो सब होता

है कि शिड्यूल बनाने में किसको बुलाना है, किसको नहीं बुलाना है, किसको काट देना है, किसको उठा देना है। चैन करो दोस्त। हम देख लेंगे, जहाँ जरूरत पड़ेगी वहाँ देख लेंगे। जहाँ जरूरत पड़ेगी वहाँ तुमको बता देंगे थोड़ा-सा। और दुष्यन्त से हमने कहा कि ये तुम टेप लेकर घूमते हो इधर-उधर, ये कोई भी घूम सकता है। अपन दोनों बैठ के ... इस छोटी टेबिल पर उस तरफ मैं बैठूंगा इस तरफ तुम बैठो, बातचीत करेंगे। और अगर गोपाल कृष्ण कौल कोई काम बता देंगे तो अपन दोनों मिल के कर लेंगे। गोपाल कृष्ण कौल कदाचित् ही हमको कोई काम बताते थे और हम दोनों मजे में रहते थे। इस तरह हमारे रेडियो स्टेशन पर दिन कटे। उसके बाद एक नाम मैंने सुनके रखा था जिसको देखा नहीं था और जिसका कुछ पढ़ा नहीं था मैंने। आल इण्डिया रेडियो बम्बई में जब मैं था तो जालन्धर से वहाँ एक प्रोग्राम... के असिस्टेंट स्टेशन डायरेक्टर वहाँ आये तो वो मेरा लिखना पढ़ना जानते थे वो। वहाँ बहुत काम करना पड़ता था, बम्बई रेडियो स्टेशन पर मैं बच्चों का कार्यक्रम, स्त्रियों का कार्यक्रम-टॉक्स, फीचर, ड्रामा सब कुछ देखता था, क्योंकि एक ही हिन्दी का आदमी वहाँ था। वहाँ बहुत काम था तो मैं सब कुछ करता था। तो वो देखकर एक दिन उन्होंने मुझसे कहा कि साब आपको देखके मुझे एक आदमी की याद आती है। तो मुझे जानने की इच्छा हुई। मैंने कहा कि किनकी याद आती है ? कहने लगे कि मुझे मोहन राकेश की याद आती है। मैं मोहन राकेश को जानता नहीं था, मध्यप्रदेश में तब तक उनकी कहानियाँ वगैरह नहीं पहुँची थीं, शायद और भी जगह नहीं पहुँची थीं। वो पंजाब में थे और मैं म.प्र. से परेशान होके जगह-जगह मारा-मारा घूमता- घूमता बम्बई पहुँचा था।

मैंने मोहन राकेश नाम ही नहीं सुना था और मुझको विचित्र नाम लगा, मुझे रखा हुआ नाम लगा, सच्चा नाम लगा नहीं। मोहन के साथ राकेश का सम्बन्ध मुझे कुछ समझ नहीं आया। मोहनलाल वगैरह तो सुना था मैंने। तो मोहन राकेश की तरफ उत्सुकता जागी मुझमें और एक दिन मुझे दुष्यन्त ने कहा कि भवानी भाई अपने घर के पीछे मोहन राकेश ने मकान लिया है। मैंने कहा, यार चलो। तो वो कहने लगा कि एकदम से आप ऐसा क्यों कहने लगे? क्या जानते हैं आप उसको। मैंने कहा, हाँ यार जानता हूँ, परोक्ष रूप से जानता हूँ, और नहीं जान पाया हूँ और कुछ नहीं जान पाया अभी तक। यहाँ आने के बाद भी कभी मोहन राकेश नहीं सुना। दिल्ली में मैंने उतने बड़े उपन्यासकार का नाम डेढ़ साल तक

नहीं सुना। ऐसी है ये हमारी हिन्दी की साहित्यिक दुनिया। मैं तो उपन्यास कम पढ़ता हूँ, लेकिन बातचीत तो सुनता हूँ, उपन्यासकारों के बारे में!

हमको आराम की सुविधा दीजिए। लिखनेवाले को भूखा मत मरने दीजिए। लिखनेवाला भूखा मरता है तो सबसे अमर चीज मरती है, शब्द मरता है, जो पैदा हो सकता था। और जिसके पैदा होने से उलट-पुलट हो सकती थी, इन्कलाब हो सकता था, कितने लोग हमारे देश में हैं जिनमें ताकत थी, जो आज दिन आया था वो जो आपात्काल वाला दिन आया उनको रोक सकते थे लेकिन न उनको वक्त नहीं था। आपने उनको तरह-तरह के काम दे के रक्खे थे। 20 सूत्रीय कार्यक्रम थमा दिए थे, वक्त ही नहीं था उनके पास विचारने को। कोई मास्टर है, कोई चपरासी है। ये फाइल लेकर चलना कोई काम है, लेकिन आपने दे दिया। इतना ही नहीं कि यदि फाइल नहीं है तो आप कुर्सी पर बैठे रहिए। मैं धर्मयुग के दफ्तर में गया! वाह रे दफ्तर! कोई काम नहीं लेकिन कुर्सी नहीं छोड़ सकते। आपको अपनी कुर्सी पर हाजिर रहना है। अचानक कोई व्यक्तिगत काम नहीं करना है– क्या है ये जिन्दगी ? जीने के लिए है या सिर्फ बैठे रहने के लिए तुम्हारे अनुशासन में। एक सड़े किस्म के अनुशासन में। हमको जीने की सुविधा दो, आलस्य की सुविधा दो और दुष्यन्त की तरह बेफिक्री, दुष्यन्त की तरह लाचारी, दुष्यन्त की तरह लड़ने का दम, दुष्यन्त की तरह भूल जाने का मन । कैसा बच्चे सरीखा सरल मन था उसका। अभी हमने उससे कुछ गलत बात कह दी, नाराज हो गया। वो नाराज होकर चला गया और दूसरे क्षण हँसता हुआ चला आया कि भवानी भाई वो पिक्चर लगी है देखने नहीं चलोगे। ऐसा! तो ये दुष्यन्त की बात मैं स्मृति के सिलसिले में नहीं कहना चाहता, बल्कि इस सिलसिले में कहना चाहता हूँ कि मैं दुष्यन्त से नाराज हूँ, आज भी नाराज हूँ, दुष्यन्त जितना देना चाहता था, इसमें कोई शक नहीं और जितना दे सकता था उसने नहीं दिया। इसमें दुष्यन्त का भी हाथ है, केवल समाज का हाथ है, ऐसा नहीं। समाज का हाथ है, समाज इससे बरी नहीं हो सकता, लेकिन समाज का तो ये है ही। लाखों आये हैं लाखों चले जायेंगे, हम अपनी गति से जा रहे हैं, बह रहे हैं, समाज का बदलना कि नहीं बदलना इस आदमी पर है कि उस आदमी पर है। समाज को भी नहीं मालूम कि आदमी को भी नहीं मालूम। इसलिए समाज को क्या दोष दें, लेकिन जिस आदमी को कभी-कभी इस बात का कभी-कभी एहसास होता था कि मैं समाज को बदल सकता हूँ, तो वो आलस्य समाज

बदलने के काम में भी करता था, कई बार।... कितने मौके निरन्तर ऐसे आये

हैं दुष्यन्त के लिखने में वर्षों तक कुछ नहीं लिखा था। एक संग्रह निकला फिर कुछ नहीं। सपाट मैदान। कुछ पता नहीं। फिर एक उपन्यास निकल गया-लगा कि हाँ कुछ लिख रहा है। फिर कुछ नहीं। फिर 'एक कंठ विषपायी' निकला और कल्पना में छपा तो मुझे लगा कि बहुत दुख हुआ, उससे कि ऐसा लिखनेवाला आदमी लिखता नहीं, जितना सुख हुआ उतना दुख हुआ। एक कंठ विषपायी लिखने के बाद कोई पता नहीं दुष्यन्त का। न पत्रिकाओं में पता, न किताबों में पता, न गोष्ठियों में पता, न दोस्तों में पता कि वो क्या लिख रहा है। उसके बाद फिर एक अरसा गुजर गया, उस अरसे में मालूम नहीं कि उस पर क्या गुजरी, बहुत चीजें उस पर गुजरीं और फिर जो उसने बहना शुरू किया तो किताब खोलिए, जो पत्रिका खोलिए, जो मासिक पत्र खोलिए, जो साप्ताहिक खोलिए उसमें दुष्यन्त की ग़ज़ल मौजूद। तो ये दुष्यन्त हमेशा मौजूद होता तो मैं मानता हूँ, कि वो आज जितना बड़ा है, उससे बहुत बड़ा होता। धारा बनना पड़ता है–कहीं उथली कहीं छिछली, कहीं चौड़ी यानी कि तुमको निकल के सागर तक जाना पड़ता है–ये तुम्हारा भाग्य है। शमाँ हर रंग में जलती है सहर होने तक। जलना पड़ेगा तुमको। बीच-बीच में। बुझे पड़े रहो ये मुझे पसन्द नहीं। दुष्यन्त बीच-बीच में चाहे भीतर जलता रहा हो लेकिन बाहर नहीं जला। इसकी मुझको शिकायत थी। एक वक्त वो जला, लगातार जलता चला गया और उसने उस छोटे अर्से में अपने को हर आदमी का बना लिया।

जब तक उसने ये गजलें नहीं लिखीं थीं दुष्यन्त को बहुत कम लोग जानते थे। तो इससे भी हमको सीख लेनी चाहिए। आखिर वो क्या बात थी, कि उसने गजलें लिखीं और वो सब तक पहुँच गया। क्या खेल है। एक कंठ विषपायी, से सब तक नहीं पहुँचा था वह। मेरे तक पहुँचा था। सब तक ग़ज़लों से पहुँचा। ये क्या चीज थी। ये बोला हुआ शब्द था जो सुनते ही मन में उतर जाता है। मैं आपसे कहना चाहता हूँ। हर साहित्यकार से कहना चाहता हूँ कि जहाँ तक आपसे बने वैसे तो भाषा अपने हिसाब से उठती है, गिरती है, विषय के हिसाब से उठती है गिरती है, समय के हिसाब से उठती गिरती है– लेकिन हर समय, हर सन्दर्भ में, हर आफत में उसे अपने ढंग से भी बोलचाल चाहिए। कभी सख्त बोलचाल होना चाहिए, कभी गम्भीर बोलचाल होना चाहिए, कभी मजाक में बोलचाल होनी चाहिए लेकिन बोलचाल की ध्वनि इसमें होनी चाहिए। उसकी गजल में

बोलचाल बजती है, हर जगह हर शब्द में बजती है। जिस ग़ज़ल को उठाओ उसके पाँव में घुँघरू बँधे हुए हैं, इसलिए आज हमारे मन में वह आदमी गूँजता है। यह उसके लिखने का रहस्य उसको भी नहीं मालूम था। शायद उस बीच के अन्तराल ने यह चीज उसे दी। इससे पहले उसने ऐसा सरल, ऐसा विरल, ऐसा विकल, ऐसा गहन, जहर बिल्कुल नहीं– अगर समझो तो उसे बजाओ। इतना प्यारा उस आदमी ने लिखा। मैं उस आदमी की तारीफ नहीं करूँगा। आनेवाला ज़माना करेगा। आपसे इतना ही कहूँगा, कि हमारे हर कवि का हर एक में अंश पड़ा हुआ है, हर लेखक को, हर कवि को, हर नाटक को जिन्दा रखिए, केवल स्मृति समारोह मत मनाइए, और जिन्दा आप कैसे रख सकते हैं। यह कल मैंने वहाँ भी कहा था मालूम नहीं क्या रिपोर्ट छप गई उसमें। समझ में नहीं आता अब किसने क्या कहा था। मैंने यह कहा था कि जो आदमी जितनी ज्यादा दूर अपने माध्यम से नहीं, दूसरों के माध्यम से पेश किया जायेगा, वो उतना ज्यादा जिएगा। अगर तुलसीदास घर-घर में लोगों के माध्यम से पेश न हों, मन्दिर में आरती के माध्यम से पेश न हों, रामलीला में मंच के माध्यम से पेश न हों, तो ज्यादा से ज्यादा सूरदास के बराबर ... याने जितने सूरदास जिन्दा हैं तुलसीदास उससे हजार गुना जिन्दा हैं। सूरदास कोई कम कवि नहीं हैं। लेकिन उतने ज्यादा पेश नहीं किए जाते। शेक्सपीयर जितने ज्यादा मंच के माध्यम से पेश किए जा रहे हैं दुनियाभर में, इतने ज्यादा पेश नहीं किए जाते तो शेक्सपियर इतने ज्यादा जिन्दा नहीं होते, कहना चाहता हूँ। हमारे कवियों में, हर बड़े कवि में मैंने नाम लिए थे कल, माखनलाल, पन्त, इन सबमें सब महान ही महान हैं, ऐसा नहीं। लेकिन लोगों तक ले जाने लायक चीजें हैं। गीतकार खुद गीत गाता है, उसका गीत कोई दूसरा नहीं गाता है। कैसे जिएगा उसका गीत। कैसे जिएगी उसकी ग़ज़ल अगर वह जगह जगह नहीं गाई जायेगी। अगर सड़कों पर नहीं गाई जायेगी, रेडियो पर नहीं गाई जायेगी, किसी मंच... पर कोई कार्यक्रम शुरू होने पर नहीं गाई जायेगी, खत्म होने पर नहीं गाई जायेगी, तो कैसे जिएगी। किताब में शब्द मर जाता है, उसको आप बाहर लाइए, लोगों तक फैलाइए। बहुत जरूरी चीज है। अगर किसी ने नाटक लिखा है, तो उसे पेश कीजिए, अगर किसी ने उपन्यास लिखा है तो उस उपन्यास का साथ में पठन कीजिए, या उसे नाटक बनाके पेश कीजिए। ये आप दुष्यन्त के साथ आज नहीं करेंगे, उसकी चीजों को पेश नहीं करेंगे तो उसका भी वही हाल होगा, जो किसी भी हमारे बड़े कवि का होगा,

बहुत दिन नहीं होते हैं, केवल हम बरसी मनाते हैं उनकी, और बरसी मनाकर निश्चिन्त हो जाते हैं। मैं मानता हूँ दुष्यन्त में अपने आप में एक दम है, ताज़गी है, लोगों की जुबान पर अपनी ताकत से चढ़ा है, वो अपनी इस ताकत को फैलाएगा। लेकिन गये हुए आदमी पर यह काम क्यों छोड़ दें कि कोई कलाकार चाहे तो क्यों। हम इसलिए बच गये कि हम उसको फैलाएँ, हर सही चीज को फैलाएँ। हम ताकत को फैलाएँ वो तात्कालिक उपयोग की है या नहीं है, ये तो सिद्ध होता रहता है। तत्काल क्या चीज है, काल के खण्ड नहीं होते, क्षण-क्षण नहीं होते, युग-युग नहीं होता, तत्काल तत्काल नहीं होता, समग्र काल होता है। इसलिए हम अपने कवियों को, साहित्यकारों को, अपने शब्दों को पहचानें, और उनको पहचान के ये समीक्षक नाम की जो चीज है ये समीक्षा रूपी ... जो है इसको ज़रा कम करें। प्रेम-बुद्धि को बढ़ाएँ। क्या-क्या बढ़ाने लायक है। क्या-क्या फैलाने लायक है, क्या-क्या गंठाने लायक है ऐसा मानें। समय उसमें क्या लिखा है, हो गया पता... मालूम नहीं। क्या जानते हैं आप। लाचार चीज है ये साहित्य । प्रेम की तरह लाचार। अपने को समर्पित करता है, निवेदित करता है आपके सामने और आप उसकी तरफ देखेंगे नहीं तो वह सकुचाकर अपने आप रह जायेगा। इसमें कोई शक नहीं। वो कोई ताकत थोड़े ही है। वो कोई शस्त्र थोड़े ही है, वो कोई डण्डा थोड़े ही है जो कि अपने को सिद्ध करेगा, मार के । वो तो आपके स्नेह पर अवलम्बित है। अगर आप उसको स्नेह नहीं देंगे, उसको उठाएँगे नहीं, फैलाएँगे नहीं तो यह स्मृति समारोह या ये पुरस्कार समारोह से काम नहीं चलेगा। ये हैं- इसका एक अर्थ है, इनको होना चाहिए लेकिन इससे ज्यादा तौर पर काम होना चाहिए। इतना कहने के बाद मैं आप सबको प्रणाम करता हूँ और भाई दुष्यन्तकुमार को यद्यपि वो मुझसे छोटे थे सचमुच में प्रणाम करता हूँ, कि वो जिस तेजी से चले गये...

एक क्षण जलना अच्छा युगों तक धुआँ लेते रहने से भला। वो बहुत थोड़े में बहुत जी गया। मैं 65 वर्ष का हो गया हूँ, लेकिन मैं उससे छोटा हूँ। वो इतने सिमटे हुए काल में इतनी तेजी से जिया है कि उसने ज़माने के ज़माना वो सालभर के भीतर जी लिया और अपना सारा जीवन आपको देकर गया है। अब आप उसको फैलाएँ और उसके प्रति अपने को।

- जनवरी 1978

कुछ खास पत्र

कमलेश्वर के नाम : पाँच पत्र

(1)

प्रिय कमलेश्वर,

कल तुम्हारा पत्र मिला। यह तो बड़ी खुशी की बात लिखी तुमने कि राजेन्द्र वहीं बस रहा है। यानी अब अगर तुम कभी दिल्ली से बाहर भी हुए तो मुझे तुम्हारे कमरे का ताला नहीं तोड़ना पड़ेगा- मेरे लिए एक दूसरी-धर्मशाला का इन्तजाम हो गया है।

मेरा जनवरी में आना पक्का है। बात यह है (किसी से जिक्र मत करना) कि श्री- अपनी लड़की की शादी मेरे छोटे भाई से करना चाह रहे हैं, सो उसका भी कुछ मामला तय करना है। इसलिए राजो भी आयेगी।

हाँ-तू प्यारे, अब 'ग्रेट' सम्पादक हो रहा है और में दावे के साथ कह सकता है कि प्रूफ रीडर तो तुझसे बढ़िया आज तक हिन्दी जगत में पैदा ही नहीं हुआ। कहानीकार की भी तुझमें सारी सँभावनाएँ हैं ही, बशर्ते कि तू... श्री ... को अपना पैगम्बर मानना छोड़ दे। मैं तो सोचकर हैरत में पड़ जाता हूँ, राजेन्द्र यादव और राकेश जैसे मित्रों के होते हुए तुझ पर उस जैसे नपुंसक की छाप कैसे पड़ गई।

हाँ यार, मजाक अलग, धनंजय ने उसकी बड़ी अच्छी सेवा की है और अगर तुम उस लेख को मँगा लो तो एक बड़ा भारी कुहासा छंट जायेगा। दुष्यन्त कुमार के पाँच अंतरंग पत्र, जिनकी भाषा और 'पन' इस बात का सबूत है कि वह कितना बड़ा 'यारो का यार' था...

भोपाल, 1969-दो अभिन्न मित्र दुष्यन्त और कमलेश्वर।

वैसे वह भी बावजूद मेरे समझाने के कि कमलेश्वर इसे कैसे छापेगा-उसे

'नई कहानियाँ' में ही भेजने की सोच रहा था। मगर तुम्हारा नैतिक कर्तव्य है कि उसे तत्काल एक पत्र लिख कर उस परिचर्चा पर उसकी राय माँगो। आखिर हृषीकेश तुम जैसे आदमियों से भी तुम मँगाते हो।

मेरा दिल्ली आना इसलिए भी जरूरी है कि तुझे थोड़ी गुरु-दीक्षा दूँ और जो जाले वगैरा तुझ पर चढ़ गये हैं, उन्हें झाड़ दूँ।

तेरा उपन्यास देखने की बड़ी इच्छा है। मेरा तो ख्याल है कि पत्र पाते ही उसे भेज।

राजेन्द्र से कहना कि उसके 'किनारे से किनारे' तक की समीक्षा की है। मैं

भूल से 'छोटे-छोटे ताजमहल' लिख गया था। उसे मैंने विश्व का महान कहानीकार सिद्ध किया है। हालाँकि अब वह दिल्ली में बस रहा है तो खतरा है, कि उक्त कथन झूठा न पड़ जाए।

तेरा,

16-4 दुष्यन्त

(2)

प्रिय कमलेश्वर,

तुम्हारा पत्र गाँव में मिला था। परेशानियाँ... हाथ धोकर पीछे पड़ गई हैं। नौकरी की परेशानियाँ थी ही कि वह हरामजादा... मेरे पीछे पड़ गया, मुअत्तल किया, इन्क्वारी कराई और फिर भी जब कुछ न निकला तो अनुशासनहीनता वगैरह का चार्ज लगा कर सर्विस टर्मिनेशन का आर्डर गया। मगर वह आदेश अमल में आया भी नहीं था कि फिर तख्ता पलटा-अब मैंने तो कुछ कहा नहीं मगर देखो-उधर घर की सारी जिम्मेदारियाँ! पिताजी जहाँ बहुत बड़ी सम्पत्ति छोड़ गये हैं, वहाँ बिरासत में 16 मुकदमे भी मिले हैं।

तो इस चुतियापे में चकर घिन्नी खाते-खाते मैंने देखा कि मैं बिलकुल निःसहाय और अकेला हूँ। सिवाय अपने कुव्वते-बाजू के न कोई दोस्त है, न... दोस्त तो तेरे बाद कोई साला बनाया ही नहीं... तीन महीने वहाँ के काम निपटा कर कल फिर भोपाल आया, तुम्हारा खत वहाँ से चलते-चलते मिला। रास्ते में कार अलीगढ़ के पास खराब हो गई तो एक दिन वहाँ बरबाद हुआ। वरना फौरन तुम्हें लिखता... लिखता क्या कि तुम्हारा खत पा कर राहत मिली...कुछ

अकेलापन कम हुआ... यह जो एक अहसास रहा है कि एक दोस्त हैं, वह साला हजारों मील दूर ही सही-मेरी पीड़ा और परेशानी का सहयोगी तो है... इससे थोड़ी ताकत भी कहीं न कहीं मिलती है।

हाँ, इन परेशानियों से बचने के लिए एक उपन्यास में डूब गया था। वह लिख लिया है। तुम फौरन राजेन्द्र को पत्र लिख कर उसे मँगवा लो। अभी दिल्ली में उसे पढ़ने के लिए दे आया था। वह उसे अक्षर के लिए चाहता है और मैं हरगिज अक्षर को नहीं दूँगा। मैंने ओम प्रकाश को कह दिया है–उसे लिख रहा हूँ कि वह तुम्हें पांडु लिपि भेज दे। देख कर अपनी राय सुझाव देना कुछ ठीक-ठाक भी कर देना।

अधिकारीजी आ गये हों तो उनसे कहना कि वे भोपाल रुक कर भी घर नहीं आये, इस बात पर लड़ाई होगी।

तेरा, दुष्यन्त

(3)

प्रिय कमलेश्वर,

एक नयी गजल तुम्हें पढ़ने के लिए भेज रहा हूँ। तुमने तारीफ करके दिमाग खराब कर दिया। हर तरफ अब गजल ही सूझती है। 'मैं सुन रहा हूँ हरेक सिम्त से गजल लोगो।'

इस गजल को, पुरानी गजल के साथ मैंने 'धर्मयुग' को भेजा है। 'सारिका' में छापोगे तो यार लोग कहेंगे-यारी निभा रहा है।

एक काम करना । इस गजल के मतले में मैंने संशोधन किया है– पहली पंक्ति में 'ये रोशनी की कहानी है सिर्फ छल लोगों' के स्थान पर 'बिसाले यार की बातें हैं सिर्फ छल लोगो' कर दिया है। शायद इस बात में ज्यादा व्यंजना है और झील में पड़ती हुई महल की परछाई की बायबीयता से यह बात ज्यादा मेल खाती है। भारतीजी से मिल कर इसे ठीक करा देना-याद से और तुम 21 को आ रहे हो या 27 को, पक्का लिखना। उज्जैन की खूबसूरत यादों में।

तेरा,

1975 तुम्हारा दुष्यन्त

(4)

प्रिय कमलेश्वर,

'साये में धूप' नाम से गजलें छप कर आ गई हैं। परसों मैं दिल्ली था- वहीं मनोज

कुमार से भेंट हुई। तुम्हारे प्रति मैंने मनोज को दे दी है आशा है मिल गई होगी। सारी गजलों को पढ़ कर अपनी राय लिखना और ये भी कौन-सी गजल तुम्हें ज्यादा पसंद आई और कौन-सी कमजोर गई।

4 अगस्त को उज्जैन में एक फंक्शन इस किताब को लेकर बिट्ठल भाई कर रहे हैं-दिल्ली से रमेशजी (टाइम्स आफ इण्डिया) और शायद मनोहर श्याम जोशी आयेंगे-अगर तुम भी आ जाओ तो मजा आ जायेगा। उस दिन रविवार है!

पत्र लिखना।

1975 तुम्हारा,

दुष्यन्त

(5)

प्रिय कमलेश्वर

खत मिला। तुम्हें तो हर हालत में आना ही है। मैंने उज्जैन में कहा दिया है कि वे लोग निमन्त्रण पत्र में तुम्हारा नाम दे सकते हैं। कोई जरूरी है कि मुझसे सम्बन्धित जो भी महत्व के काम हों, उनमें तुम कभी शरीक न हो। इस मौके पर नहीं आओगे तो क्या मेरी मौत पर आओगे ?

अब तारीख 4 की बजाए 3 कर दी गई है–रविवार का दिन है। छुट्टी रहेगी। तू आ तो जा यार, हर बात में घटियापन मत किया कर वरना में बुम्बई आकर तेरी खाल खींच लूँगा।

1975 तेरा,

दुष्यन्त

नोट : और मनोज को फोन करके अपनी किताब मँगा ले। 'साए में धूप' वह तेरी कापी खुद माँग कर ले गया था।

खातूत से नुमायां दुष्यन्त

धनंजय वर्मा

दुष्यन्त से मेरी पहली मुलाक़ात सन् 1960 में हुई थी। मैं मध्य प्रदेश लोक सेवा आयोग में साक्षात्कार के लिए जगदलपुर से इन्दौर गया था। लौटते समय उससे मिलने के लिए भोपाल रुक गया। रेडियो स्टेशन के एक कमरे में अपने परिचय के साथ मैंने उसे शानी की चिट्ठी दी। उसने निहायत औपचारिक और ठण्डे अन्दाज़ में पूछा कि क्या मैं वार्ता के लिए कुछ लाया हूँ ? हालाँकि शानी के कहने पर मैं एक संक्षिप्त आलेख ले आया था लेकिन उसके व्यवहार के चलते मैंने मना कर दिया। उसने तुरत-फुरत निपटाते हुए कहा, "कोई बात नहीं, आप वहाँ से भेज दीजिए।" और वो उठकर चलता बना। जाहिर है, मुलाक़ात खासी निराशाजनक थी। शानी ने उसकी जितनी तारीफ़ की थी, उसके उलट उसका व्यवहार उतना ही बेमुरव्वत था।

उससे दूसरी मुलाक़ात अगस्त, 1961 में रमेश बक्षी के घर बी-45 / 2, साउथ टी.टी. नगर पर हुई। मैं जगदलपुर से तबादले पर हमीदिया कॉलेज में आ गया था। व्यवस्थित यहोने तक अपने घर पर रहने का दोस्ताना आमंत्रण रमेश ने भिजवाया था, सो मैं उसी के साथ ठहरा था। उसने अपने घर पर रहने का दोस्ताना आमंत्रण रमेश ने भिजवाया था, सो मैं उसी के साथ ठहरा था। उसने अपने घर पर एक अंतरंग गोष्ठी का आयोजन किया था। उसने नए सिरे से मेरा परिचय, दुष्यन्त से करवाया। जुमला तराशी दुष्यन्त की आदत थी, सो उस परिचय में भी उसने कोई जुमला तराशा था और फिर खुद ही हंस पड़ा था, गोष्ठी शुरू हुई। अपनी बारी आने पर मैंने तबादले की अस्तव्यस्तता के चलते क्षमा मांगी तो दुष्यन्त ने फिर जुमला चस्पां किया, " साहित्य समाज का दर्पण-इसी पर एक व्याख्यान दे दीजिए।" मैंने अर्ज़ किया, " कुशवाहा कांत की

चिंगारी' के परदेसी पर किसी साहित्यिक व्याख्यान का असर ही क्या होगा? बाबा तुलसीदास कह भी गये हैं- मूरख हृदय न चेत, जेहिं गुरु मिलैं विरंचि सम... !" शायद किसी को मालूम न होगा कि दुष्यन्त के प्रारम्भिक गीत परदेसी उपनाम के साथ, चिंगारी में छपे थे। इस रहस्य को सरे आम बेपर्दा होते देख, दुष्यन्त चुप हो गया था। क़िस्सा-कोताह, हम लोग जब भी मिले एक लगभग मुठभेड़ ही हुई। वह तो सन् 1962 में जब शानी भोपाल आया और स्टेडियम की सीढ़ियों पर खुले आसमान के नीचे, देर रात तक, अचानक गोष्ठियों के दौर चले, तब जाकर हम लोग एक-दूसरे के निकट आये। शानी के साथ अपनी पहली दिल्ली यात्रा में कमलेश्वर से मुलाक़ात हुई जो उन दिनों, बकौल दुष्यन्त, नाईवालान में रहता था और लेखकों की हजामत बनाने का काम करता था। दुष्यन्त और कमलेश्वर की जोड़ी इलाहाबाद में ही मशहूर हो चुकी थी। शानी की वजह से दुष्यन्त और फिर दुष्यन्त की वजह से कमलेश्वर से भी रफ़्ता रफ़्ता घनिष्ठता बढ़ती चली गई और एक आत्मीय रिश्ता क़ायम हुआ। दुष्यन्त के साथ मैत्री की प्रगाढ़ता का अन्दाजा उसके एक ख़त के इस हिस्से से लगाया जा सकता है जो श्री रामनारायण उपाध्याय को लिखा गया है और 1974 में प्रकाशित उनके अभिनन्दन ग्रन्थ माटी की गंध में छपा है : मैं खंडवा आने की सोच तो तभी से रहा हूँ जब से धनंजय गया है पर छुट्टियाँ न होने के कारण मन मार कर रह जाता हूँ। वह बहुत प्यारा और जानदार आदमी है। उसके जाने से भोपाल सूना हो गया है, मेरे लिए।

और आज दुष्यन्त के इन खुतूत को फिर से पढ़ते और आपके सामने पेश करते मैं जब उसे शिद्दत से याद कर रहा हूँ तो वह सूनापन प्रगाढ़ हो गया है—एक उदासी जैसे चारों ओर से व्याप्त हो रही है, जो भोपाल में, उसके रहते हुए मुझे कभी महसूस नहीं हुई। उसकी हाज़िरजवाबी और मज़ाक़ पसंदी, लतीफ़ेबाजी और याबाज़ी के र बेशुमार प्रसंग एक रील की मानिंद के सामने से गुज़र रहे हैं। एक मज़ाक़ मुझी पर है, सो सुनाता हूँ...

रमेश बक्षी के साथ एक बैठक में तय हुआ कि शिक्षा और साहित्य के मुद्दे पर एक ज्ञापन तत्कालीन शिक्षा मंत्री डॉ. शंकर दयाल शर्मा को सौंपा जाए। अंग्रेज़ी में उसका मसौदा तैयार करने का काम मेरे ज़िम्मे आया। मैंने मसौदा तैयार किया और अपने दोस्त, अंग्रेज़ी के व्याख्याता, श्री एम.सी. सक्सेना से

उसे ठीक-ठाक करवा लिया। रमेश और दुष्यन्त मेरे घर-एफ-83/42, बारह सौ पचास (अब तुलसी नगर) आये। मैंने उसे मेलविल डि मेलो के अन्दाज़ मैं जब पढ़कर सुनाया तो दुष्यन्त ने लगभग अभिभूत स्वरों में कहा, "यार धनंजय, तेरी अंग्रेज़ी तो बहुत बढ़िया है...। " मैंने रमेश को समेटते हुए, सीना फुलाकर कहा, "हम लोग पढ़े-लिखे प्रोफ़ेसरान हैं, तेरी तरह अपढ़ बाबू तो हैं नहीं।" दुष्यन्त ने बेहद संजीदगी से कहा, "अब मेरी एक सलाह मान... थोड़ी मेहनत कर के तू अपनी हिन्दी भी सुधार ले...।" उसकी बात और अदा में इतनी निश्च्छलता और बेसाख्तगी थी कि हम तीनों ठहाका मार कर हंस पड़े।

हाज़िरजवाबी में उन दिनों भोपाल में तो उसका कोई जवाब नहीं था। उसके लाजवाब पलटवार से हिन्दू-उर्दू के अच्छे-अच्छे खाँ भी चारों खाने चित्त और कई तो लहूलुहान तक हो चुके थे। मोहरम जनाब जां निसार अख़्तर के घर पर एक नशिस्त में हिन्दी के ख़िलाफ़ फ़िराक़ साहब की फूहड़ बातों का तुर्की व तुर्की जवाब दुष्यन्त ने ही दिया था और फिर फ़िराक़ साहब ने चुप रहना ही बेहतर समझा था। प्रसिद्ध हास्य-व्यंग्यकार शरद जोशी का एक प्रसंग याद आ रहा है।

नए भोपाल के कवियों-लेखकों का एक हुजूम एक-दूसरे के घरों पर होली मनाता हुआ दुष्यन्त के घर (75 / 2, ख साउथ टी.टी. नगर) पहुँचा। आँगन में खाटें पड़ी थीं। सबके कपड़े रंगे हुए थे और चेहरे ऐसे पुते हुए थे कि पहचानना मुश्किल था। मुन्नू प्रेमनारायण त्यागी-आवभगत कर रहा था। दुष्यन्त का छोटा बेटा-अप्पू-बालकोचित उत्साह में खाट पर चढ़कर कूदने लगा। वह शरद जोशी की पीठ पर झूल-सा गया और दोनों बाँहें उसने गर्दन के गिर्द लपेट दीं, फिर मगन मन पापा पापा रटने लगा। शरद ने अपने हिसाब से मज़ाक़ किया- तुझे तो बेटा, अपने बाप तक का पता नहीं है, जा हम नहीं हैं तेरे पापा !... दुष्यन्त ने तुरत पलटवार किया- बेटे पप्पू, ये तो अपनी बेटियों तक के बाप नहीं हैं, तेरे पापा कैसे हो सकते हैं। और लोगों का एक सम्मिलित ठहाका। शरद मायूस और संजीदा हो गया।

जवाब और जुमला ज़बान पर आ जाए तो क्या मजाल कि वो रुक जाए। दुष्यन्त की इस आदत ने उसके कई दुश्मन पैदाकर लिए थे। एक और वाक़िया... तब कवि आलोचक (कम, अफ़सर ज्यादा) अशोक वाजपेयी का भोपाल आगमन हुआ ही था। टी.टी. नगर के कवियों-लेखकों की एक मंडली

उनके पैंतालीस बंगले वाले घर पर बैठी थी। कला और संस्कृति के क्षेत्र में नवाचार और एक समग्र क्रान्ति के युवकोचित उत्साह से भरे अशोक वाजपेयी ने हिन्दी के लेखक-कवियों पर एक रद्दा कसते हुए फरमाया-ये हिन्दी वाले जब अंग्रेज़ी लिखते-बोलते हैं तो अंग्रेज़ी की रेड़ मार कर रख देते हैं... वाक्य पूरा हुआ ही था कि दुष्यन्त ने कहा– अंग्रेज़ी कौन अपनी मातृभाषा है, न वो हमारी पितृभाषा है, कुछ अंग्रेजीदां लोगों की होगी। फिर अंग्रेज़ों ने इतने बरसों पूरे हिन्दुस्तान की जो रेड़ मारी है, उसका बदला भी तो हमको ही चुकाना है... दुष्यन्त ने अशोक को इसी तरह कई बार लाजवाब और इतना आहत कर दिया कि फिर वो सारे साहित्यिक और सांस्कृतिक आयोजनों से लगभग बहिष्कृत ही रहा आया। इसकी एक वजह और भी हो सकती है– शरद जोशी और दुष्यन्त में अक्सर तनातनी चलती रहती थी और उन दिनों शरद जोशी अशोक के ख़ास उल ख़ास थे।

दुष्यन्त लाजवाब होता था सिर्फ़ कमलेश्वर के सामने ... यहाँ तक कि उसकी लगभग बोलती बन्द हो जाती थी। दोनों एक-दूसरे की ऐसी खिंचाई करते थे कि जैसे जानी दुश्मन हों लेकिन इसके बावजूद कवियों-लेखकों के बीच ऐसी दोस्ती की दूसरी मिसाल मुझे तो आज तक नहीं मिली।

दुष्यन्त की बेतकल्लुफ़ी की मिसाल वो इबारतें भी हैं जो उसने अपनी पुस्तकें भेंट करते हुए लिखी हैं। 4 अप्रैल, 1963 को उसने अपना कविता-संग्र आवाज़ों के घेरे मुझे इस वाक्य के साथ भेंट किया।

दुष्यन्त इससे थोड़ा नाराज़ ज़रूर हुआ, लेकिन अपनी ख़फ़गी का इज़हार उसने कभी नहीं किया...शानी और दुष्यन्त के बीच एक लगभग गला काट झगड़ा शुरू हो चुका था। बाक़ायदा एक युद्ध की मानिंद। दुष्यन्त के प्रभाव और राजनीतिक संपर्कों के नतीजतन शानी लगभग बिलकुल अकेला पड़ गया था। थोड़ी बहुत पहुँच उसकी प्रशासनिक हलके में ही थी लेकिन दुष्यन्त उससे हर मामले में बीस था। लड़ाई मैं रहूँ या तू की हद तक जा पहुँची थी... अपने क़स्बाई संस्कार और मानसिकता या फिर अपनी तथाकथित अर्ध्यावारिकता मूर्खता के चलते मेरे सामने चुनने का विकल्पही कहाँ था ? मुझे शानी का साथ देना पड़ा। इस पक्षधरता से अधिक पक्षपात की वजह से फिर दुष्यन्त से पत्र व्र्व्यचार बन्द हो गया। यों अक्तूबर, 1973 में मेरा तबादला फिर भोपाल हो गया।

एक शाम रवीन्द्र भवन में चल रहे किसी जलसे के दौरान, गेट पर, दुष्यन्त टकरा गया। उसने मेरा हाथ पकड़कर खींचा और सामने लॉन तक ले गया-

देख धनंजय, झगड़ा मेरे और शानी के बीच है। उससे तो मैं निपट रहा हूँ और निपट लूँगा। लेकिन मैंने तेरा क्या बिगाड़ा है? तू क्यों मुझसे बात नहीं करता? तूने मुझसे अपने रिश्ते क्यों तर्क कर लिए हैं?

मैंने दुष्यन्त की आँखों में देखा... वहाँ ख़फ़गी से अधिक एक तरलता थी। उसकी सख्त हथेली की सारी लकीरें जैसे रंगे- जां हो गई थीं और मैं सर झुकाए खड़ा था... चुप !... लाजवाब! !!

चुप, लाजवाब और स्तब्ध तो मैं उस शाम भी हो गया था जब एक अर्सा बाद, साहित्य परिषद के प्रोफेसर्स कॉलोनी वाले, प्रथम तल के क्वार्टर की छत पर एक आयोजन में दुष्यन्त और शानी आजू-बाजू, घुले-मिले बैठे बतिया रहे थे और दुष्यन्त अपने पतले पतले ओठों से मुस्कराते हुए, मानीखेज नज़रों से मुझे घूरे जा रहा था... कई बार सोचा था मैंने कि एकाध शाम उसे अपने घर ले आऊँगा या उसी के घर पर बैठकर सारे हालात और वाक़यात तफ़सील से बयान करूँगा और अपनी सफ़ाई पेश करूँगा। मैं सोचता ही रह गया और जल्दबाज़ी जैसे उसकी फितरत और सिफ़त दोनों थी, वह कितनी तो जल्दी चला गया !...

इन खुतूत और यादों को तब से सहेजे हूँ और उसी के अल्फ़ाज़ में :

एक बाजू उखड़ गया जब से,
और ज़्यादा वज़न उठाता हूँ।
मैं तुझे भुलने की कोशिश में
आज कितने क़रीब पाता हूँ।

संक्षिप्त जीवन-वृत्त

1. प्रामाणिक जन्म तिथि 27 सितम्बर 1931 (कवि की पुस्तकों में 1 सितम्बर 1933)

2. जन्म स्थान-राजपुर नवादा जिला-बिजनौर-उत्तरप्रदेश (भारत)

3. माँ-श्रीमती राम किशोरी देवी

4. पिता- चौधरी भगवत सहाय

5. प्रारम्भिक शिक्षा गाँव की पाठशाला में। 1948 में एस. एन.एस.एम. हाई स्कूल नहटौर से दसवीं कक्षा पार कर 1950 में चंदौसी के एस.एम. कॉलेज से इण्टर मीडिएट किया।

नहटौर में विधिवत कविता-लेखन, कविता की पाण्डुलिपि तैयार कर चंदौसी के दिनों में उसे अन्तिम शक्ल दी। समर्पण छायावादी कवि पंत को उन्हें द्रोणाचार्य और स्वयं को एकलव्य मानते हुए।

6. नहटौर-काल में ही प्रथम प्रेमोदय और काव्य लेखन पर इसका प्रभाव

7. चंदौसी-काल में रामकुमार राजपूत और महावीर सिंह जैसे मित्रों के साथ 'पुकार' (सचित्र मासिक) का सम्पादन।

8. 30 नवम्बर 1949 को राजेश्वरी कौशिक से चंदौसी काल में ही विवाह। विवाह के निमन्त्रण-पत्र पर दुष्यन्त कुमार त्यागी के साथ कवि नाम 'परदेशी' भी छापा गया। इससे पहले कुछ रचनाएँ 'विकल' और 'नवादिया' (नवादा वासी) नाम से भी लिखी।

9. 1950-54 तक इलाहाबाद विश्वविद्यालय से बी. ए. और हिन्दी साहित्य से एम. ए. किया। शिक्षकों में धीरेन्द्र वर्मा, राजकुमार वर्मा और डॉ. हरदेव बाहरी प्रमुख रहे।

10. इलाहाबाद में ही कथाकार कमलेश्वर और मार्कण्डेय से गहरी दोस्ती। तीनों दोस्त 'त्रिशूल' नाम से पुकारे गये। यहीं से मासिक पत्रिका 'विहान' का

पहला और अर्थाभाव के कारण आखिरी अंक निकाला गया। ललित निबंधकार श्री विद्या निवास मिश्र की पहली रचना 'विहान' के इसी अंक में प्रकाशित हुई।

11. इलाहाबाद में ही वे परिमल ग्रुप के साथियों खास तौर से धर्मवीर भारती, विजयदेव नारायण साही और जगदीश गुप्त के सम्पर्क में भी आये। अमृतराय, श्रीपतराय, भैरवप्रसाद गुप्त और पत्रकार श्री कृष्णदास के चलते जनवादी विचारों की ओर झुकाव हुआ।

12. पहली नौकरी किरतपुर के इण्टर कालेज से शुरू की। बाद में मुरादाबाद से बी. एड. 1957-58 में किया। फिर आकाशवाणी दिल्ली के हिन्दी वार्ता-विभाग में स्क्रिप्ट राइटर के रूप में आ गये। यह 1958 का उत्तरार्ध था।

13. 1960 के अन्तिम दिनों में दिल्ली से तबादला पाकर भोपाल आ गये।

14. दो ही एक वर्षों में आकाशवाणी छोड़ दी और मध्यप्रदेश के संस्कृति संचालनालय के अन्तर्गत भाषा-विभाग के सहायक संचालक पद पर नियुक्त हुए। एकाध वर्षों की आदिम जाति जनकल्याण विभाग की प्रतिनियुक्तियों के अलावा शेष समय-30 दिसम्बर 1957 तक इसी भाषा विभाग में बीता।

15. 30 दिसम्बर 1975 की अर्ध रात्रि में देहावसान। 1945-46 से लेखन की शुरुआत।

सबसे पहले कविता किंतु कुछ ही दिनों में कहानी लेखन भी किया। शुरुआत कवि सम्मेलनी मंचीत गीतों से किन्तु जल्दी ही साहित्यिक गीतों और इक्की-दुक्की ग़ज़लों की रचना।

1949 में कविताओं की प्रथम पाण्डुलिपि तैयार।

1954-55 में हैदराबाद से प्रकाशित कल्पना पत्रिका (जनवरी 1955) में 'नई कहानी : परम्परा और प्रयोग' शीर्षक ऐतिहासिक आलोचना का प्रकाशन। 1956-57 में 'सूर्य का स्वागत' की कविताओं का संचयन और प्रकाशन। इससे पहले अनेक पत्र-पत्रिकाओं-प्रतीक, निकष, संकेत, नई कविता-आदि में प्रकाशन ।

आवाजों के घेरे (कविता-संग्रह) 1963 में प्रकाशित एक कण्ठ विषपायी (काव्य-नाटक) 1964 में छोटे-छोटे सवाल (उपन्यास) 1964 और आँगन में एक वृक्ष (उपन्यास) 1970 में प्रकाशित।

1978 में कविताओं का तीसरा संग्रह 'जलते हुए वन का वसन्त' शीर्षक से प्रकाशित।

1975 में ग़ज़लों का ऐतिहासिक संकलन 'साये में धूप' नाम से प्रकाशित। 27 सितम्बर 2005 को दुष्यन्त कुमार रचनावली के कुल चार खण्ड किताब घर, नई दिल्ली से विजय बहादुर सिंह सम्पादन में प्रकाशित।

दुष्यन्त के जीवन के अत्यधिक सन्दर्भ कथाकार मित्र कमलेश्वर की आत्मकथात्मक कृति 'आधार शिलाएँ' और 'जो मैंने जिया' में उपलब्ध।